高等院校旅游专业系列教材

旅游会计学

陆勇 编著

南开大学出版社
天　津

图书在版编目(CIP)数据

旅游会计学 / 陆勇编著. —天津：南开大学出版社，2015.4（2022.7 重印）
高等院校旅游专业系列教材
ISBN 978-7-310-04782-6

Ⅰ.①旅… Ⅱ.①陆… Ⅲ.①旅游业－会计－高等学校－教材 Ⅳ.①F590.66

中国版本图书馆 CIP 数据核字(2015)第 064195 号

版权所有　侵权必究

旅游会计学
LÜYOU KUAIJIXUE

南开大学出版社出版发行
出版人：陈　敬
地址：天津市南开区卫津路 94 号　　邮政编码：300071
营销部电话：(022)23508339　　营销部传真：(022)23508542
https://nkup.nankai.edu.cn

天津市蓟县宏图印务有限公司印刷　全国各地新华书店经销
2015 年 4 月第 1 版　　2022 年 7 月第 3 次印刷
230×170 毫米　16 开本　15.625 印张　2 插页　285 千字
定价：45.00 元

如遇图书印装质量问题，请与本社营销部联系调换，电话：(022)23508339

前　言

现在市面上会计学教材很多,读者的选择余地很大。作为教师,我很乐意去市内大的书店里或者网络上选购想要的教材,甚至没想过某一天自己也要编写一本此类书籍。早些时候,北京第二外国语学院工商管理学科要求编写一套会计类教学丛书,我领命编写这本面向旅游行业 MBA 和 MTA 学员的会计学书。该如何编写这本书呢?经过与方方面面的商议,我们把这本书的写作作了如下定位:

第一,这是一本面向 MBA 学员的教材,该书的宗旨不是教授学员如何做账,而是让他们了解会计信息是什么,是如何生成的。换言之,我们认为学员了解会计知识与流程重于学习会计业务技巧。

第二,该书要尽量体现旅游行业特色,所以教材中用相当大的篇幅介绍旅游行业特点、旅游业资金运动过程等方面的知识。鉴于旅游业中饭店、旅行社和景区业务十分重要,书中将主要围绕这三个方面的经济业务安排例题和案例,以呈现旅游业会计核算特点。

第三,该书主要面向企业管理层,写作中我们将增加盈余管理、财务预算与成本控制、公司财务分析和会计信息质量等内容,以体现会计信息"决策有用观"。

第四,会计信息质量是会计人员与公司管理者都绕不过去的而且也是十分重要的知识,在本书中加入审计内容也就顺理成章了。

第五,本书所涉知识面较宽,但内容比较浅。我们主要基于两点考虑:一是本书着重介绍会计原理,让学员认知和了解会计世界;二是我们考虑后续编写高级会计教材,它将兼容中级和高级会计实务。

在教材立项过程中,编者得到了谷慧敏教授、张继东博士的大力帮助;在编写过程中,常琼琼、董杨、陈琪、王伟强、高远和关静等同学给予编者许多帮助,特别是常琼琼同学给予了大力帮助。在此,编者对大家一并表示衷心感谢！当然，教材质量由编者负责。

在本书编写过程中，编者参考了国内外一些相关文献、网络资料，如无疏漏，均已在书中标注。

囿于工作繁忙、学识和经验等方面原因，书中不足之处在所难免，请读者不吝批评指正，以便今后再版时修改（luyong@gsm.pku.edu.cn）。

编 者

2014 年 8 月 11 日于北京

目 录

第一章 总论 ·· 1
  第一节 旅游行业基本特点 ··· 1
  第二节 旅游企业资金运动 ··· 3
  第三节 旅游企业会计核算前提 ·· 6
  本章小结 ··· 9

第二章 旅游上市公司主要财务报表 ·· 10
  第一节 旅游上市公司财务报表及其相互关系 ····························· 11
  第二节 旅游企业财务报表决策有用性 ······································· 20
  本章小结 ··· 25

第三章 旅游企业资产负债表要素 ·· 26
  第一节 旅游企业资金运动解析 ··· 26
  第二节 旅游企业资产负债表要素 ··· 30
  第三节 旅游企业经济业务对静态会计等式的影响 ······················ 37
  本章小结 ··· 44

第四章 旅游企业利润表要素 ·· 46
  第一节 旅游企业利润表要素 ·· 46
  第二节 权责发生制原则与配比原则 ·· 52
  第三节 旅游企业经济业务对动态会计恒等式的影响 ··················· 57
  第四节 综合经济业务对会计恒等式的影响 ································ 60
  第五节 利得和损失 ·· 64
  本章小结 ··· 67

第五章　旅游会计核算方法 ·· 69
第一节　旅游企业会计核算一般方法 ··· 69
第二节　旅游企业会计核算专门方法 ··· 72
第三节　借贷记账法 ·· 75
本章小结 ·· 84

第六章　饭店会计核算 ·· 86
第一节　饭店经营业务概述 ··· 87
第二节　饭店业务会计核算 ··· 89
本章小结 ·· 95

第七章　旅行社会计核算 ·· 98
第一节　旅行社业务概述 ··· 101
第二节　旅行社业务会计核算 ··· 103
本章小结 ·· 109

第八章　景区会计核算 ·· 111
第一节　景区业务概述 ··· 114
第二节　景区业务会计核算 ··· 115
本章小结 ·· 119

第九章　旅游企业现金流量表 ·· 124
第一节　现金流量表概念及作用 ··· 125
第二节　现金流量表的内容和结构 ··· 126
第三节　现金流量表的编制方法 ··· 130
本章小结 ·· 138

第十章　旅游企业会计循环与会计核算组织程序 ···································· 142
第一节　旅游企业会计循环 ··· 143
第二节　旅游企业会计核算组织程序 ··· 153
本章小结 ·· 158

第十一章　会计准则与盈余管理 ·· 160
第一节　会计规范 ··· 161

  第二节 高质量会计准则与会计信息质量要求原则……………… 164
  第三节 如何看待盈余管理……………………………………… 169
  本章小结………………………………………………………………… 173

第十二章 旅游企业成本核算与成本控制……………………………… 174
  第一节 旅游企业成本核算……………………………………… 175
  第二节 旅游企业成本控制……………………………………… 181
  本章小结………………………………………………………………… 187

第十三章 旅游企业预算管理………………………………………………… 189
  第一节 预算的含义与作用……………………………………… 190
  第二节 全面预算的编制………………………………………… 196
  本章小结………………………………………………………………… 203

第十四章 旅游企业财务分析………………………………………………… 206
  第一节 财务分析概述…………………………………………… 207
  第二节 旅游企业财务分析报告………………………………… 210
  本章小结………………………………………………………………… 222

第十五章 旅游企业财务报告审计…………………………………………… 224
  第一节 会计信息质量…………………………………………… 225
  第二节 财务报告审计…………………………………………… 228
  本章小结………………………………………………………………… 236

参考文献……………………………………………………………………………… 239

第一章 总论

【学习目的】
1. 了解旅游行业基本特点。
2. 掌握旅游企业资金运动。
3. 旅游企业会计核算前提。

【引例】
　　未名旅游上市公司 2013 年初以 1.2 亿元人民币投资房产，当年年末该房产增值较大，同类房产市价达到 1.7 亿元人民币。未名旅游上市公司 2013 年财务年报应当怎样报告该房产的价值？1.2 亿元还是 1.7 亿元？从会计角度来看至少有两种报告方法：第一，未名旅游上市公司采用历史成本计量属性，其财务报表披露该房产价值是 1.2 亿元人民币，不必计算利润；第二，未名旅游上市公司采用公允价值计量属性，其资产负债表披露该房产价值是 1.7 亿元人民币（对应"投资性房地产"会计科目），同时其利润表披露利润增加 5000 万元。显而易见，会计计量属性选择对企业财务状况和经营成果产生重大影响。
　　这个例子充分说明，必须对会计核算设置一定的边界，使之遵从一定的规范，会计人员从事会计工作才有依据；否则，人们既无法开展正常的会计工作，更无法识别企业报告的会计信息，使解读和利用会计信息更是成为一纸空谈。本章将讲述会计核算前提（会计假设）。

第一节　旅游行业基本特点

　　旅游业是以旅游资源为凭借、以旅游设施（软、硬件设施）为条件，向旅游者提供旅行游览服务的行业。进一步来说，旅游业概念有广义和狭义之分，狭义的旅游业，主要指旅游饭店、旅行社、景区旅游车船公司以及专门从事旅游商品买卖的旅游销售行业等。广义的旅游业，既包括上述专门从事旅游业务的行业，还包括与旅游相关的上下游以及平行的各行各业。本质上，旅游活动集物质生活消费、文化生活消费和休闲消费为一体，是一种新型的高级的社会消费形式。所以，无论从广义角度来看，还是从狭义角度来看，旅游业都是多业态的组合。

一般地，把旅游资源、旅游设施和旅游服务并称为旅游业三大要素。其中，旅游资源是指自然风光、历史古迹、革命遗址、建设成就、民族习俗等范畴，这些内容往往具有地方特色或区域特色，是旅游开发和旅游经营特色之所在，它们是旅游业强烈吸引游客的关键。

旅游设施是指旅游行业向游客提供服务时所依托的各项设施和设备，包括硬件设施和软件设施。旅游硬件具体包括旅游交通运输设施、旅游住宿设施、旅游餐饮设施、旅游游乐设施和旅游购物设施，等等。

旅游服务是指旅游行业及其工作人员通过各种旅游环境、设施、方法、手段、渠道和工作态度等表现形式满足旅客部分生理和心理需要的过程。良好的旅游服务能够营造出良好的氛围，对游客产生心理效应，触动旅客产生情感和心理共鸣，从而使旅客产生惬意、幸福之感。本书把这种旅游服务效果称为游客的积极响应；反之，不周到的旅游服务可能会给游客的身心带来不必要的影响，甚至是伤害，我们称之为游客的消极响应。显然，旅游服务的质量不同，游客的响应则不同，其对旅游业的反作用也不同。游客的积极响应有利于旅游业可持续发展，而游客的消极响应不利于旅游业的健康发展。

从管理学角度来看，无论是旅游业各种经营活动，还是旅游业各要素都是企业管理的对象。为了实现对旅游企业的科学、有效管理，必须将其纳入旅游企业会计核算之中。鉴于旅游业的旅游饭店、旅行社和景区等业务同质性和差异性并存，我们在会计核算中既要探索旅游业资金运动的一般规律，又要区别对待，并分别采取相应会计核算方法。所以，适当了解旅游业及其所属子行业的特点对提高会计核算质量大有裨益。

第二节 旅游企业资金运动

一、旅游企业资金运动

旅游企业资金运动遵循资金投入,到资金运营,再到资金退出的过程。

资金投入解决的是旅游企业资金来源问题。在市场经济条件下,各旅游企业(如游览、交通、住宿和餐饮等旅游企业)应当是自主经营、自负盈亏的经济实体,其资金来源主要有两个途径:一是吸收投资,二是向债权人举债。股东可以将货币资金投入旅游企业,也可以用原材料和固定资产等实物资产投资,还可以用无形资产投资。

旅游企业往往集多业态于一体,既提供游览、交通、住宿、餐饮和购物等服务,也提供文化娱乐服务。为满足提供这些服务的要求,旅游企业必须购置大量品种多样的存货,比如与餐饮相关的肉、禽、蛋和餐饮制品等,再如与住宿相关的行李车、被褥、床单、毛毯、灯具、办公桌、传真机和打印机等。一般地,旅游企业都通过供应过程取得这些存货。

旅游企业经营过程(营运过程)的实质就是提供旅游服务。旅游服务是指旅游业企业及其服务人员通过各种设施、方法、手段和热情友好的态度为游客提供能够满足其身体健康和心理愉悦需要的一系列过程。按照业态分类,旅游服务大致包括游览、交通、住宿、餐饮、购物服务和文化娱乐服务等内容;按照工作内容分类,旅游服务包括提供门票服务让游客尽快到达旅游景点,保证游客的人身安全,为游客讲解景区的文化,为游客提供饮食和休息条件,方便游客拍摄和留念,以及优化游客行程等内容。旅游企业经营过程既是供应过程的继续,也是旅游销售收入取得的必要条件。

旅游营销是指提供旅游产品或旅游服务的企业或者个人通过确定其所能提供的目标市场并设计适当的旅游产品、服务和项目,以满足这些市场需求的过程。好的旅游营销战略和策略不仅有助于满足游客的各种旅游需求,也有助于旅游企业实现价值最大化。

旅游企业资金退出主要包括两个方面内容:一是缴纳税金,二是分配利润。如同其他各种类型企业一样,旅游企业也应当按章纳税。旅游企业缴纳的税金主要涉及营业税、城市维护建设税、教育费附加、印花税、企业所得税和代扣带缴的个人所得税等。旅游企业资金来源之一是各股东的投资，他们理应在企业盈利的情况下分享其经营成果，而分配利润是旅游企业解除其受托责任的重要形式之一。在经营年度结束，并缴纳税金和分配利润之后，旅游企业又开始下一个经营周期，如此周而复始。

从根本上讲，旅游企业的资金营运过程是其资金流、信息流和物流（或经营活动）的有机统一。

旅游企业资金运用过程如图1-1所示（旅游企业资金循环与周转）。

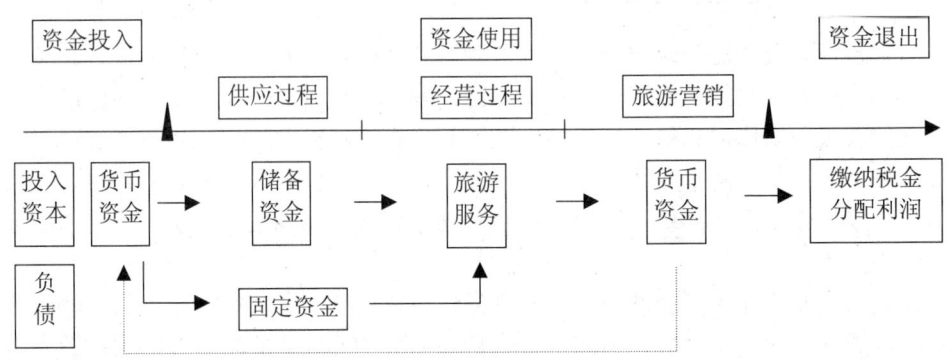

图1-1　旅游企业资金循环与周转

二、制造业企业资金运动

与旅游业相比，一般意义上的工业企业特别是产品制造业经济业务则大不相同。产品制造业以物料、能源、设备、工具、器具、人力、资金、技术和信息等为投入，通过生产加工过程，生产出适合市场需求和人们需要的商品。产品制造业包括纺织、食品制造、汽车制造、石油化工、医药制造和金属制品等三十多个具体的行业。产品制造业的生产经营过程主要由供应过程、生产过程和销售过程构成。在此过程中，物资流、资金流和信息流并存，并遵循该顺序循环，周而复始。

事实上，制造业的产品制造过程集劳动力三要素（劳动对象、劳动资料和劳动力）于一体。供应过程提供劳动资料和劳动对象。制造业企业在供应过程中运用筹集的货币资金购买各种原材料，不仅满足眼下生产加工的需要，还可以建立适量的生产储备，以保证日后正常的生产过程不至于中断。现实生活中，制造业企业的供应过程不是一次完成的，随着生产过程的继续，企业需要不断补充原材料，并建立相应的安全边际储备。通过这个过程，我们可以看到货币资金变成储备资金，还可以看到生产计划等信息被付诸实施。

供应过程还为制造业企业准备了大量劳动资料——生产设备、工具、房屋和器具等。制造业企业根据生产的需要向供应商订购所需的成套设备或单台设备，经过必要的安装和调试便可投入生产使用，这是制造业企业生产资料的主要来源形式。有时候，由于市场原因或者自身的特殊需要，制造业企业可能会自行加工生产设备。无论如何，在制造业劳动资料的形成过程中，我们同样可以看到其背后的资金流和信息流。

无论在什么情况下，劳动力（人力资源）都是生产过程中不可或缺的因素。在正式开始生产之前，企业必须完成人员的招募、培养和聘用工作。在制造业中，各个企业人力资源来源的管道和具体形式可能有区别，但是都离不开资金流和用工信息流的支持。

一旦供应过程准备就绪，制造业企业就可开展下一步生产过程的各种活动（作业）。在生产过程中，工人和工程技术人员利用劳动资料对劳动对象进行各种形式的加工，把劳动对象加工成适销对路的产品或商品。按照劳动价值论，该过程既是物质产品的加工制造过程，又是活劳动的耗费过程。在此过程中，劳动对象变成了产品，发生了物质形态的变化，耗费的活劳动变成了工资费用，耗费的生产资料以折旧的形式进入生产费用。所有这些消耗最终大都有助于符合一定质量要求产品的形成，与此同时，生产储备资金转化为生产资金，进而转化为产成品资金（存货）。

制造业企业能否盈利关键看其生产的产品是否有市场。企业若能将产品（商品）销售出去，才有可能完成"惊险的一跳"，企业才有可能实现其财务目标。在销售过程中，企业交付商品，收回货款（或取得收取货款的权利）。此时，产品资金（存款）重新转化为货币资金。经过进一步的利润核算和资金分配，有一部分资金重新回到企业的生产过程，构成经营资金流的一部分，并参与下一个轮次的资金周转。我们把企业生产经营资金周而复始的周转过程称为企业资金的循环，该过程可以用图 1-2 表示（制造业企业资金循环与周转）。

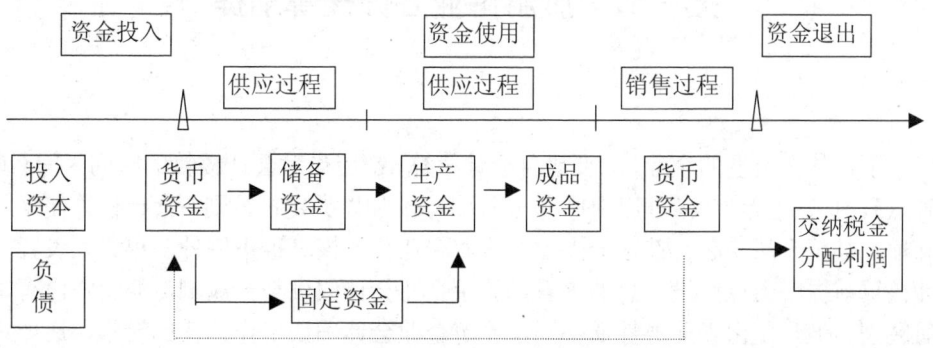

图 1-2　制造企业资金循环与周转

制造企业资金循环与周转图与旅游企业资金循环与周转图在形式上看没有太大差异，但关键差异在于图中各个项目的内涵方面，总的来看有如下三大差异：

第一，行业属性和业态差异。传统制造业通过供应、生产和销售等一系列活动实现其经营目标，自主经营、自负盈亏，业态相对单一。而旅游业企业为实现其经营目标需要向游客提供游览、交通、住宿、餐饮、购物和文化娱乐等一系列服务，是多业态的集合。

第二，税收差异。通常，在我国所有行业中，制造业企业业务最复杂，其纳税事项最为繁琐，涉及的税种最多（几乎涉及当前我国现存的所有税种）。比如，制造业在原料采购和产品销售环节会涉及增值税，在从事生产、委托加工和进口应税消费品时会涉及消费税，等等。旅游企业业务比制造业企业要简单得多，涉及的税种比较少，主要包括企业所得税、营业税（增值税）、城市维护建设税、教育费附加、印花税和代扣带缴的个人所得税等。

第三，会计核算。旅游行业与制造业企业上述差异导致其会计核算呈现出一些有别于传统制造业企业的一些特点，比如"应收账款"科目核算内容与制造业企业有较大区别。以旅行社为例，由于旅行社之间往往相互拖欠业务款导致各旅行社应收账款数额较大、账龄时间也较长。特别是，在涉及境外业务时，旅行社之间合作形成的应收账款还款时间更长，收款难度更大。相应地，"应收账款"账户的备抵账户"坏账准备"的处理也不同于制造业企业，其坏账准备计提比例明显高于制造业企业。

对比分析旅游企业与传统制造业企业资金运动过程并厘清其差异对于理解和学习旅游企业管理和会计核算具有重要意义。

第三节　旅游企业会计核算前提

不论什么类型的企业，只要进行会计核算，都应当对会计核算的时间区间（或时点）、业务边界（或空间范围）以及计量标准加以界定；否则，会计核算便陷入麻烦，甚至无从谈起。在这一点上，旅游企业会计核算也不例外，也必须设置会计核算前提或会计假设。总的来看，旅游企业会计假设与一般制造业企业没有本质区别。但是，由于业务性质不同，旅游企业会计确认工作往往比较难，比如难以清晰地跟踪资金如何流向不同会计主体：许多旅游团体或者项目既涉及境内旅游企业,也涉及境外旅游企业;既涉及游览、交通和住宿,还涉及文化服务;既涉及有形服务,还涉及愉悦精神产品的提供。旅游企业资金流动的这种特性使得业务定价和辨识资金运动轨迹尤为困难,学习中我们需格外注意。

会计核算前提又称为会计基本假设,它是对会计核算所处的空间范围、时间跨度和计量单位等情境所做的合理假定。根据《企业会计准则——基本准则》,会计应当对企业财务状况、经营成果和现金流量等有关信息进行反映;企业会计确认、计量和报告应当以持续经营为前提;企业应当划分会计期间,分期结算账目和编制财务会计报告;企业会计应当以货币为主要计量单位。会计核算包括四个核算前提:会计主体、持续经营、会计分期和货币计量。

一、会计主体

会计主体规定了企业会计确认、计量、记录和报告的空间范围。根据该会计核算前提,企业应当对其本身发生的交易或事项进行恰当地确认、计量、记录和报告,反映其所从事的各项生产和经营活动。清晰界定会计活动空间范围对于明晰产权和准确向利益相关者提供决策有用的经济活动信息具有重要的理论和实际意义,也是现代企业制度对微观经济活动主体(企业)提出的必然要求。会计主体假设要求,企业不仅必须将自身的经济业务与其投资人和债权人等密切利益相关者的经济活动区别开来,还要将本主体的经济业务与其他会计主体的经济业务区别开来,绝不能混为一谈。

二、持续经营

持续经营意味着在可以预见的将来,企业将至少会按现有的规模和状态继续经营下去,既不会大规模削减业务,更不会意外停业。根据该会计核算前提,会计主体短期不会面临破产清算,将按照既定的用途使用、出售和转换各种资产,并按照既定的契约清偿债务。所以,会计人员可以按照会计核算一般原则(而非破产会计程序)选择会计政策和会计估计方法。

但是,在市场经济条件下,任何企业都可能面临破产、清算的风险,因此企业需要适时对其生产经营状态进行判断。若可以确定企业将不能持续经营,就应当改变一般会计核算原则和方法,并在企业财务报告中披露;若陷入破产境地,企业应当根据破产会计程序进行核算。

持续经营会计核算前提不仅是会计分期的前提,它同时对会计主体资产质量和风险进行了界定。显然,在企业处于破产境地时,企业资产必将面临减值,企业自身风险也将达到极致。

三、会计分期

持续经营会计核算前提意味着，各企业至少将按现有规模和状态永远地经营下去。由此推理，会计主体要想确定其生产经营成果，必须等到企业生命周期终结。显然，这不能满足现实条件下企业经营管理、业绩计量和考核等活动的需要。为此，需要人为缩短会计核算期间，即确定会计分期。所谓会计分期，是指将一个企业持续经营的生命周期人为地划分为连续的、等长的时间段。根据会计分期核算前提，会计主体就可以定期处理经济业务，按期编制财务报告，并及时向利益相关者报告企业财务状况、经营成果和现金流量等经济活动信息。

通常，我国会计分期分为会计年度和会计中期，均按照公历起讫日期确定，我国的会计年度每年公历1月1日起，12月31日止。我国会计中期具体可分为半年度、季度和月度。当然，在当前技术条件下，企业还可以提供实时财务报告。

四、货币计量

理论上，计量会计主体的经济活动信息可以选择多种计量单位，如件、吨、升、元。鉴于企业活动内容的丰富性、计量客体的异质性和企业管理的综合性，选择某种共同的计量单位是明智之举。为此，经过长期的会计实践，人们选择一般等价物（货币）作为会计的主要计量单位，只在特定的情况下选择实物计量单位作为补充。所谓货币计量，是指会计主体在进行会计核算时以货币作为计量单位，以反映其财务状况、经营成果和现金流量等经济活动信息。

人民币是我国的法定货币，因此选择币种时我们规定以人民币作为记账本位币。在我国境内日常业务收支以外币计量的企业也可以选择某种外币作为记账本位币，但是编制年报时应当折算为人民币并据此对外呈报。

相对于会计中期来说，会计年度是相对较长的时间跨度。在这样的时间段内，由于通货膨胀的影响，年初的一元钱往往与年末的一元钱不等值。而上文阐述货币计量会计核算前提时，我们并没有考虑这个因素。换言之，货币计量前提隐含了一个重要假设，即假定一个会计年度内会计记账本位币币值是恒定不变的。事实上，该隐性假设是十分有用的，否则会计年度内物价的任何波动都必须反映到会计账面，从而导致会计核算工作变得异常烦琐，核算成本急剧上升。只有在发生恶性通货膨胀的情况下，会计核算才抛弃币值问题假设，转而采用"通货膨胀会计"。

本章小结

旅游业是以旅游资源为凭借、以旅游设施（软、硬件设施）为条件，向旅游者提供旅行游览服务的行业。旅游业兼具多业态特征。一般的会计学教材以制造业企业为原型铺陈会计原理与实务，本书试图以旅游业企业为对象阐释会计原理与方法。为了方便读者阅读，本章将旅游业企业资金运动与制造业企业资金运动进行简单对比分析。在此过程中，我们分别完整叙述制造业与旅游业资金运动过程（从资金投入到资金营运，再从资金营运到资金退出），并从行业属性、业态差异、税收差异和会计核算差异等方面进行概括分析。

本章第三节详细阐述了旅游企业会计核算前提（会计主体、持续经营、会计分期和货币计量），对会计活动展开的时间、空间和计量标准进行了界定。

重要名词

旅游业　　　　　制造业
资金运动　　　　资金循环
会计假设　　　　会计主体
持续经营　　　　会计分期
货币计量

练习题

1. 什么是会计？其本质是什么？
2. 试论述会计假设对会计工作的重要意义。

第二章 旅游上市公司主要财务报表

【学习目的】
1. 了解旅游企业会计规范。
2. 理解资产负债表概念和内容。
3. 理解损益表概念和内容。
4. 理解现金流量表概念和内容。
5. 掌握财务报表决策有用性概念内涵。
6. 掌握会计核算一般原则主要内容。

【引例】
　　在现实经济条件下，很多人都十分关心会计和财务问题。比如，股民关心上市公司的经营业绩与财务状况；债权人关心债务人的偿债能力；销售人员关心客户能否按期付款，进而关心其经营绩效与现金流量。一般地，人们没有专长，没有机会，也没有时间去翻看目标企业（包括上市公司）的每一本账簿，每一张会计凭证，他们充其量通过某种渠道获得目标企业的财务报表（或财务报告）。这些财务报表是由专业会计人员加工和提供的，而社会公众只是会计信息的使用者。那么，一般社会公众（或者利益相关者）都关注目标企业的哪些会计信息呢？换言之，会计人员该向社会公众提供哪些有用的信息呢？略懂会计（或者财务）的人主要关心资产负债表和损益表（或利润表），并能从中获得一些有价值的信息；对会计有更深入理解的人还会进一步关注企业的现金流量表、股东权益变动状况表以及关键财务分析指标，这些人对会计信息的挖掘和分析更加广泛而深入；就会计专业人士而言，他们对会计信息质量，对会计信息决策有用性的考量则更加精深。本书对会计信息的探讨止于三张主要财务报表，即资产负债表、损益表和现金流量表。本章主要阐述两个问题：一是旅游企业财务报表及其相互关系，二是旅游企业财务报表的决策有用性。

第一节　旅游上市公司财务报表及其相互关系

一、旅游上市公司财务报表

通常，网络是阅读财务报表最方便、最便宜的场所。打开互联网，我们很容易看到各旅游上市公司大量财务信息。其中，尤以上市公司财务摘要、上市公司财务报表（含资产负债表、损益表、现金流量表和股东权益增减变动表）和财务报表附注引人注目（站在会计专业人员或理财专家角度）。下面读者看到的是某旅游上市公司真实的财务数据（基于网络披露），表 2-1 是该公司的财务摘要，表 2-2 是该公司的资产负债表，表 2-3 是该公司的损益表，表 2-4 是该公司的现金流量表，表 2-5 则是该公司的所有者权益变动表。

一口气看完这五张表格，读者是什么感觉呢？它取决于其会计或财务知识背景。若读者碰巧缺少必备的会计或财务知识，肯定感觉一头雾水；若读者是财务专家，他（她）可能以审慎的态度看得津津有味。所以，学习一些会计与财务知识对阅读公司财务报表（或财务报告）十分有用。

财务报告是指会计主体（企业）定期向相关利益主体提供的反映其在某一特定日期的财务状况和某一会计期间经营成果、现金流量等会计信息的书面文件，是对企业经济活动的定期总结。一份完整的财务报告包括会计报表、报表附注及其他相关信息。其中，会计报表是财务报告的主体，它包括资产负债表、利润表、现金流量表、所有者权益变动表和附表等。

本章第一节着重介绍上市公司资产负债表、损益表和现金流量表的知识。

表 2-1　×××财务摘要

2011 年 12 月 31 日

每股净资产	6.142 元
每股收益	0.64 元
每股现金流量	1.4713 元
每股资本公积金	2.2613 元
非流动资产合计	367 045 万元
流动资产合计	486 314 万元

续表

资产总计	853 359 万元
长期负债合计	11 142 万元
主营业务收入	842 125 万元
财务费用	487.97 万元
净利润	26 726.3 万元

表2-2　×××资产负债表

2011年12月31日　　　　　　　　　　　　　　单位：元

资产		负债及所有者权益	
流动资产		**流动负债**	
货币资金	906 300 000.00	短期借款	269 459 000.00
应收票据	76 670 200.00	应付票据	391 500 000.00
应收账款	815 310 000.00	应付账款	756 532 000.00
预付款项	597 570 000.00	预收款项	2 019 350 000.00
其他应收款	922 194 000.00	应付职工薪酬	70 764 400.00
存货	1 545 100 000.00	应交税费	75 707 200.00
流动资产合计	4 863 140 000.00	应付利息	484 762.00
非流动资产		应付股利	2 004 350.00
可供出售金融资产	51 114 700.00	其他应付款	298 350 000.00
长期股权投资	18 509 600.00	一年内到期的非流动负债	340 000 000.00
投资性房地产	223 257 000.00	流动负债合计	4 224 150 000.00
固定资产原值	1 984 360 000.00	**非流动负债**	
累计折旧	496 493 000.00	长期借款	34 909 100.00
固定资产净值	1 487 870 000.00	递延所得税负债	35 722 200.00
固定资产减值准备	143 012.00	其他非流动负债	40 788 700.00
固定资产净额	1 487 730 000.00	非流动负债合计	111 420 000.00
在建工程	820 081 000.00	负债合计	4 335 570 000.00
工程物资	31 417 400.00	**所有者权益**	
固定资产清理		实收资本（或股本）	415 350 000.00
无形资产	795 128 000.00	资本公积	939 226 000.00
商誉	74 784 500.00	盈余公积	101 376 000.00
长期待摊费用	152 619 000.00	未分配利润	1 117 350 000.00
递延所得税资产	6 210 800.00	外币报表折算差额	-22 114 100.00

续表

资产		负债及所有者权益	
其他非流动资产	9 602 560.00	归属于母公司股东权益合计	2 551 190 000.00
非流动资产合计	3 670 450 000.00	少数股东权益	1 646 830 000.00
		所有者权益（或股东权益）合计	4 198 020 000.00
资产总计	8 533 590 000.00	负债和所有者权益（或股东权益）总计	8 533 590 000.00

表 2-3　×××损益表

2011 年度　　　　　　　　　　　　　　　　　　　单位：元

一、营业总收入	
营业收入	8 421 250 000.00
二、营业总成本	7 773 200 000.00
营业成本	6 695 640 000.00
营业税金及附加	144 443 000.00
销售费用	577 936 000.00
管理费用	292 013 000.00
财务费用	4 879 720.00
资产减值损失	58 294 800.00
投资收益	-9 979 180.00
三、营业利润	638 066 000.00
营业外收入	54 271 000.00
营业外支出	1 033 690.00
非流动资产处置损失	5 981.44
利润总额	691 303 000.00
所得税费用	186 378 000.00
四、净利润	504 925 000.00
归属于母公司所有者的净利润	267 263 000.00
少数股东损益	237 662 000.00
五、每股收益	
基本每股收益	0.64
稀释每股收益	0.64
六、其他综合收益	-2 059 520.00

	续表
七、综合收益总额	502 866 000.00
归属于母公司所有者的综合收益总额	265 203 000.00
归属于少数股东的综合收益总额	237 662 000.00

表 2-4　×××现金流量表

2011 年度　　　　　　　　　　　　　　　　　　　　单位：元

一、经营活动产生的现金流量	
销售商品、提供劳务收到的现金	8 589 270 000.00
收到的其他与经营活动有关的现金	64 387 800.00
经营活动现金流入小计	8 653 650 000.00
购买商品、接受劳务支付的现金	6 845 920 000.00
支付给职工以及为职工支付的现金	383 600 000.00
支付的各项税费	404 407 000.00
支付的其他与经营活动有关的现金	408 641 000.00
经营活动现金流出小计	8 042 570 000.00
经营活动产生的现金流量净额	611 087 000.00
二、投资活动产生的现金流量	
收回投资所收到的现金	7 400 000.00
取得投资收益所收到的现金	30 000 000.00
处置固定资产、无形资产和其他长期资产所收回的现金净额	11 811 900.00
收到的其他与投资活动有关的现金	40 788 700.00
投资活动现金流入小计	90 000 600.00
购建固定资产、无形资产和其他长期资产所支付的现金	1 078 310 000.00
投资所支付的现金	9 387 480.00
支付的其他与投资活动有关的现金	51 792 500.00
投资活动现金流出小计	1 139 490 000.00
投资活动产生的现金流量净额	-1 049 490 000.00
三、筹资活动产生的现金流量	
吸收投资收到的现金	452 654 000.00
其中：子公司吸收少数股东投资收到的现金	452 654 000.00
取得借款收到的现金	269 459 000.00
筹资活动现金流入小计	722 113 000.00
偿还债务支付的现金	134 338 000.00
分配股利、利润或偿付利息所支付的现金	139 361 000.00
筹资活动现金流出小计	273 699 000.00
筹资活动产生的现金流量净额	448 414 000.00

续表

附注	
汇率变动对现金及现金等价物的影响	-3 149 270.00
现金及现金等价物净增加额	6 859 080.00
期初现金及现金等价物余额	899 440 000.00
期末现金及现金等价物余额	906 300 000.00
净利润	504 925 000.00
资产减值准备	58 294 800.00
固定资产折旧、油气资产折耗、生产性物资折旧	113 284 000.00
无形资产摊销	19 502 600.00
长期待摊费用摊销	21 994 200.00
处置固定资产、无形资产和其他长期资产的损失	-3 051 040.00
财务费用	14 123 200.00
投资损失	9 979 180.00
递延所得税资产减少	-1 650 550.00
递延所得税负债增加	-884 889.00
存货的减少	185 680 000.00
经营性应收项目的减少	-190 857 000.00
经营性应付项目的增加	-120 252 000.00
经营活动产生现金流量净额	611 087 000.00
现金的期末余额	906 300 000.00
现金的期初余额	899 440 000.00
现金及现金等价物的净增加额	6 859 080.00

表 2-5　×××所有者权益变动表

2011 年 12 月 31 日　　　　　　　　　　　　　　　单位：元

期初数（股本）	415 350 000
期末数（股本）	415 350 000
期初数（资本公积）	898 067 000
本期增加（资本公积）	41 159 000
期末数（资本公积）	939 226 000
期初数（盈余公积）	94 480 400
本期增加（盈余公积）	6 895 990
期末数（盈余公积）	101 376 000
期初数（未分配利润）	940 054 000
本期增加（未分配利润）	267 263 000
本期减少（未分配利润）	89 966 000

续表

期末数（未分配利润）	1 117 350 000
期初数（股东权益合计）	2 327 900 000
本期增加（股东权益合计）	308 422 000
本期减少（股东权益合计）	85 129 500
期末数（股东权益合计）	2 551 190 000

二、旅游上市公司资产负债表

资产负债表是反映旅游会计主体（企业）在某一特定日期财务状况的会计报表，它反映旅游企业在某一特定日期资产、负债和所有者权益（或股东权益，下同）的余额、构成及其相互关系。在我国，资产负债表一般按月编制和披露。

资产负债表的编制必须符合会计平衡原理。以账户式结构资产负债表为例，报表的左边代表旅游企业所占有的总资源，报表的右边表示旅游企业占用资源的两个来源——所有者和债权人。

从旅游企业资金运动特征来看，资产负债表属于静态财务报表，它反映的是企业各项资产与权益（含债权人权益和股东权益）在某一时日的结存量。从资产负债表左边，我们既可以看到旅游企业资金的总体规模和财务实力，也可以看到其资金配置状况。就资产负债表右边而言，透过旅游企业权益资金比例，我们可以看到旅游企业财务风险和财务稳健性。就财务报表体系而言，资产负债表综合性特别强，在财务报表体系中处于核心地位，与利润表和现金流量表密切相关。比如，资产负债表所有者权益部分的"未分配利润"项目与利润表相联系，归根结底该项目来自利润表。再如，现金流量表可以看作对资产负债表"货币资金"项目的详细说明。在某种程度上，我们甚至可以将利润表和现金流量表看成是资产负债表的附表。

如果将多期资产负债表放在一起，通过比较报表各项目在不同年份的变化，我们可以分析旅游企业财务变化趋势；如果进行财务比率分析，我们将会发现资产负债表能传递更多有用信息。

三、旅游上市公司损益表

损益表也称利润表或收益表，是反映企业在某会计期间（通常为一年）经营成果的会计报表。这里所谓的经营成果（或称财务成果）是指旅游企业在一个会计年度实现的净利润或净亏损。利润表编制的基本原理是动态会计等式：收入-费用=利润。在我国，企业一般也应按月编制和披露损益表。

按照编报格式，可以将利润表分为"单步式"利润表和"多步式"利润表。

"单步式"利润表编制简单，先分别将当期所有收入和费用加总在一起，然后前者减去后者，从而一次算出净利润。"多步式"损益表（如表2-3）基于收入和费用业务分类，分步算出营业利润、利润总额和净利润等指标。尽管"多步式"利润表编制程序要比"单步式"利润表复杂，但是它有许多优点。比如，"多步式"利润表便于人们对企业利润形成的渠道进行比较分析，有助于人们明了企业盈亏的原因；通过纵向比较，便于人们分析企业盈亏趋势；通过企业间的横向比较，便于人们了解企业间营利能力与经营风险差异。因此，旅游企业编制的"多步式"利润表对于相关利益主体评价旅游企业盈利能力和做出经济决策具有重要参考价值。鉴于利润表反映企业在一定会计期间的经营成果，人们将其称为动态会计报表。

四、旅游上市公司现金流量表

现金流量表是以现金及其等价物为基础编制的财务状况变动表。这里所谓的"现金"属于广义现金范畴，包括现金及其等价物。旅游企业编制的现金流量表可以反映这些企业一定期间内现金流入量、流出量及其净流量信息，表明其获得现金及其等价物的能力。现金流量表反映"现金"流量，属于动态会计报表。

常见的旅游企业现金流量表内容包括正表和补充资料两大部分。其中，正表包括六项内容：（1）旅游企业经营活动产生的现金流量；（2）旅游企业投资活动产生的现金流量；（3）旅游企业筹资活动产生的现金流量；（4）汇率变动对旅游企业现金流量的影响；（5）旅游企业现金及现金等价物净增加额；（6）旅游企业期末现金及现金等价物余额。

现金流量表补充资料包括三项内容：（1）将旅游企业净利润调节为其经营活动现金流量；（2）旅游企业不涉及现金收支的重大投资和筹资活动；（3）旅游企业现金及现金等价物净变动情况。补充资料第一项根据损益相关性进行填报，用以反映经营活动现金流量与净利润的关系。补充资料第二项反映不涉及现金的重大投资与筹资活动情况，有助于分析企业未来现金流量。补充资料第三项反映现金及现金等价物的静态结存情况。

根据我国现金流量表准则，企业既要用直接法编制现金流量表，也要在附注中披露将利润调节为经营活动现金流量的信息。我国旅游企业编制的现金流量表（直接法）格式如表2-4，而间接法编制的现金流量表在该表附注中。

会计信息使用者可以通过现金流量表了解旅游企业现金流入量、流出量和净流量信息，从而更加客观地评价其财务状况；可以对旅游企业支付能力和偿债能力乃至外部资金需求做出比较准确的判断；还可以预测旅游企业未来现金流量的发展趋势。

五、旅游企业所有者权益（或股东权益）变动表

所有者权益变动表反映企业在一定期间内所有者权益（或股东权益）增减变动情况。读者可以通过阅读和分析旅游企业所有者权益变动报表，了解该企业某一会计年度所有者权益（或股东权益）各项目（如实收资本、资本公积、盈余公积和未分配利润）的增加、减少及其余额的情况，分析其变动原因及预测未来的变动趋势。

表 2-5 是旅游企业所有者权益变动表（垂直式）。一方面，该表列示所有者权益各组成部分（实收资本、资本公积、库存股、盈余公积和未分配利润）年初和年末数，读者可以判断所有者权益各组成部分的发展趋势；另一方面，该表列示期初和期末所有者权益总额，读者可以判断企业所有者权益总额的变化趋势，可以判断企业股权资本的保值和增值情况。另外，该表也反映了企业所有者权益内部构成及其变化情况。

此外，旅游企业还可以采用表 2-6 的形式披露所有者权益变动情况。表中所有者权益变动表应当以矩阵的形式列示：一方面，列示导致所有者权益变动的交易或事项；另一方面，按照所有者权益各组成部分（实收资本、资本公积、库存股、盈余公积和未分配利润）及其总额列示交易或者事项对所有者权益的影响。此外，所有者权益变动表分"本年金额"和"上年金额"两栏，并分别填列。这样的填列方式便于数据的比较分析，以判断所有者权益各组成部分的发展趋势。

表 2-6　所有者权益变动表

编制单位：×××公司　　　　　　2011 年度　单位：元

项目	本年金额						上年金额					
	实收资本（股本）	资本公积	减：库藏股	盈余公积	未分配利润	所有者权益合计	实收资本（股本）	资本公积	减：库藏股	盈余公积	未分配利润	所有者权益合计
一、上年年末余额												
加：会计政策变更												
前期差错更正												
二、本年年初余额												
三、本年增减变动金额（"—"表示减少）												

续表

项目	本年金额						上年金额					
	实收资本（股本）	资本公积	减：库藏股	盈余公积	未分配利润	所有者权益合计	实收资本（股本）	资本公积	减：库藏股	盈余公积	未分配利润	所有者权益合计
(一)净利润												
(二)其他综合收益												
"(一)"、"(二)"小计												
(三)所有者投入和减少资本												
1.所有者投入资本												
2.股份支付计入所有者权益的金额												
3.其他												
(四)利润分配												
1.提取盈余公积												
2.对所有者的分配												
3.其他												
(五)所有者权益内部结转												
1.资本公积转增资本												
2.盈余公积转赠资本												
3.盈余公积弥补亏损												
4.其他												
四、本年年末余额												

第二节　旅游企业财务报表决策有用性

规范的现代旅游企业应当符合现代企业制度的基本特征，必须做到产权明晰、权责明确、政企分开、管理科学。这样建立的旅游企业通常其所有权和经营权相分离。与旅游企业相关的利益相关者不仅是股东和经理层，还有债权人、顾客、供应商、社区、工会组织、员工和税务机关等。这些利益相关者主要是通过合同联系在一起的，他们之间既有共同利益诉求，也可能发生利益冲突，而企业经营管理权主要掌握在公司经理层手中，因此信息不对称便不可避免地产生了。如何解决"代理难题"？办法之一是，要求公司提供和呈报符合规范的财务报表。以旅游企业为例，其提供的财务报表必须达成如下几个目标：第一，解除其对利益相关者的受托责任，降低由于委托—代理造成的信息不对称；第二，其提供的财务报表必须符合各种会计规范；第三，其提供的财务报表必须符合一定的质量要求；第四，特定情况下尚需披露社会责任信息。总之，为解决代理难题，企业提供的财务报表必须符合决策有用性特征。什么样的财务报表是满足决策有用性的呢？首先，必须对财务报表决策有用性进行定义；其次，符合决策有用性的财务报表必须是符合一定会计规范的；最后，符合决策有用性的财务报表一定符合会计信息质量要求。

一、旅游企业财务报表的决策有用性

从会计学科分类和委托代理理论来看，财务会计是对外会计，其目的是向利益相关者提供符合决策要求的有用信息。理解决策有用信息的两个前提：一是要明确谁是会计信息使用者，或者有哪些会计信息使用者？对该问题的回答可以明确会计信息的受众；二是要明确各类会计信息使用者分别需要什么样的会计信息？对该问题的回答有助于明确会计提供会计信息的内容与形式。根据决策有用观，会计应当更加注重会计信息使用者及其决策需要，使其能够从中获益。

（一）投资者

投资者在做投资决策时需要利用大量的信息，通过一系列信息加工过程，形成投资方案。其中，包括被投资对象的财务信息。投资者利用会计信息评价被投资企业的财务状况、经营成果和现金流量，分析其发展潜力、市场和行业前景，以及面临的经营风险和财务风险。这些信息对投资者做出是否继续持有在被投

资单位的投资、是否增加在被投资单位的投资和转让投资都具有重要参考价值。当然，对潜在投资人而言，这些信息对其是否进入被投资单位也具有重要意义。

（二）债权人

债权人将资金提供给债务人的目的是期望获得投资回报，与此同时希望其债权资金承担的风险尽可能处于低水平。对债权人而言，要同时做到这两点并不容易。他们需要足够了解被投资单位，为此需要收集被投资单位的信息，特别是其财务信息。债权人需要了解债务人的资产负债水平，分析其短期偿债能力，评价其获利能力以及产生现金流量的能力，等等。债权人通过利用这些信息做出是否向借款单位提供贷款决策，或者做出是否提前收回贷款决策，或者做出是否追加对债务人的贷款决策，或者做出是否改变商业信用条件决策，等等。

（三）公共管理机构

我国常见的公共管理机构是税务部门和政府管理经济的职能部门，它们关注企业是否照章纳税，企业提供的财务报告是否真实有效和符合会计规范。以政府经济部门为例，它在进行国民经济统计时需要运用企业提供的财务报表信息，在进行社会资源配置、制定和调整宏观经济政策时也往往需要使用企业财务报表信息。换言之，企业财务报表信息是政府经济部门重要决策依据之一。真实有效的会计信息有助于政府做出高质量的决策，反之亦然。

（四）企业员工

企业员工（包括普通员工和管理人员）关心所在企业的财务报表信息，旨在了解企业的财务状况和盈利能力，从而判断其个人是否获得了应得的劳动报酬，判断其个人权益是否得到应有的保护。

二、旅游企业财务报表的编制规范

会计规范是指会计人员在处理会计业务时所应遵循的约束性或指导性的行为准则，它既是会计工作的准绳，也是检查会计工作质量好坏的依据。通常，会计规范包括会计法、会计准则、会计制度和单位内部会计控制制度等内容。

（一）会计法

会计法是以处理会计事务的各种经济关系为调整对象的法律规范的总称。我国首部《会计法》于1985年1月21日经由第六届全国人民大会常务委员会第九次会议通过，其全称是《中华人民共和国会计法》。此后分别于1993年和1999年进行了修订，现在执行的就是于1999年修订的《会计法》。现行《会计法》一共七章五十二条，这七章分别是总则、会计核算、公司与企业会计核算的特别规定、会计监督、会计机构设置和会计人员配置、法律责任、附则。

（二）会计准则

会计准则是会计人员从事会计工作的规则和指南，也是检查工作质量的依据。我国第一部《企业会计准则》于1992年颁布，2006年12月15日中华人民共和国财政部修订并颁布了新《企业会计准则》，并规定于2007年1月1日起施行。新《企业会计准则》包括基本准则、具体准则和应用指南三个组成部分。其中，基本准则主要是对会计核算基本内容做出原则性规定，它由会计目标、会计基本假设、会计信息质量要求、会计要素和会计计量原则等构成。基本准则是具体准则制定的依据。

具体会计准则是指基于基本会计准则制定的针对各种经济业务做出的具体规定。与基本准则相比，具体会计准则的特点是操作性强，企业可以据此组织具体业务的会计核算。例如，固定资产会计、投资会计、借款会计的准则等。我国2007年起执行的新会计准则体系包括38项具体准则。

企业会计准则应用指南是对各项会计准则中的重点、难点进行的具体解释与说明，与此同时它还提供会计科目表和主要会计处理方法。企业应当按照企业会计准则及其应用指南规定，设置会计科目进行账务处理，在不违反统一规定的前提下，可以根据本企业的实际情况自行增设、分拆和合并会计科目。

（三）企业会计制度

会计制度是进行会计工作所应遵循的规则、方法和程序的总称。企业会计制度是企业制度建设的重要内容之一，各个会计主体要根据统一的《企业会计制度》设计适合自身条件和特点的内部会计制度，而不能自行其是和越规越权。一般地，企业制定会计制度一般要遵守以下几条原则：第一，要符合国家的财经政策、法令和制度；第二，要符合《企业会计准则》的要求；第三，要适应所在行业和本企业生产经营的特点；第四，要加强企业内部控制制度建设，充分发挥会计监督作用。

我国现行会计制度包括《企业会计制度》、《金融保险企业会计制度》和《小企业会计制度》。我国《企业会计制度》自2001年1月1日起执行，主要适用于大中型企业（不含金融企业）。《企业会计制度》共计十四章一百六十条，主要内容包括会计制度原则、会计记账方法、会计科目及其使用说明、会计凭证、会计账簿和记账程序、会计报表格式、报送程序和编制说明、会计档案的保管和处理方法、会计制度的修订、补充权限及其他有关规定、成本核算方法等。《金融保险企业会计制度》自2002年1月1日起实施，以我国境内各类金融企业为适用对象，这里所谓的金融企业包括银行、证券公司、保险公司、期货公司、信托投资公司、租赁公司、财务公司和基金公司等。我国《小企业会计制度》自2005年1月1日起实施，为我国境内成立的不对外筹集资金，且经营规模小的企业，主要包括合伙企业和个人独资公司等。自 2007 年 1 月 1 日起执行《企业会计准则》的企业不再执行原来的《企业会计制度》和《金融保险企业会计制度》。

（四）单位内部会计控制制度

财务与会计工作具有综合性的特点，在企业管理中始终处于核心地位。做好该项工作不仅有利于企业管好和用好资金，有利于提高企业经济效益，而且还有助于企业降低资金管理风险，有助于企业加强廉政建设。为此，有必要建立企业内部会计控制制度。所谓企业内部会计控制制度，是指企业根据国家会计法、会计准则、会计制度和其他法律和法规的规定，结合本单位经济活动和管理特点而制定的一套专门制度和办法，以规范单位内部会计和管理工作。内部会计控制制度最直接的例子是单位内部牵制制度，即凡是实物资产和货币资金的收付、结算和登记账簿的工作必须分开，并由不同的工作人员经手，或者由多人协作，以便相互制约与相互监督。

三、会计信息质量特征与工作要求

会计报表是会计信息的载体，是会计人员及其机构的工作成果。按照决策有用观，会计信息（或会计报表）应当对信息使用者的决策产生影响。通常，质量高的会计信息对会计信息使用者产生的建设性作用较大，反之则较小。综合著名质量管理专家朱兰和克劳斯的观点，会计信息质量是指会计满足信息需求者需要的程度，以及会计信息产品符合会计准则规定要求的程度。

1980 年 5 月美国财务会计准则委员会（FASB）在第 2 号财务会计概念公告《会计信息的质量特征》中对会计信息质量特征进行了全面论述，认为会计信息质量特征分为四个层次：最高层次是决策有用性，次级层次是相关性和可靠性，第三个层次是预测价值、反馈价值、及时性和真实性、可核性、中立性，第四个层次是横向可比性和纵向一致性。FASB 对会计信息质量标准的界定得到了会计理论和实务界一致认同，并为世界上许多国家和地区所采用，我国会计准则中一些原则性规定与 FASB 的规定具有高度的一致性。比如，我国《企业会计准则——基本准则》第二章第十二条至第十九条对企业会计核算工作提出了九项原则要求，旨在保证会计信息质量。具体内容如下：

1. 客观性原则要求企业应当以实际发生的交易或者事项为依据进行会计确认、计量和报告，如实反映符合确认和计量要求的各项会计要素及其他相关信息，保证会计信息真实可靠，内容完整。

2. 相关性原则要求企业提供的会计信息应当与财务会计报告使用者的经济决策需要相关，有助于财务会计报告使用者对企业过去、现在或者未来的情况做出评价或者预测。

3. 明晰性原则要求企业提供的会计信息应当清晰明了,便于财务会计报告使用者理解和使用。

4. 一贯性原则要求企业提供的会计信息应当具有可比性。同一企业不同时期发生的相同或者相似的交易或者事项,应当采用一致的会计政策,不得随意变更,确需变更的应当在附注中说明。

5. 可比性原则要求不同企业发生的相同或者相似的交易或者事项应当采用规定的会计政策,确保会计信息口径一致、相互可比。

6. 实质重于形式原则要求企业应当按照交易或者事项的经济实质进行会计确认、计量和报告,不应仅以交易或者事项的法律形式为依据。

7. 全面性原则要求企业提供的会计信息应当反映与企业财务状况、经营成果和现金流量等有关的所有重要交易或者事项。

8. 谨慎性原则要求企业对交易或者事项进行会计确认、计量和报告应当保持应有的谨慎,不应高估资产或者收益,低估负债或者费用。

9. 及时性原则要求企业对于已经发生的交易或者事项应当及时进行会计确认、计量和报告,不得提前或者延后。

此外,新《企业会计准则》(2006)还规定,会计核算中可采用五种计量属性:

1. 历史成本。在历史成本计量下,资产按照购置时支付的现金或者现金等价物的金额,或者按照购置资产时所付出的对价的公允价值计量。负债按照因承担现时义务而实际收到的款项或者资产的金额,或者承担现时义务的合同金额,或者按照日常活动中为偿还负债预期需要支付的现金或者现金等价物的金额计量。

2. 重置成本。在重置成本计量下,资产按照现在购买相同或者相似资产所需支付的现金或者现金等价物的金额计量,负债按照现在偿付该项债务所需支付的现金或者现金等价物的金额计量。

3. 可变现净值。在可变现净值计量下,资产按照其正常对外销售所能收到的现金或者现金等价物的金额扣减该资产至完工时估计将要发生的成本、估计的销售费用以及相关税费后的金额计量。

4. 现值。在现值计量下,资产按照预计从其持续使用和最终处置中所产生的未来净现金流入量的折现金额计量,负债按照预计期限内需要偿还的未来净现金流出量的折现金额计量。

5. 公允价值。在公允价值计量下,资产和负债按照在公平交易中,熟悉情况的交易双方自愿进行资产交换或者债务清偿的金额计量。

我国《企业会计准则——基本准则》第二章第四十三条进一步明确,企业在对会计要素进行计量时,一般应当采用历史成本,采用重置成本、可变现净值、现值、公允价值计量的，应当保证所确定的会计要素金额能够取得并可靠计量。总体来看，会计准则的上述规定体现了历史成本原则。

本章小结

根据决策有用观，财务会计要向公司利益相关者提供符合决策要求的有用信息。现实生活中，会计需要定期向各类信息使用者披露财务报告，主要包括四张财务报表（资产负债表、损益表、现金流量表和股东权益变动表）、附表、附注和财务情况说明书。至于更加详细的财务信息，如每张会计凭证、每本会计账簿等，一般人员则无法接近。各类会计信息使用者的会计信息需求往往不同，而现实背景下财务会计只能提供通用会计信息。在此过程中，会计信息质量对会计信息供给而言尤为重要。一般认为，会计信息质量特征分为四个层次：最高层次是决策有用性，次级层次是相关性和可靠性，第三个层次是预测价值、反馈价值、及时性和真实性、可核性、中立性，第四个层次是横向可比性和纵向一致性。

各类会计信息使用者占有财务知识的多少、使用财务信息的能力以及财务报告的质量等因素往往影响其依据财务信息做出决策的质量。在收集和阅读理解财务信息的过程中，会计信息使用者既要关注财务报表内部信息（各张财务报表表内信息及不同报表之间相关信息），也要关注表外信息（影响企业经济活动的外部环境信息）。为满足读者需要，本章着重讲述旅游企业的四张财务报表（资产负债表、损益表、现金流量表和股东权益变动表）及其决策有用性（决策有用性内涵、企业财务报表的编制规范和会计信息质量特征与工作要求）。

重要名词

上市公司　　　　　　　　财务报表
资产负债表　　　　　　　损益表
现金流量表　　　　　　　股东权益变动表
决策有用性　　　　　　　会计信息质量特征

练习题

1. 什么是资产负债表？如何从中发现有用的信息？
2. 什么是损益表？如何从中发现有用的信息？
3. 什么是现金流量表？如何从中发现有用的信息？
4. 如何理解会计信息的决策有用性？

第三章 旅游企业资产负债表要素

【学习目的】
1. 了解旅游企业资金运动形式。
2. 掌握资产负债表要素。
3. 理解旅游企业资金运动对静态会计恒等式的影响。
4. 理解会计对象、会计要素与会计科目之间的相互关系。

【引例】
2012年初你购买了中青旅（600138）股票，现在已持有两年多时间。近日你关注该股票，并打算从财务角度分析其走势。你想到借助财务分析工具和方法解析该公司财务状况、财务杠杆、资本结构及其变化趋势。你能迅速找到所需的分析资料并实现上述目的吗？

第一节 旅游企业资金运动解析

一、旅游企业会计对象与要素

本书第一章"旅游企业资金循环与周转"（图1-1）明确了旅游企业会计核算对象是旅游企业资金运动。旅游企业会计就是要对旅游企业资金运动全程，即从旅游企业资金投入，到资金运营，再到资金退出过程进行全程反映、监督和披露。

诚然，明了旅游企业资金运动过程十分重要。但是，仅限于此还无法进行会计核算，还需要对旅游企业资金运动状态和结果进行具体化，也就是对旅游会计核算对象进行进一步分类。一般地，中国会计将会计核算对象（资金运动）分为六个会计要素，分别是资产、负债、所有者权益、收入、费用和利润。前三个会计要素反映的是某一时刻会计主体（企业）资金存量，称为静态会计要素，它们三者之间存在如下平衡关系（又称静态会计恒等式）：

资产=负债+所有者权益

后三个会计要素反映的是某一段时间会计主体（企业）资金流量，称为动态会计要素，它们之间存在如下平衡关系（又称动态会计恒等式）：

收入-费用=利润

总结以上会计核算对象与会计要素的相互关系，可以绘制如下"会计对象与会计要素关系图"（图 3-1）。

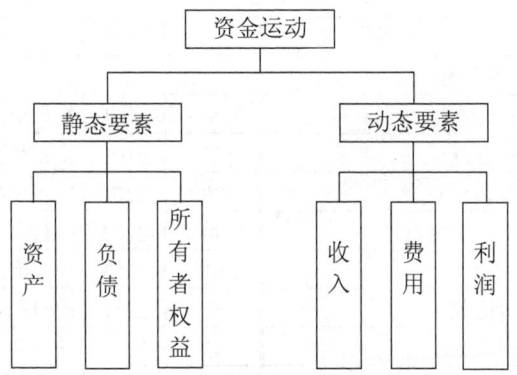

图 3-1　会计对象与会计要素关系图

上述六个会计要素是财务会计的理论基础之一，其重要性不言而喻。首先，它们很好地概括了企业资金运动的全貌，使会计担负反映和监督企业经济活动成为可能；其次，这六个要素是进一步进行会计分类的基础，能够统驭所有会计账户（或科目）；最后，这六个要素是现行财务报表编制的基础。现代会计三大报表之一的资产负债表就是根据静态会计要素编制的，账户式资产负债表的左边是资产，右边上半部分是负债，下半部分是所有者权益，如第二章表 2-2（×××资产负债表）；现代会计三大财务报表之二是利润表，"单步式"利润表包括总收入、总费用和利润三大部分，"多步式"利润表如第二章表 2-3（×××损益表）。

二、旅游企业会计科目

（一）旅游企业总分类科目

将会计核算对象经过第一次细分，我们得到了六个会计要素。这种分类将企业资金动态变化和静态存量区分开来，朝着会计核算迈进了一大步，但是这还不够具体，不足以细致地刻画企业各种交易与事项。因此，需要对各个会计要素进行进一步分类，形成更加具体的项目。会计上把会计要素进行细分得到的初步结果称为总分类科目，根据其开设的账户则称为总分类账。在某种程度上，有了总分类科目便可以进行会计核算了。

就旅游企业而言，根据反映的经济内容不同，可以将会计科目划分为资产类、负债类、所有者权益类、成本类和损益类。其中，损益类会计科目又可分为费用类科目和收入类科目。旅游企业会计科目的具体项目如表 3-1（旅游企业会计科目一览）所示。

表 3-1 旅游企业会计科目一览

顺序号	编号	名称	顺序号	编号	名称
		一 资产类			二 负债类
1	1001	库存现金	70	2001	短期借款
2	1002	银行存款	77	2101	交易性金融负债
5	1015	其他货币资金	79	2201	应付票据
8	1101	交易性金融资产	80	2202	应付账款
10	1121	应收票据	81	2203	预收账款
11	1122	应收账款	82	2211	应付职工薪酬
12	1123	预付账款	83	2221	应交税费
13	1131	应收股利	84	2231	应付利息
14	1132	应收利息	85	2232	应付股利
18	1221	其他应收款	86	2241	其他应付款
19	1231	坏账准备	93	2401	递延收益
26	1401	材料采购	94	2501	长期借款
27	1402	在途物资	95	2502	应付债券
28	1403	原材料	100	2701	长期应付款
29	1404	材料成本差异	101	2702	未确认融资费用
30	1405	库存商品	102	2711	专项应付款
31	1406	发出商品	103	2801	预计负债
32	1407	商品进销差价	104	2901	递延所得税负债
33	1408	委托加工物资			三 所有者权益类
34	1411	周转材料	110	4001	实收资本
40	1471	存货跌价准备	111	4002	资本公积
41	1501	持有至到期投资	112	4101	盈余公积
42	1502	持有至到期投资减值准备	114	4103	本年利润

续表

顺序号	编号	名称	顺序号	编号	名称
43	1503	可供出售金融资产	115	4104	利润分配
44	1511	长期股权投资		四 成本类	
45	1512	长期股权投资减值准备	117	5001	生产成本
46	1521	投资性房地产	118	5101	制造费用
47	1531	长期应收款	119	5201	劳务成本
48	1532	未实现融资收益	120	5301	研发成本
50	1601	固定资产		五 损益类	
51	1602	累计折旧	124	6001	主营业务收入
52	1603	固定资产减值准备	129	6051	其他业务收入
53	1604	在建工程	131	6101	公允价值变动损益
54	1605	工程物资	132	6111	投资损益
55	1606	固定资产清理	136	6301	营业外收入
62	1701	无形资产	137	6401	主营业务成本
63	1702	累计摊销	138	6402	其他业务成本
64	1703	无形资产减值准备	139	6403	营业税金及附加
65	1711	商誉	149	6601	销售费用
66	1801	长期待摊费用	150	6602	管理费用
67	1811	递延所得税资产	151	6603	财务费用
69	1901	待处理财产损益	153	6701	资产减值损失
			154	6711	营业外支出
			155	6801	所得税费用
			156	6901	以前年度损益调整

（二）旅游企业会计明细分类科目

在我国，总分类会计科目设置权限在财政部。同时，《企业会计准则——应用指南》规定，在不影响会计核算要求和财务报表汇总及对外提供统一的财务报表的前提下，企业可以根据实际情况自行增设、减少或合并某些会计科目，除少数财政部有规定者外，二级科目、明细科目一般由企业根据核算与管理的需要自行确定。一般情况下，企业设置总分类科目、二级科目和明细分类科目即可，最多可以设置四级科目。

总分类会计科目与明细科目之间的关系可以用以下几句话来概括：总分类科目是指对会计要素的具体内容进行总括分类的项目，明细分类科目是指根据核算与管理的需要对某些会计科目所做的进一步分类的项目，二者反映的经济内容相同。二者的区别有两点：第一，二者反映经济内容的详细程度不一样。总分类科目反映资金变化的总括情况，只提供金额指标。明细分类科目反映资金变化的详细情况，既可以反映金额指标，也可以提供实物数量指标和劳动量指标。第二，二者作用不同。总分类科目对所属明细科目起统驭作用，明细科目是对总分类科目的补充。例如，旅游企业可设置"原材料"总分类会计科目，以反映企业原材料的总括情况。根据管理与核算的需要，旅游企业可将原材料划分为"粮食类"、"干菜类"、"调味品类"等有关二级科目，以反映原材料的分类情况。旅游企业还可以将粮食类再划分为"大米"、"面粉"和"食用油"等明细科目，以反映各种原材料的详细情况。

第二节　旅游企业资产负债表要素

旅游企业资产负债表涉及三个会计要素，即资产、负债和所有者权益。这三个会计要素遵循如下平衡关系：

资产=负债+所有者权益

下面逐一阐述资产、负债和所有者权益要素的概念内涵，以及与各要素密切相关的总分类科目。之后，在本章第三节举例说明经济业务变化对静态会计恒等式的影响。

一、资产要素

（一）资产的定义与会计确认

资产是指企业过去的交易或者事项形成的、由企业拥有或者控制的、预期会给企业带来经济利益的资源。理解资产定义需要关注如下五点：

第一，企业过去的交易或者事项包括购买、生产、建造行为或其他交易或者事项。预期在未来发生的交易或者事项不形成资产的不能确认为资产，比如企业计划中的商品采购，此经济业务尚未实际进行。再如，企业银行存款的利息收入（尽管当期尚未结算）应通过期末账项调整进入资产，而未来的利息收入不能预计为当期资产。

第二，由企业拥有或者控制，是指企业享有某项资源的所有权，或者虽然不享有某项资源的所有权，但该资源能被企业所控制。拥有是指企业掌握该项经济资源的所有权。控制是指企业虽不掌握该项经济资源的所有权，但拥有该项经济资源的支配权，例如以融资租赁方式租入的机器设备。

第三，预期会给企业带来经济利益，是指直接或者间接导致现金和现金等价物流入企业的潜力。例如，企业的银行存款是一项资产，因为它可用于购置任何其他资源；客户欠公司的款项是一项资产，因为收回时可产生现金流入；机器设备、厂房和机械等也是资产，因为它们是生产资料，预期用于未来产品的生产活动。

第四，与该资源有关的经济利益很可能流入企业。当企业拥有或控制的资源已经不能为企业带来经济利益时，则该资源不能确认为企业的资产。例如，因陈旧过时等原因而卖不出去的产品不属于资产。因为它们虽然为企业所有，但是不能为企业带来现金流入。

第五，该资源的成本或者价值能够可靠地计量。若某项资源的成本或价值不能够可靠地加以计量，则不能作为资产，比如企业自创的商誉（包括公司商标、信誉、客户群或其他类似的无形资源）。因为它是企业发展过程中逐渐形成的，不是通过一次成本可计量的交易获得的。

符合资产定义和资产确认条件的项目应当列入资产负债表；反之，仅仅符合资产定义但不符合资产确认条件的项目，不应当列入资产负债表。

（二）资产分类

旅游企业资产负债表上，资产是按流动性大小排列的。从上往下，资产的流动性逐步降低。同时，按照资产变现或耗用时间是否长于一年（或超过一年的一个营业周期），将资产划分为流动资产和非流动资产。

1. 流动资产

流动资产是指将在一年（或超过一年的一个营业周期）内可以变现或者被耗用的资产，主要包括货币资金、交易性金融资产、应收票据、应收股利、应收账款和存货等。

（1）货币资金，是指在企业生产经营过程中处于货币形态的那部分资金，包括库存现金、银行存款和其他货币资金。在资产负债表中货币资金属于流动资产项目，该项目金额由库存现金、银行存款和其他货币资金三个总账户的期末余额加总而成。货币资金是企业中最活跃、流动性最强的项目，也是企业的重要支付手段和流通手段。货币资金的这一特点导致其极其容易被挪用和贪污，因此它是流动资产的审查重点。

通常，现金、银行存款和支票等都属于货币资金。请注意，已规定了专门用途的存款和已经被冻结的银行存款应从货币资金中剔除。

（2）交易性金融资产，是指企业为了近期内出售或回购的金融资产，比如企业以赚取差价为目的购入的股票、债券和基金等。持有交易性金融资产的主要动机是投机和套期保值。

（3）应收及预付款项，是指在日常生产经营过程中发生的各种债权资产项目，包括应收账款、应收票据、预付账款、应收股利、应收利息和其他应收款等，这些项目在资产负债表中分项列示。

其中，应收账款是指企业因销售商品、提供劳务等经营活动，应向购货单位或接受劳务的单位收取的款项；应收票据是指在票据结算方式下形成客户拖欠企业的购货款或接受劳务款；预付账款是指在采购货物或得到服务之前预先支付给供应商的款项，主要是预付货款；应收股利是指因股权投资而应收取的现金股利和应收其他单位的利润；应收利息是指因短期债权投资而应收取，但尚未收取的利息；其他应收款是指除应收票据、应收账款、预付账款等以外的其他各种应收、暂付款项。

（4）存货，是指企业在日常活动中为销售或耗用而储存的各种资产，具体包括可直接用于销售的库存商品，尚未完工的在产品以及在生产或销售过程中将要被消耗的原材料、包装物等。

2. 非流动资产

旅游企业非流动资产是指除流动资产以外的资产，旅游企业持有它们的目的是使用而不是出售，且使用年限在一年以上，主要包括可供出售金融资产、持有至到期投资、长期股权投资、固定资产和无形资产等。

（1）长期投资，是指不准备在一年内变现的投资，包括持有至到期投资、可供出售金融资产和长期股权投资等，这些项目应在资产负债表中分项列示。

其中，持有至到期投资是指到期日和回收金额固定或可确定，企业有明确意图并有能力持有至到期的投资；可供出售金融资产是指没有被划分为交易性金融资产、持有至到期投资和贷款及应收款项的金融资产；长期股权投资是指能够取得并打算长期持有被投资单位股份的投资。

（2）固定资产，是指使用年限在一年以上，单位价值在规定标准以上，并在使用过程中保持其原有实物形态的资产，如房屋及建筑物、机器设备和运输设备等。其特点在于：为生产商品、提供劳务、出租或经营管理而持有；使用年限超过一个会计年度；属于有形资产范畴。

（3）无形资产，是指没有实物形态，可辨认并且可供企业长期使用的资产，如专利权、非专利技术、商标权、著作权和土地使用权等。其特点是不具有实物形态、具有可辨认性和属于非货币资产。同时，无形资产须依附于有形资产才能发挥作用，且其价值具有高度不确定性和有助于企业实现超额收益。

（4）长期待摊费用，是指不能全部计入当年损益，应当在以后年度内分期摊销的各项费用，如企业开办费、租入固定资产改良支出等。它有四个重要特点：支出金额大，要分年摊销；无实物形态，不能归属于固定资产；不具有无形资产的某些重要特征（不是一种特殊权利、价值不具有高度不确定性）；有别于无形资产。

二、负债要素

（一）负债的定义与会计确认

负债是指企业过去的交易或者事项形成的、预期会导致经济利益流出企业的现时义务。现时义务必须是企业在现行条件下已承担的义务。如已经向银行取得的借款、应付而尚未支付的购货款等。尚未发生的交易或者事项形成的义务，不属于现时义务，所以不应确认为负债。

在符合上述负债定义的义务条件下，还需同时满足以下两个条件才可确认为负债：

1. 与该义务有关的经济利益很可能流出企业；

2. 未来流出的经济利益的金额能够可靠地计量。

在会计信息披露时，要求将符合负债定义和负债确认条件的项目列入资产负债表；对于仅仅符合负债定义、但不符合负债确认条件的项目，则不能列入资产负债表。

在理解和运用负债概念时应当着力关注如下三点：

1. 关于负债时间的认定。负债是由过去的交易或事项所产生的经济责任或经济义务，并且现时已经存在。相反，那些潜在的义务，或者预期在将来发生的交易或事项可能产生的义务，则不能确认为负债。例如，月末企业尚未支付给员工的当月工资是一项负债，但员工下一个月，或者未来各个月份将赚得的工资则不属于当前这个月份的负债。

2. 关于负债数量的确定。负债必须能以货币计量，需有明确的偿付对象（即债权人），至少可以通过合理地估计确定债权人。例如商品售后保修费，该负债（准确地说是或有负债）在销售成立时便已存在，但是销售时尚不能确定到底有多少已售商品需要维修、具体何时发生维修、需要多少维修费用，甚至连具体买主（债权人）是谁都不确指。尽管如此，在权责发生制会计确认基础下企业一般需根据该种商品或产品的销售日期、销售额、保修期和过去的返修率等条件对可能发生的义务金额作出合理估计。

3. 关于负债偿付的后果。持有资产预期会给企业带来经济利益流入，负债的清偿却会导致企业经济利益的流出，即企业偿还负债需以转移资产、提供劳务或转为股本等形式作为支付对价。

（二）负债分类

旅游企业资产负债表上，如资产项目列示方式一样，负债也按流动性大小排列。从上往下，负债的流动性逐步降低，即偿还期限越短的项目排列循序更靠前。同时，按照负债偿还时间是否长于一年（或超过一年的一个营业周期），将负债划分为流动负债和非流动负债。

1. 流动负债

流动负债是指将在一年（含一年）或者超过一年的一个营业周期内偿还的债务，包括短期借款、交易性金融负债、应付票据、应付账款、预收账款、应付职工薪酬、应交税费、应付利息、应付股利和其他应付款等。

（1）短期借款，是指企业为维持正常生产经营周转而筹集的短期负债，其资金来源是银行或非银行金融机构，且偿还期限在一年以内。

（2）交易性金融负债，是指企业采用短期获利模式进行融资所形成的负债，比如短期借款、应付短期债券。交易性金融负债采用公允价值进行计量。

（3）应付及预收款项，包括应付票据、应付账款、预收账款、应付职工薪酬、应交税费、应付利息、应付股利和其他应付款等，在资产负债表中分项列示。

其中，应付票据是指企业在经济活动中，如商品购销活动和对工程价款进行结算，因采用票据结算方式下形成的对债权人的欠款。应付账款是指一般商业信用采购过程中形成的对供应商的欠款。预收账款是指在供应货物或提供服务之前预先收到的来自客户的款项。应付职工薪酬是指企业根据有关规定应付而尚未付给职工的各种报酬，如工资、奖金、津贴、补贴和住房公积金等。应交税费是指企业必须按照税法缴纳而未交纳的各种税费。应付利息是指企业因负债应付而未付给债权人的一年内到期的利息。应付股利是指因接受股权投资而应分配给股东的现金股利或利润。其他应付款是指除应付票据、应付账款、预收账款等以外的其他各种应付、暂收款项。

2. 非流动负债

非流动负债是指偿还期长于一年（或超过一年的一个营业周期）的债务，包括长期借款、应付债券、长期应付款和其他长期负债等。

（1）长期借款，是指企业向银行或非银行金融机构借入尚未归还且偿还期在一年以上的各种借款。

（2）应付债券，是指企业为筹集长期资金而对外发行的一年期以上的债券本金及应付的利息。

（3）长期应付款，是指企业对其他单位发生的付款期限在一年以上的长期借款，如采用分期付款方式购入固定资产和无形资产发生的应付款项、应付融资租入固定资产的租赁费等。

（4）其他长期负债，是指除长期借款、应付债券和长期应付款等以外的长期负债。

三、所有者权益及其项目分类

（一）所有者权益定义与会计确认

所有者权益，又称为股东权益，是指企业资产扣除负债后由所有者享有的剩余权益。从根本上说，所有者权益金额取决于对资产和负债的计量。

所有者权益的来源包括所有者投入的资本、直接计入所有者权益的利得和损失、留存收益等。

直接计入所有者权益的利得和损失，是指不应计入当期损益、但会导致所有者权益发生增减变动、且与所有者投入资本或者向所有者分配利润无关的利得或损失。

利得是指由企业非日常活动所形成的、会导致所有者权益增加的、与所有者投入资本无关的经济利益的流入。

损失是指由企业非日常活动所发生的、会导致所有者权益减少的、与向所有者分配利润无关的经济利益的流出。

在理解和运用所有者权益时应当着力关注如下三点：

1. 所有者权益表明企业的产权归属，即代表企业的终极所有权（或狭义所有权）。所有者投入资本是企业资本基础来源，它是企业一切债务的根本保证。所以，企业的所有者承担了最大的风险。所有者以出资份额为限承担企业的风险，所有者享有由所有权派生出来的经营管理权和利润分配权。相比之下，公司债权人无须像所有者那样承担巨大的风险和经营责任，所以其在公司中的权利与所有者有很大的不同。比如，债权人没有经营管理权，只能按照预先约定的条件取得固定的利息收入；债权人投入企业资金有约定的期限，到期可收回本金；正常情况下，债权人不承担企业的债务或亏损。

2. 所有者仅对企业的净资产享有要求权，净资产是资产减去负债后的剩余金额。这表明，在企业里债权人资本清偿权要优先于所有者。所以，在企业清算时，只有在企业清偿全部债务后，才能将剩余财产用于偿还所有者。

3. 所有者权益是所有者对企业净资产的要求权，是资产减去负债以后的差额，因而所有者权益不是一个独立的会计要素。我们很难直接衡量持续经营中的企业所有者权益，而是依据资产和负债计量的结果间接确定所有者权益金额。

（二）所有者权益分类

从来源角度看，所有者权益包括所有者投入的资本、资本公积（含直接计入所有者权益的利得和损失）和留存收益等。在旅游企业资产负债表上，所有者权益项目有实收资本（或股本）、资本公积（包括资本溢价和其他资本公积）、盈余公积和未分配利润。

1. 实收资本（Paid-in Capital），实收资本是指投资者按照企业章程、合同或协议的约定，实际投入企业的资本。投资者投入企业的资本形态可以是货币资金、实物资产和无形资产三类。实收资本是企业工商注册登记的法定资本总额，它表明所有者对企业的基本产权关系。金额上，企业的实收资本应当与注册资本一致。在股份有限公司，实收资本表现为实际发行股票的面值总额，即股本；在有限责任公司，它表现为所有者在注册资本范围内的实际出资额。企业投资者按照其占有实收资本的比例享受税后利润或者股利，在企业破产时投资者也是按照该比例分享企业剩余财产。实收资本是企业永久性资金来源，它是保证企业持续经营和偿还债务的最基本物质基础，也是企业抵御各种风险的缓冲器。

2. 资本公积（Capital Reserves），是投资者出资额超出其在注册资本或股本中所占份额的部分以及其他直接归属于所有者权益的利得和损失。从其来源来看，资本公积与企业经营盈亏无关，而与投资人投资和接受捐赠等因素相关。虽然资本公积隶属于所有者权益，但是它并不构成企业资本金。资本公积是准资本，在特定情况下可以转为企业资本金。

资本公积的具体来源可以是股本溢价、资本溢价和直接计入所有者权益的利得和损失等。股份公司在以超过面值的某一价格发行股票时，溢价扣除相关手续费后的差额（股票面值计入"股本"）称为股本溢价。资本溢价是指非股份公司募集资金时，投资者出资额大于其在注册资本金中所拥有份额的部分。直接计入所有者权益的利得和损失是指不应计入当期损益、但会导致所有者权益发生增减变动且与所有者投入资本或者向所有者分配利润无关的利得和损失。其中，利得是指由企业非日常活动所形成的、会导致所有者权益增加的、与所有者投入资本无关的经济利益的流入，利得包括直接计入所有者权益的利得和直接计入当期利润的利得。损失是指由企业非日常活动所发生的、会导致所有者权益减少的、与向所有者分配利润无关的经济利益的流出，损失包括直接计入所有者权益的损失和直接计入当期利润的损失。直接计入所有者权益的利得和损失主要包括可供出售金融资产的公允价值变动额和以权益结算的股份支付而形成的费用等。

在会计核算过程中，需要在资本公积账户下设"资本溢价"、"股本溢价"和"其他资本公积"等明细科目。

3. 盈余公积（Earned Surplus），是指企业按照规定从税后利润中提取并指定用途的积累资金，包括法定盈余公积金和任意公积金。根据2007年1月1日实施的《企业财务通则》规定，企业应该提取10%的法定公积金。当法定公积金达到注册资本的50%以后可以不再提取。此外，企业还应该提取任意公积金。《公司法》第177条第3款规定:"公司从税后利润中提取法定公积金后,经股东会决议,可以提取任意公积金。"任意公积金的提取与否及提取比例由股东会根据公司发展的需要和盈利情况决定,法律不作强制规定。对于国有企业,可以将任意盈余公积与法定盈余公积合并提取。盈余公积金有三个主要用途,即弥补亏损、转增资本、发放现金和股票股利。在会计核算时,需要在"盈余公积"总分类账户下设"法定盈余公积"和"任意盈余公积"等明细科目。

4. 未分配利润（Undistributed Profit），是指企业的税后净利润按照规定进行分配以后的剩余部分。盈余公积是确定留存于公司的利润,而未分配利润是留存于公司还是今后继续分配给股东尚未确定。从数量上说,资产负债表上的未分配利润是一个累积数,它是由期初未分配利润,加上本期实现的净利润,减去提取的盈余公积和分出利润后的余额。企业"未分配利润"账户与盈余公积账户之间存在如下等量关系：

期初未分配利润+盈余公积补亏+本年利润税后净利=年末未分配利润

留存收益是企业历年实现且留存于企业的净利润,包括盈余公积和未分配利润。

第三节　旅游企业经济业务对静态会计等式的影响

本章第一、二节明确了静态会计要素之间的平衡关系,即：资产=负债+所有者权益。这里,资产可以看成是资金的占用,具体形式可以是库存现金、原材料和固定资产等。同时,无论企业负债,还是股东权益,都由投资者（股东和债权人）提供。这些资源提供者都会对公司有这样或那样的要求,我们将这些要求权统称为要求权或权益。资产和权益是资金的两个不同侧面,两者相辅相成,既没有无权益的资产,也没有无资产的权益。换言之,资产和权益在数量上天然相等,即：资产=权益。

"资产=负债+所有者权益"或者"资产=权益"是基本会计等式,它反映了某一特定时点企业资产、负债和所有者权益三者的平衡关系,表明资金来源与运用总是守恒的。上述静态会计恒等式也是编制资产负债表的基础。此外,这种平衡关系也为我们检验会计处理结果是否正确提供了一种检验方法。

在理解上述静态会计恒等式时需要注意两点：

第一,权益与资产的平衡是指在整体上权益与企业资产保持数量上的平衡关系,是一种总量上的相等,而不是具体项目上的等量关系。

第二,债权人权益和所有者权益有本质的区别。静态会计等式可以变换为:资产－负债＝所有者权益。新的等式表明,负债的求偿权优先于所有者权益,而所有者权益是企业全部资产抵减全部负债后的剩余部分,是一种"剩余权益"。

会计恒等式意味着,不管经济业务如何变化,静态会计要素之间的平衡关系都不会被破坏。下面通过一系列经济业务来验证以上结论。这里所谓的经济业务是指能引起会计要素发生增减变动的交易或事项。

一、资产来源业务——接受投资

2012年1月1日,甲、乙、丙共同投资,注册成立未名旅游有限责任公司。其中,甲投入原材料,作价1 000 000元;乙投入房产,作价2 000 000元;丙以银行存款投入3 000 000元。

解析:这项交易的发生,一方面使得未名旅游有限责任公司拥有了6 000 000元的资产,即该公司资产增加了6 000 000元;另一方面甲、乙、丙作为该公司所有者,拥有了对这些资产的要求权,即该公司所有者权益相应增加了6 000 000元。

该项交易对静态会计恒等式左右两边的影响表示如下:

资产　　　　＝　　　负债　　　＋　　所有者权益
6 000 000　　＝　　　　0　　　　＋　　6 000 000

若编制未名有限公司资产负债表(表3-2)则是:

表3-2　未名有限公司资产负债表

资产		负债和所有者权益	
货币资金	3 000 000	实收资本	6 000 000
存货	1 000 000		
固定资产	2 000 000		
合计	6 000 000	合计	6 000 000

二、资产来源业务——增加负债

2012年1月5日,未名旅游有限责任公司从×公司购置商品一批,共1 000 000元,货款暂欠。

解析：这项交易的发生，一方面使未名旅游有限责任公司的库存商品增加了 1 000 000 元，另一方面使公司的应付账款增加了 1 000 000 元。库存商品属于资产要素，应付账款属于负债要素，两者以相等金额同时增加，静态会计等式仍然保持平衡。

该项交易对静态会计恒等式左右两边的影响表示如下：

$$资产 = 负债 + 所有者权益$$
$$6\,000\,000+1\,000\,000 = 0+1\,000\,000 + 6\,000\,000$$

若编制未名有限公司资产负债表（表 3-3）则是：

表 3-3　未名有限公司资产负债表

资产		负债和所有者权益	
货币资金	3 000 000	应付账款	1 000 000
存货	2 000 000	实收资本	6 000 000
固定资产	2 000 000		
合计	7 000 000	合计	7 000 000

三、资产使用业务——偿还负债

2012 年 1 月 11 日，未名旅游有限责任公司以银行存款 400 000 元偿还前欠 x 公司的部分货款。

解析：这项交易的发生，一方面使公司的银行存款减少 400 000 元，另一方面使公司的应付账款减少 400 000 元。银行存款属于资产要素，应付账款属于负债要素，两者以相等金额同时减少，静态会计等式依然保持平衡。

该项交易对静态会计恒等式左右两边的影响表示如下：

$$资产 = 负债 + 所有者权益$$
$$7\,000\,000-400\,000 = 1\,000\,000-400\,000 + 6\,000\,000$$

若编制未名有限公司资产负债表（表 3-4）则是：

表 3-4　未名有限公司资产负债表

资产		负债和所有者权益	
货币资金	2 600 000	应付账款	600 000
存货	2 000 000	实收资本	6 000 000
固定资产	2 000 000		
合计	6 600 000	合计	6 600 000

四、资产使用业务——抽回投资

2012 年 1 月 18 日，丙决定抽回投资 1 000 000 元，已获批准，未名旅游有限责任公司以银行存款支付。

解析：这项交易的发生，一方面使公司的银行存款减少 1 000 000 元，另一方面由于将部分投资款返还给投资者丙，使得所有者对公司的索取权（剩余求偿权）减少 1 000 000 元。银行存款属于资产要素，实收资本属于所有者权益要素，两者以相等金额同时减少，静态会计等式依然保持平衡。

该项交易对静态会计恒等式左右两边的影响表示如下：

$$资产 = 负债 + 所有者权益$$
$$6\ 600\ 000 - 1\ 000\ 000 = 600\ 000 + 6\ 000\ 000 - 1\ 000\ 000$$

若编制未名有限公司简单资产负债表（表 3-5）则是：

表 3-5　未名有限公司资产负债表

资产		负债和所有者权益	
货币资金	1 600 000	应付账款	600 000
存货	2 000 000	实收资本	5 000 000
固定资产	2 000 000		
合计	5 600 000	合计	5 600 000

五、资产转换业务——购买设备

2012 年 1 月 20 日，未名旅游有限责任公司以银行存款购买货车一辆，价值 800 000 元。

解析：这项交易的发生，一方面使公司的银行存款减少 800 000 元，另一方面使公司的固定资产增加 800 000 元。银行存款和固定资产同属资产要素，两者金额相等，增减方向相反，资产总额保持不变，静态会计等式依然保持平衡。

该项交易对静态会计恒等式左右两边的影响表示如下：

$$资产 = 负债 + 所有者权益$$
$$5\,600\,000 - 800\,000 + 800\,000 = 600\,000 + 5\,000\,000$$

若编制未名有限公司简单资产负债表（表 3-6）则是：

表 3-6　未名有限公司资产负债表

资产		负债和所有者权益	
货币资金	800 000	应付账款	600 000
存货	2 000 000	实收资本	5 000 000
固定资产	2 800 000		
合计	5 600 000	合计	5 600 000

六、负债转换业务——举新债还旧债

2012 年 1 月 23 日，未名旅游有限责任公司向银行申请半年期的借款 100 000 元，偿还欠 x 公司的部分货款。

分析：这项交易的发生，一方面使公司的短期借款增加 100 000 元，另一方面使公司的应付账款减少 100 000 元。短期借款、应付账款都是负债要素，两者发生金额相等，增减方向相反，负债总额不变，公司总权益也不变，静态会计等式依然保持平衡。

该项交易对静态会计恒等式左右两边的影响表示如下：

$$资产 = 负债 + 所有者权益$$
$$5\,600\,000 = 600\,000 - 100\,000 + 100\,000 + 5\,000\,000$$

若编制未名有限公司简单资产负债表（表 3-7）则是：

表 3-7　未名有限公司资产负债表

资产		负债和所有者权益	
货币资金	800 000	应付账款	500 000
存货	2 000 000	短期借款	100 000
固定资产	2 800 000	实收资本	5 000 000
合计	5 600 000	合计	5 600 000

七、权益转换业务——债转股

2012 年 1 月 26 日，未名旅游有限责任公司所欠 x 公司 200 000 元应付账款，经双方协商，转作该公司对未名有限责任公司的投资额，其中 100 000 元计入实收资本。

解析：这项交易的发生，一方面使未名旅游有限责任公司的应付账款减少了 200 000 元，另一方面使未名旅游有限责任公司的实收资本增加了 100 000 元，资本公积也增加了 100 000 元。

这里，应付账款属于负债要素，实收资本和资本公积属于所有者权益要素，权益要素内部增减金额相等，方向相反，静态会计等式依然保持平衡。

该项交易对静态会计恒等式左右两边的影响表示如下：

资产　　　　=　　负债　　　　　　+　　所有者权益
5 600 000　　=　　600 000－200 000　+　　5 000 000 ＋200 000

若编制未名有限公司简单资产负债表（表 3-8）则是：

表 3-8　未名有限公司资产负债表

资产		负债和所有者权益	
货币资金	800 000	应付账款	300 000
存货	2 000 000	短期借款	100 000
固定资产	2 800 000	实收资本	5 100 000
		资本公积	100 000
合计	5 600 000	合计	5 600 000

八、权益转换业务——抽回投资

2012 年 1 月 27 日，丙继续抽回投资 1 000 000 元，未名旅游有限责任公司给他开出一张为期 3 个月的银行承兑汇票。

解析：这项交易的发生，一方面减少了丙对未名旅游有限责任公司的投资，导致未名旅游有限责任公司实收资本减少 1 000 000 元，另一方面增加了未名旅游有限责任公司对丙的负债，表现为应付票据增加了 1 000 000 元。该业务导致权益项目之间发生变化，增减金额相等，方向相反，静态会计等式仍然成立。

该项交易对静态会计恒等式左右两边的影响表示如下：

资产　　　　＝　　负债　　　　　　　＋　　所有者权益
5 600 000　　＝　　400 000＋1 000 000　＋　　5 200 000－1 000 000

若编制未名有限公司简单资产负债表（表 3-9）则是：

表 3-9　未名有限公司资产负债表

资产		负债和所有者权益	
货币资金	800 000	应付账款	300 000
存货	2 000 000	短期借款	100 000
固定资产	2 800 000	应付票据	1 000 000
		实收资本	4 100 000
		资本公积	100 000
合计	5 600 000	合计	5 600 000

九、权益转换业务——转增资本

2012 年 1 月 31 日，未名旅游有限责任公司将资本公积 50 000 元转增资本金。

解析：这项会计事项的发生，一方面使公司的资本公积金减少 50 000 元，另一方面导致该公司的实收资本增加 50 000 元。所有者权益内部项目之间发生变化，增减变化金额相等，方向相反，会计等式的平衡关系不发生变化。

该项交易对静态会计恒等式左右两边的影响表示如下：

资产　　　　＝　　负债　　　　＋　　所有者权益
5 600 000　　＝　　1 400 000　　＋　　4 200 000＋50 000－50 000

若编制未名有限公司简单资产负债表（表 3-10）则是：

表 3-10 未名有限公司资产负债表

资产		负债和所有者权益	
货币资金	800 000	应付账款	300 000
存货	2 000 000	短期借款	100 000
固定资产	2 800 000	应付票据	1 000 000
		实收资本	4 150 000
		资本公积	50 000
合计	5 600 000	合计	5 600 000

总之，上述会计交易和事项的发生必然引起静态会计要素及其所属会计科目发生增减变化。但是，无论是什么类型的经济业务（资产转换业务、资产来源业务和资产运用业务）都不会破坏会计恒等式，充分验证了静态会计恒等式的正确性。这种经济业务变化规律为后续会计业务的开展奠定了坚实的理论基础。资产、负债和所有者权益之间的平衡关系是设置账户、复式记账、试算平衡和编制资产负债表等会计业务的理论依据。正确理解和运用这种平衡关系，对学习和经办会计业务，对于理解会计信息等均具有重要意义。

为学员学习方便，本书将可能影响静态会计恒等式的经济业务类型总结为如下九种情况，如表 3-11 所示。

表 3-11 经济业务对会计等式影响的九种具体形式

经济业务类型	资产=	负债+	所有者权益
①	增加		增加
②	增加	增加	
③	减少	减少	
④	减少		减少
⑤	增加，减少		
⑥		增加，减少	
⑦		减少	增加
⑧		增加	减少
⑨			增加，减少

本章小结

资产负债表是三大财务报表之一，也是相关利益主体必读的财务信息，所以本章专门对其展开阐述。本章遵循渐进式叙述方式，由会计对象论及会计要素，再由会计要素论及会计科目，直至论及会计明细科目。通过本章学习，我们能够领略资产负债表的内容与格式，能够深入理解资产负债表的平衡关系。就具体会计核算对象而言，我们可以通过资产负债表分析其占用资金的总量及其结构，分析其资金来源及其比例关系，甚至可以分析其财务政策稳健性，等等。对相关利益主体而言，这些知识和信息无疑十分重要。从初学者角度，分析经济业务对静态会计恒等式的影响对加深理解会计学原理大有裨益，所以本章第三节用整节的篇幅对其进行了详尽的分析。当然，要系统、完整地理解会计平衡原理必须联系其他相关章节，比如第四章"旅游企业利润表要素"。

重要名词

上市公司　　　　　　　　财务报表
资产负债表　　　　　　　损益表
现金流量表　　　　　　　股东权益变动表
决策有用性　　　　　　　会计信息质量特征

练习题

1. 旅游企业资金运动状态如何？
2. 什么是资产负债表？它能给我们提供哪些有用信息？
3. 经济业务变化会影响静态会计要素之间的恒等关系吗？

第四章　旅游企业利润表要素

【学习目的】
1. 掌握利润表会计要素及相应会计科目。
2. 理解动态会计恒等式。
3. 掌握权责发生制原则与配比原则。
4. 理解扩展的会计恒等式及经济业务对其平衡关系的影响。

【引例】
华景旅游公司是一家小公司，由张景华独资拥有并管理。公司雇员将近20人，有几个债权人。本月发生了如下经济业务：

（1）波马俱乐部从本公司租用了一辆小巴，签订了租赁合同，开出发票数额为6 000元。

（2）收到提供旅游服务收入的支票50 000元。

（3）一辆损坏的小巴收到汽车维修部的维修单1 000元。

（4）收到顾客机票订购款5 000元。

确定上述经济业务是否应该在华景旅游公司账户中记录？如果需要，其在会计循环中是怎样反映的？该公司有没有义务向债权人及所有者发布财务报表？在这种情况下，华景旅游公司会计记录的理由是什么？

（本案例摘自王立彦教授主编的《会计学原理》，2007年7月第1版。）

第一节　旅游企业利润表要素

在市场经济条件下，旅游企业也是独立的市场主体，它们自主经营、自负盈亏，所以必须进行成本和利润核算，并编制利润表。通常，旅游企业利润表包含三个会计要素：收入、费用和利润。这三个会计要素遵循如下平衡关系：

收入-费用=利润

本书第二章表 2-3 是某旅游公司 2011 年度利润表，它就是根据上述等式编制的，而且采用了多步式编制格式。本节首先阐述利润表会计要素与会计科目内涵；第二节详细论述权责发生制概念及其应用，旨在帮助读者更好地阅读利润表；后续两节举例说明旅游企业经济业务对会计恒等式的影响。

一、收入（Revenue）

（一）收入的定义与会计确认

收入是指企业在日常活动中形成的、会导致所有者权益增加的、与所有者投入资本无关的经济利益的总流入，包括销售商品收入、提供劳务收入和让渡资产使用权收入。

由于收入对企业经营成果影响大，对会计信息使用者的决策影响也很大，因而该指标越来越为会计信息使用者所重视。收入的确认、计量和信息披露由我国《企业会计准则第 14 号——收入》（以下简称"收入准则"）加以规范。全面深入地理解"收入准则"有助于正确核算企业生产经营成果，为相关利益主体提供更加有用的会计信息。值得注意的是，长期股权投资、建造合同、原保险合同、再保险合同和租赁等业务形成的收入的确认、计量和报告等问题不由"收入准则"规范，而有其他具体准则加以规范。

收入主要包括企业为完成其经营目标所从事的经常性活动实现的收入，如工业企业生产并销售产品、商业企业销售商品和旅游企业组织国内旅游者出境游及国内游等实现的收入。另外，企业发生的与经常性活动相关的其他活动，如工业企业对外出售不需用的原材料、利用闲置资金对外投资、对外转让无形资产使用权等所形成的经济利益的总流入也构成收入。

企业发生的既不属于经常性活动，也不属于与经常性活动相关的其他活动，如工业企业处置固定资产、无形资产等形成的经济利益的总流入不属于收入，而应当确认为营业外收入。

收入只有在经济利益很可能流入从而导致企业资产增加或者负债减少、且经济利益的流入额能够可靠计量时才能予以确认。旅游企业为第三方或者客户代收的款项不能确认为收入。

符合收入定义和收入确认条件的项目，应当列入利润表。

旅游企业收入确认是一个难题，一种重要原因在于旅游企业各种业务差异巨大。旅游企业涉及劳务收入确认、旅游商品销售收入确认和让渡资产使用权收入确认等。我们重点阐述旅游企业商品销售收入和劳务收入的确认。旅游企业商品销售收入确认必须符合如下五个条件：

第一，已将商品所有权上的主要风险和报酬转移给买方；

第二，既没有保留通常与所有权相联系的继续管理权，也没有对已售出的商品实施有效控制；

第三，与交易相关的经济利益能够流入企业；

第四，收入的金额能可靠地计量；

第五，相关的已发生或将发生的成本能够可靠地计量。

就旅游企业劳务收入而言，资产负债表日如果提供劳务交易的结果能够可靠估计，应当采用完工百分比法确认提供劳务收入。这里，提供劳务交易的结果能够可靠估计是指同时满足下列条件：

第一，收入的金额能够可靠地计量；

第二，相关的经济利益很可能流入企业；

第三，交易的完工进度能够可靠地确定；

第四，交易中已发生和将发生的成本能够可靠地计量。

进一步地，所谓完工百分比法是指按照提供劳务交易的完工进度确认收入与费用的方法。具体到企业提供劳务交易完工进度的确定，可以选用下列方法：

第一，已完成工作的测量；

第二，已经提供的劳务占应提供劳务总量的比例；

第三，已经发生的成本占估计总成本的比例。

此外，也应当做好旅游企业让渡资产使用权收入的确认与计量工作。旅游企业让渡资产使用权的收入形式主要包括同业之间发生业务往来形成的利息收入和他人使用本企业的无形资产而形成的使用费收入。对于这两项收入，只有当与交易相关的经济利益能够流入企业，且收入的金额能够可靠地计量时，才能予以确认。

从计量角度来看，利息收入应在每个会计期末，按未收回的存款或贷款的本金、存续期间和相应的利率计算确定；使用费收入应按旅游、饮食服务企业与其资产使用者签订的合同或协议确定。如果合同、协议规定使用费一次支付，且不提供后期服务的，应视同该项资产的销售一次确认收入；提供后续服务的，应在合同、协议规定的有效期内分期确认收入。如合同规定分期支付使用费的，应按合同规定的收款时间和金额或合同规定的收费方法计算的金额分期确认收入。

（二）收入分类

收入按其在旅游企业经营业务中的地位，可分为主营业务收入和其他业务收入，在利润表中合并列示于营业收入项目。

1. 主营业务收入

主营业务收入是指企业在销售商品、提供劳务及让渡资产使用权等日常活动中所产生的收入。不同行业的主营业务收入所包含的内容各不相同：制造业企业为产品销售收入，旅游餐饮企业则为门票收入、客房收入和餐饮收入等，商品流通企业为商品销售收入，建筑工程企业为建造合同收入，金融租赁业为让渡资产使用权收入。

2. 其他业务收入

其他业务收入是指企业主营业务活动以外的其他经营活动实现的收入。如出租固定资产、出租无形资产、出租包装物和商品、销售材料等活动取得的收入。

二、费用（Expense）

（一）费用的定义与会计确认

费用是指企业在日常活动中发生的、会导致所有者权益减少的、与向所有者分配利润无关的经济利益的总流出。

费用只有在经济利益很可能流出从而导致企业资产减少或者负债增加、且经济利益的流出额能够可靠计量时才能予以确认。

按照会计核算配比原则要求，企业为生产成品、提供劳务等发生的可归属于产品成本、劳务成本等的费用，应当在确认产品销售收入、劳务收入等时，将已销售产品、已提供劳务的成本等计入当期损益。企业发生的支出不产生经济利益的，或者即使能够产生经济利益但不符合或者不再符合资产确认条件的，应当在发生时确认为费用，计入当期损益。

在费用会计披露方面，符合费用定义和费用确认条件的项目，应当列入利润表。

（二）费用的特征

费用是企业在生产经营过程中为获取收入而发生的各种耗费。与收入相对应，费用必须具备以下四个特征：

1. 费用产生于企业的日常活动，如制造企业生产中消耗的材料费用、支付的工资费，商品流通企业销售商品时的运输费等。偶发交易或事项中发生的经济利益流出是"损失"，不是"费用"，如自然灾害损失、对外捐赠资产和罚款支出等。

2. 费用的发生合乎企业经营目的性。从本质上看，费用是企业资源的流出，企业支出费用旨在帮助其获得更多的收入（或资产）。

3. 费用会使企业资产减少，或增加企业负债，或两者兼而有之。比如，管理部门耗用办公用品，表现为资产减少；期末应付未付的职工薪酬，表现为负债增加；支付设备租金，既表现为资产减少，也表现为负债增加。

4. 费用会减少所有者权益。不论费用是导致企业资产减少，还是导致企业负债增加，根据会计恒等式"资产-负债=所有者权益"，费用终会使所有者权益减少。

(三）费用分类

一般地，可以将费用分为主营业务成本、其他业务成本、营业税金及附加和期间费用。其中，期间费用包括管理费用、销售费用和财务费用。

1. 主营业务成本

它是指企业生产和销售与主营业务有关的产品或服务所必须投入的直接成本，主要包括直接材料、直接人工和制造费用等。其中，直接材料是指企业在生产产品和提供劳务过程中所耗费的，直接用于产品生产，构成产品实体的原材料、外购半成品、辅助材料及其他材料；直接人工是指企业在生产产品和提供劳务过程中，直接参加产品生产的工人工资、津贴、补贴和福利费等；制造费用是指应由产品负担的、不能直接计入各产品成本的间接生产费用，如车间管理人员工资、固定资产折旧等，这些费用可根据某种标准分配至各产品。

为核算此项费用，需设置"主营业务成本"账户，该账户用于核算企业因销售商品、提供劳务或让渡资产使用权等日常活动而发生的实际成本。"主营业务成本"账户下应按照主营业务的种类设置明细账户，进行明细核算。期末，应将本账户的余额转入"本年利润"账户，结转后本账户应无余额。向前追溯，"主营业务成本"账户相继与"库存商品"和"生产成本"相关。

2. 其他业务成本

它是指企业除主营业务活动以外的其他经营活动所发生的成本，如销售材料成本、出租固定资产折旧费、出租无形资产摊销费、出租包装物成本或摊销费等。

3. 营业税金及附加

它是指企业从事主营业务活动时按规定负担的各种税金和其他附加费用，包括营业税、消费税、资源税、土地增值税、城市建设维护税和教育费附加等。

特别地，营业税金及附加不包括所得税和增值税，所得税在利润表底部出现，而增值税不会出现在利润表中；营业税金及附加也不包括房产税、土地使用税、车船使用税和印花税，这些税费进入"管理费用"账户。

4. 期间费用（Period Cost）

它是指企业当期发生的，不能直接或间接计入生产成本，而是按照时间因素配比并直接计入当期损益的各项费用，具体包括管理费用、销售费用和财务费用。

（1）销售费用（Selling Expenses）是指企业在销售商品、材料、自制半成品和提供劳务的过程中发生的各种费用，如广告费、销售机构人员工资、装卸费、运输费和商品维修费等。

（2）管理费用（Management Costs）是指企业为组织和管理企业生产经营活动所发生的各项费用，如行政管理人员工资、差旅费、咨询费、业务招待费、无形资产摊销、审计评估费和职工教育经费等。

（3）财务费用（Financial Cost）是指企业在生产经营过程中为筹集资金而发生的各项费用，如企业生产经营期间发生的利息支出（减利息收入）、汇兑损益和金融机构手续费等。

三、利润及其项目分类（Profit and the Classification）

（一）利润的定义及其确认

利润（Profit）是指企业在一定会计期间的经营成果，包括收入减去费用后的净额、直接计入当期利润的利得和损失。

（二）利润的特征

利润是会计要素之一，它具有如下两个主要特征：

1. 利润不是一个独立的会计要素，其金额取决于收入和费用、直接计入当期利润的利得和损失的确认和计量。

2. 利润归属于所有者，它最终会导致企业所有者权益发生变动。如前一章所提及，公司制企业债权人只能按照预先约定的条件取得固定的税前利息收入，而不必承担企业的亏损，经营的收益或亏损由所有者以其出资份额享有或承担。所以，企业的经营盈亏只能由所有者来承担，并表现为企业所有者权益的变动。

（三）利润的分类

利润是反映企业管理业绩、预示企业未来获利能力的重要财务指标。根据我国《企业会计准则——财务报表列报》，利润表按多步式编制，利润指标包括营业利润、利润总额和净利润三项。此外，利润表中还有利得、损失和所得税费用等项目。

1. 营业利润

营业利润是企业从主要的、持续的以及相关的经济交易或事项中获得的利润。在数量上，营业利润等于营业收入减去营业成本、营业税金及附加和期间费用之后的余额。

2. 利润总额

利润总额是营业利润和营业外收支净额的合计数。

3. 净利润

净利润是利润总额扣除所得税费后的余额，是企业最终的财务成果。

4. 利得和损失

利得和损失是指应当直接计入当期损益、会导致所有者权益发生增减变动、与所有者投入资本或者向所有者分配利润无关的利得或损失。其中，利得是指由企业非日常活动形成，会导致所有者权益增加且与所有者投入资本无关的经济利益的流入；损失是指由企业非日常活动所形成，会导致所有者权益减少且与向所有者分配利润无关的经济利益的流出。

5. 所得税费用

所得税费用是指企业根据应纳税所得额和适用所得税率计算的应纳税金，通常从利润总额中扣除。

第二节　权责发生制原则与配比原则

要计算企业的盈亏，考核经营绩效，必须解决好收入、费用的会计确认与计量问题。进一步地，必须解决好会计核算基础问题和利润计算原则问题，前一个问题讨论的是使用权责发生制还是使用收付实现制问题，后一个问题讨论的是会计核算之配比原则，下面逐一进行分析。

一、权责发生制

（一）权责发生制概念

在现实生活中，经济活动与现金收支有时同时发生，有时会分离。由于企业经济业务的发生和现金的收付并非总是一致，即现金流动和经济活动相分离，就产生了两种确认收入和费用的标准：一种以款项的实际收取、支付作为标准，称为收付实现制或现金制；另一种以收款权利的形成、付款责任的发生作为标准，称为权责发生制或应计制。

权责发生制，即收入按现金收入及未来现金收入来确认，费用按现金支出及未来现金支出进行确认，而不是以现金的收入与支出来确认收入和费用。按照权责发生制原则，凡是本期已经实现收入和已经发生或应当负担的费用，不论其款项是否已经收付，都应作为当期的收入和费用处理；凡是不属于当期的收入和费用，即使款项已经在当期收付，都不应作为当期的收入和费用处理。因此，权责发生制属于会计要素确认与计量范畴，它解决收入和费用何时予以确认及确认多少的问题。

收付实现制则不然，凡是在本期收到或支出现金，不论收入是否取得、费用是否发生，都应作为本期的收入和费用处理；凡是没有在本期收到或支付现金，即使收入取得或费用发生，也不作为当期的收入和费用。也就是说，只要有现金的实际收付就作为当期的收入或费用，只要没有现金的实际收付则一律不作为本期的收入或费用。

权责发生制的核心在于收入的实现和费用的配比,收付实现制则不存在这两个概念。

收入的实现,是指由于销售货物或提供服务而产生的现金或现金要求权(如应收账款)的流入。实质上,销售完成的基本标志是交易对象所有权的转移,具体要求是发出商品(提供劳务)并收讫价款或取得索取价款的凭据。因为只有当交易对象的所有权由卖方转移给卖方,才表明对交易对象的管理控制权、相关主要风险和报酬相应发生了转移,才表明收入确认比较可靠。

关于费用的配比,请参见本节"二、配比原则"。

(二)权责发生制与收付实现制的比较

基于权责发生制和收付实现制概念,从收入的角度看,权责发生制以收入取得权利的形成为标准,而不以款项(现金)的实际收到为标准,而收付实现制正好相反;从费用的角度看,权责发生制以费用承担责任的发生为标准,而不以款项(现金)的实际支付为标准,收付实现制则相反。由表 4-1(权责发生制与收付实现制对比表)可以清晰地看到上述二者的异同。

表 4-1 权责发生制与收付实现制对比表

单位:元

经济业务	权责发生制		收付实现制	
	本月收入	本月费用	本月收入	本月费用
1. 预收购货款 40 000 元			40 000	
2. 销售商品 25 000 元并收到货款	25 000		25 000	
3. 销售商品 10 000 元,货款暂欠	10 000			
4. 预付下月房租 3 000 元				3 000
5. 以现金购买办公用品 1 000 元		1 000		1 000
6. 计算出本月职工薪酬 10 000 元,下月初发放		10 000		
本月利润	24 000		61 000	

从上表可以看出,对相同的经济业务采取不同的会计核算基础,得到的月度会计利润显著不同。所以,会计核算基础的选择将影响到各个期间收入、费用和盈亏的确认。

对比权责发生制和收付实现制可得出如下结论:权责发生制的优点在于可以正确反映各个会计期间实现的收入以及为实现收入应负担的费用,各期的收入和费用之间存在合理的配比关系，能正确确定各期的收益；权责发生制的缺点在于会计处理手续复杂，会计核算成本高，期末需要根据账簿记录进行项调整，需要将本期应收未收的收入和应付未付的费用记入账簿，同时将本期已收取现金的预收收入和已付出现金的预付费用在本期及以后各期之间进行分摊并转。收付实现制的优缺点则相反，会计处理方法相对简单，会计核算成本要比前者低，但对各期收益的确定不够准确、不够合理。

我国《企业会计准则》规定，企业应当以权责发生制为基础进行会计确认、计量和报告。而收付实现制则主要用于不需明确核算收益的行政事业单位。

二、配比原则

配比原则是指将某个会计期间或某个会计对象所取得的收入应与为取得该收入所发生的费用、成本相匹配，以正确计算该会计主体在该会计期间所获得的净损益。

一般地，会计主体发生的经济活动会带来一定的收入，也会发生相应的费用。有所得必有所费，所费是为了所得，两者构成对立统一的矛盾体，而利润正是所得抵减所费的结果。配比原则的依据是受益原则，即谁受益，谁负担费用。受益原则主要基于得失之间的因果联系，但是并非所有费用与收入之间都存在因果关系，必须按照配比原则区分有清晰因果联系的成本费用（直接费用）和没有清晰因果联系的成本费用（间接费用）。直接费用通过与收入进行直接配比来确定本期损益；间接费用则通过判断和采用适当的标准，先在各个产品和各期收入之间进行分摊，然后用收入配比来确定损益。

收入与费用之间的主要配比方式有两种：一是根据收入与费用之间因果关系进行直接配比，二是根据收入与费用项目之间存在的时间上的一致关系进行间接配比。操作过程中，表现为如下三种具体形式：

（1）将某产品的收入与其耗费相匹配（因果配比）；

（2）将某会计期间的收入与该期间的耗费相匹配（期间配比）；

（3）将某部门的收入与该部门的耗费相匹配（空间配比）。

实行配比原则有利于正确反映某会计期间企业的财务成果，正确地计算出该期损益。

三、会计期末账项调整

根据权责发生制原则和配比原则，会计期间行将结束时要将当期的成本费用与相关收入相互配合比较，以正确计算该期的损益。但是日常会计核算比较复杂，本期发生的经济业务，有些已经作为本期收入或费用入账，有些则因未确定所属会计期间未能入账,还有些经济业务本期虽未实际收到款项或付出款项而未入账,但归属期应属本期。这就需要按照权责发生制的要求,将应属本期的收入和费用调整入账。只有这样才能正确确认本期的收入和费用,从而正确地确定本期的损益。为此,会计核算需要引入账项调整概念。

期末账项调整的目的是为了正确地分期计算损益,即正确地划分相邻会计期间的收入和费用,使应属报告期的收入和成本费用相配比,以便正确地结算各期的损益和考核各会计期间的财务成果。通常,可将会计期末账项调整概括为如下四种情形。

（一）调整应计收入

企业已在本期向其他单位或个人提供商品、劳务或财产物资使用权,理应在本期获得收入,但是由于尚未完成结算过程或延期付款等原因,致使本期尚未收到款项。按权责发生制原则,凡属于本期的收入,不管其款项是否收到,都应作为本期收入,所以会计期末应将尚未入账的收入调整入账。

【例1】未名旅游有限公司在开户行有一笔存款,至本期末孳生利息5 000元,由于此前未收到这笔款,也未进行相应账务处理,所以会计期末该公司应进行如下账项调整。

借：应收利息　　　　　5 000
　贷：财务费用　　　　　5 000

【例2】2012年7月2日未名旅游公司与本市某展览馆签订协议,为该馆提供全面物业管理服务,从本年第3季度开始,合同期1年,合同总金额150 000元。展览馆于次年1月10日支付2012年物业管理费。那么2012年末未名旅游公司应该根据合同约定确认75 000元物业管理收入。

借：应收账款　　　　　75 000
　贷：其他业务收入　　　75 000

（二）调整应计费用

有些资源在本期已经耗用或企业已经从中受益,但是支出至期末尚未发生,理应将其归属为本期发生的费用。由于这些支出尚未发生,在日常的账簿记录中未登记入账。按权责发生制的规定,凡属于本期的费用,不管其款项是否支付,都应作为本期费用处理。会计期末应将这些属于本期而尚未支付的费用调整入账。

【例3】未名旅游公司本月应承担水电费60 000元

借：管理费用　　　　　60 000
　贷：应付账款　　　　　60 000

【例4】2012年4月4日,未名旅游公司与某传媒公司签订一项服务合同,由该传媒公司为其进行广告宣传,为期1年,未名旅游公司到期一次性支付全部广告费 36 000 元。

(1) 2012 年 12 月 31 日,未名旅游公司确认本年度应负担的广告费。

借:销售费用　　　　　　27 000
　　贷:应付账款　　　　　　27 000

(2) 服务期满,未名旅游公司实际支付全部广告费。

借:销售费用　　　　　　9 000
　　应付账款　　　　　　27 000
　　贷:银行存款　　　　　　36 000

【例 5】 2012 年 12 月 31 日未名旅游公司计算应纳所得税额为 5 000 000 元。

借:所得税费用　　　　　　5 000 000
　　贷:应交税费——应交所得税　　5 000 000

(三) 调整预收款项

本期已经收款入账,但是尚未向付款单位提供商品、劳务或财产物资使用权。该预收款项是企业的一种负债,收款时应计入"预收账款"科目。只有等到确认为本期收入后,再从"预收账款"科目转入有关收入科目。

【例 6】 2012 年 9 月 30 日,未名旅游公司与甲公司签订一份为期 1 年的劳务合同,从 2012 年 11 月 1 日起,未名旅游公司负责为甲公司运送商品。甲公司按合同约定于 11 月 1 日预付相当于前半年的劳务费 120 000 元。

(1) 2012 年 11 月 1 日未名公司收到甲公司预付款时:

借:银行存款　　　　　　120 000
　　贷:预收账款　　　　　　120 000

(2) 2012 年 12 月 31 日结转本年度实现的劳务收入。

借:预收账款　　　　　　40 000
　　贷:主营业务收入　　　　　　40 000

(四) 调整预付费用

本期已经付款,但应由本期和以后各期分别负担的费用,应先记入"预付账款"账户。待到期末,应该将属于本期的部分调整进入本期相应费用账户。

【例 7】2012 年 10 月 1 日未名旅游公司为增设办事机构签订了一份房屋租赁合同,租赁自签订合同之日起,为期 1 年。年租金 240 000 元,款项于签订合同之日一次性支付。

(1) 2012 年 10 月 1 日支付租金时:

借:预付账款——预付房租费　　240 000
　　贷:银行存款　　　　　　240 000

（2）2012 年 12 月 31 日，结转应由当年分摊的房租费。
借：管理费用　　　　　　　　　　60 000
　　贷：预付账款——预付房租费　　60 000

第三节　旅游企业经济业务对动态会计恒等式的影响

利润表三个会计要素收入、费用和利润之间的平衡关系式"收入-费用=利润"被称为动态会计恒等式，它全面刻画了企业在一定会计期间的经营成果。下面以未名旅游公司为例，说明一定会计期间经营成果的形成过程，以及在这个过程中经济业务对利润表的影响。

【例 8】　2012 年 12 月，未名旅游公司售出进价为 1 000 000 元的商品，收到部分货款 900 000 元，其余货款 400 000 元暂欠。

该经济业务一方面使未名旅游公司的主营业务收入增加 1 300 000 元，另一方面使其主营业务成本增加 1 000 000 元，所以该公司利润增加 300 000 元。

此笔经济业务对动态会计等式的影响如下：

$$\text{收入} - \text{费用} = \text{利润}$$
$$1\,300\,000 - 1\,000\,000 = 300\,000$$

可编制表 4-2（未名旅游公司利润表）。

表 4-2　未名旅游公司利润表

损益项目	本月数
一、营业收入	1 300 000
减：营业成本	1 000 000
二、营业利润	300 000

【例 9】　2012 年 12 月，未名旅游公司对销售用货车计提折旧，该货车原价 310 000 元，预计使用寿命为 10 年，预计净残值 10 000 元，采用平均年限折旧法，当月折旧额为 2 500 元。

这项经济业务使未名旅游公司当月销售费用增加 2 500 元，在其他条件不变的情况下该公司利润减少 2 500 元。

该经济业务对动态会计等式的影响表示如下：

   收入   —   费用   =   利润
  1 300 000 — （1 000 000＋2 500） = 300 000－2 500

可编制表 4-3（未名旅游公司利润表）。

表 4-3 未名旅游公司利润表

损益项目	本月数
一、营业收入	1 300 000
减：营业成本	1 000 000
销售费用	2 500
二、营业利润	297 500

【例 10】 2012 年 12 月，未名旅游公司以现金支付管理人员工资 50 000 元。该支出计入管理费用，将导致公司利润减少 50 000 元。

该经济业务对动态会计等式的影响表示如下：

   收入   —   费用   =   利润
  1 300 000 — （1 002 500＋50 000） = 297 500－50 000

可编制表 4-4（未名旅游公司利润表）。

表 4-4 未名旅游公司利润表

损益项目	本月数
一、营业收入	1 300 000
减：营业成本	1 000 000
销售费用	2 500
管理费用	50 000
二、营业利润	247 500

【例 11】 2012 年 12 月，未名旅游公司向灾区捐助现金 47 500 元。该捐款计入营业外支出，将导致未名旅游公司利润减少 47 500 元。

该经济业务对动态会计等式的影响表示如下：

收入	−	费用	=	利润
1 300 000	−	(1 052 500＋47 500)	=	247 500−47 500

可编制表 4-5（未名旅游公司利润表）。

表 4-5　未名旅游公司利润表

损益项目	本月数
一、营业收入	1 300 000
减：营业成本	1 000 000
销售费用	2 500
管理费用	50 000
二、营业利润	247 500
减：营业外支出	47 500
三、利润总额	200 000

【例 12】 2012 年 12 月 31 日，未名旅游公司本月应缴纳所得税 50 000 元。该经济业务使企业的所得税费用增加 50 000 元，利润相应减少 50 000 元。

该经济业务对动态会计等式的影响表示如下：

收入	−	费用	=	利润
1 300 000	−	(1 100 000＋50 000)	=	200 000−50 000

可编制表 4-6（未名旅游公司利润表）。

表 4-6　未名旅游公司利润表

损益项目	本月数
一、营业收入	1 300 000
减：营业成本	1 000 000
销售费用	2 500
管理费用	50 000
二、营业利润	247 500
减：营业外支出	47 500
三、利润总额	200 000
减：所得税费用	50 000
四、净利润	150 000

第四节 综合经济业务对会计恒等式的影响

一、资产负债表会计要素与利润表会计要素的关系

资产负债表会计要素表征企业在某一特定时日财务状况,它们可反映企业资源的占用与配置状况,以及企业资源的来源及其内部结构;利润表会计要素显示企业在某特定会计期间经营成果,它们可反映企业在该会计期间的收入来源与构成、费用发生去向与比例,以及利润的形成过程与最终结果。深入理解这两类会计要素及其相互关系有助于我们更好地理解会计恒等式,也有利于我们后续课程的学习。

前面我们已经初步学习了静态会计恒等式①与动态会计等式②:

资产=负债+所有者权益　　　　　①

收入-费用=利润　　　　　　　　②

从第一个会计等式来看,左边代表企业资源的占用状况,右边反映了企业资源的来源状况,并将债权人权益(对应企业负债)与所有者权益统称权益。第一个等式给我们传递的总括信息是,企业资源占用总等于其权益。

从上述第二个会计恒等式来看,企业利润是企业一定会计期间连续收支活动的成果,数量上表现为以收抵支的净额。一般来说,国家的公司法都规定,企业所有者承担最大风险,因而企业的净权益归属于他们。所以,企业开展完一定会计期间经营活动之后,税后净利(已经扣减公司所得税)属于股东。换言之,企业净利润会直接增加股东权益。同时,企业净利润增加意味着某种资源流入企业,资产相应增加(资产增量用△资产来表示),表现为货币资金增加、原材料增加或某种债权增加,等等。于是,在企业盈利(盈利额用△利润来表示)的情况下,上述会计恒等式①就演变成公式③:

资产+△资产=负债+所有者权益+△利润　　　　　③

如果将等式②代入上式③,可得④式:

资产+△资产=负债+所有者权益+(收入-费用)　　　　　④

无论企业资产如何变化,我们可以将其表示为:资产+△资产、资产'、X,或者其他什么形式,所以我们仍然可以用"资产"来表示。不过,这里的资产与前

面①式的资产相比在金额上可能已经发生了变化。

总的来说,现在我们可以得到公式⑤:

资产+费用=负债+所有者权益+收入　　　　　　⑤

从公式⑤可以看出,企业的静态会计要素与动态会计要素之间存在密切联系,并可用数学方程式加以表示。我们把上述会计等式称为扩展的会计恒等式(或综合会计恒等式),该等式既揭示了会计要素之间的内在联系,也为复式簿记和会计试算平衡等会计原理和方法提供了坚实的理论基础。

二、经济业务对综合会计等式的影响

下面继续以未名旅游公司的部分经济业务为例,说明影响收入、费用和利润的经济业务对综合会计等式和资产负债表产生怎样的影响。

表 4-7 为未名旅游公司 2012 年 11 月末的简明资产负债表。

表 4-7　未名旅游公司资产负债表

资产		负债和所有者权益	
货币资金	200 000	短期借款	880 000
存货	1 500 000	应付票据	20 000
固定资产	1 200 000	实收资本	2 000 000
合计	2 900 000	合计	2 900 000

2012 年 12 月发生如下经济业务:

【例 13】2012 年 12 月,未名旅游公司售出进价为 1 000 000 元的商品,收到部分货款 1 000 000 元,其余货款 500 000 元暂欠。

该笔经济业务一方面使未名旅游公司的主营业务收入增加 1 500 000 元,同时银行存款增加 1 000 000 元,应收款增加 500 000 元;另一方面该业务使主营业务成本增加 1 000 000 元,它由存货转化而来,相应地库存商品减少 1 000 000 元。总之,该业务产生净收入 500 000 元,资产也增加 500 000 元。

该经济业务对扩展的会计恒等式产生如下影响:

$$
\begin{array}{ccccccc}
资产 & = & 负债 & + & 所有者权益 & + & (收入 & - & 费用) \\
2\,900\,000+500\,000 & = & 900\,000 & + & 2\,000\,000 & + & 1\,500\,000 & - & 1\,000\,000
\end{array}
$$

表 4-8(未名旅游公司资产负债表)为未名旅游公司 2012 年 11 月末的简明资产负债表。

表 4-8　未名旅游公司资产负债表

资产		负债和所有者权益	
货币资金	200 000＋1 000 000	短期借款	880 000
应收款	＋500 000	应付票据	20 000
存货	1 500 000－1 000 000	实收资本	2 000 000
固定资产	1 200 000	（收入－费用）	500 000
合计	3 400 000	合计	3 400 000

【例 14】 2012 年 12 月，未名旅游公司的一辆货车使用寿命为 10 年，采用平均年限折旧法，当月计提折旧 10 000 元。

该经济业务使企业发生销售费用 10 000 元，同时固定资产价值减少 10 000 元。

该经济业务对扩展的会计恒等式产生如下影响：

资产　　　　　　　＝　　负债　　＋　所有者权益　＋　（收入　－　费用）
3 400 000－10 000　＝　900 000　＋　2 500 000　＋　0　　－　10 000

表 4-9（未名旅游公司资产负债表）为未名旅游公司 2012 年 11 月末的简明资产负债表。

表 4-9　未名旅游公司资产负债表

资产		负债和所有者权益	
货币资金	1 200 000	短期借款	880 000
应收款	500 000	应付票据	20 000
存货	500 000	实收资本	2 000 000
固定资产	1 200 000　10 000	（收入－费用）	500 000－10 000
合计	3 390 000	合计	3 390 000

【例 15】 2012 年 12 月，未名旅游公司以现金支付管理人员工资 90 000 元。该经济业务使企业的管理费用增加 90 000 元，同时库存现金减少 90 000 元。所以，该经济业务导致费用增加 90 000 元，而资产相应减少 90 000 元。

该经济业务对扩展的会计恒等式产生如下影响：

资产　　　　　　　＝　　负债　　＋　所有者权益　＋　（收入　－　费用）
3 390 000－90 000　＝　900 000　＋　2 490 000　＋　0　　－　90 000

表 4-10（未名旅游公司资产负债表）为未名旅游公司 2012 年 11 月末的简明资产负债表。

表 4-10　未名旅游公司资产负债表

资产		负债和所有者权益	
货币资金	1 200 000－90 000	短期借款	880 000
应收款	500 000	应付票据	20 000
存货	500 000	实收资本	2 000 000
固定资产	1 190 000	（收入－费用）	490 000－90 000
合计	3 300 000	合计	3 300 000

【例 16】 2012 年 12 月，未名旅游公司以库存商品向灾区捐款 100 000 元。该经济业务使未名旅游公司的营业外支出增加 100 000 元，同时存货减少 100 000 元。所以，该业务导致未名旅游公司费用增加 100 000 元，而资产减少 100 000 元。

该经济业务对扩展的会计恒等式产生如下影响：

$$资产 = 负债 + 所有者权益 + （收入 - 费用）$$
$$3\,300\,000 - 100\,000 = 900\,000 + 2\,400\,000 + 0 - 100\,000$$

未名旅游公司资产负债表相应发生如下变化：

表 4-11（未名旅游公司资产负债表）为未名旅游公司 2012 年 11 月末的简明资产负债表。

表 4-11　未名旅游公司资产负债表

资产		负债和所有者权益	
货币资金	1 110 000	短期借款	880 000
应收款	500 000	应付票据	20 000
存货	500 000－100 000	实收资本	2 000 000
固定资产	1 190 000	（收入－费用）	400 000－100 000
合计	3 200 000	合计	3 200 000

【例 17】 2012 年 12 月，未名旅游公司宣布向投资者分配 50 000 元股利。公司股利的宣布导致其负债（应付股利）增加 50 000 元，同时所有者权益将减少 50 000 元。

该经济业务对扩展的会计恒等式产生如下影响：

资产	=	负债	+	所有者权益
3 200 000	=	900 000+50 000	+	2 300 000-50 000

表 4-12（未名旅游公司资产负债表）为未名旅游公司 2012 年 11 月末的简明资产负债表。

表 4-12　未名旅游公司资产负债表

资产		负债和所有者权益	
货币资金	1 110 000	短期借款	880 000
应收款	500 000	应付票据	20 000
存货	400 000	应付股利	50 000
固定资产	1 19 000	实收资本	2 000 000
		未分配利润	300 000-50 000
合计	3 200 000	合计	3 200 000

综上所述，企业的经营活动必将引起资金运动，必将引起相关会计要素（资产、负债、所有者权益、收入、费用和利润）发生增减变化。但是，无论如何，扩展的会计恒等式"资产=负债+所有者权益+（收入－费用）"的平衡关系都不会遭受破坏。企业大量会计实践也表明，无论企业经济业务有多复杂和繁冗，上述会计要素之间的平衡关系都不会被破坏。所以，企业任何经济业务都不会破坏会计要素之间的平衡关系，上述扩展的会计等式"资产+费用=负债+所有者权益+收入"也被称为"会计恒等式"。同时，我们还发现，会计六要素变化的结果最终可在资产负债表得以体现，而且资产负债表的左右两边平衡关系也始终成立。同时，我们还可以看出资产负债表与利润表之间的内在联系，以及静态会计要素与动态会计要素之间的共通性。

第五节　利得和损失

在美国会计准则中，利得和损失是以独立会计要素存在的。我国现行新会计准则也引入了利得和损失的概念，分别将其作为利润和所有者权益要素的子要素，而并没有将其列为独立的会计要素。会计准则的这一变化反映了我国会计准则会计理念由"收入费用观"转向"资产负债观"。就会计列报而言，在利润表中，利得和损失进入企业利润总额，但是需与其营业利润分开列示；在资产负债表中，利得和损失也要与企业的留存收益分开列示。在详细论述利得和损失之前，需阐述支出、费用和成本等概念。

一、支出、费用和成本的区别

1. 支出

一般地，支出是指企业在生产经营过程中为获得另一项资产、为清偿即期债务而导致的经济资源流出。支出的具体形式或者是现金、或者是非现金。

通常，支出的外延要比费用更广。在企业生产经营活动中为取得营业收入而发生的各种支出才构成当期费用；其他原因发生的支出，如偿还借款、分配利润和购买固定资产等活动而支付的款项等与企业营业收入无关，都不能构成企业当期费用。从长期来看，支出终究会转化为费用。但是，支出何时转化为费用，以何种具体方式计入费用，要视企业未来发生经济业务的具体情况而定。

2. 费用

费用是指企业在日常活动中发生的、会导致所有者权益减少的、与向所有者分配利润无关的经济利益的总流出。

费用是企业在生产经营过程中为获取收入而发生的各种耗费，其四个基本特征是：(1)费用产生于企业的日常活动，如制造企业生产中消耗的材料费用、旅游企业发生的行政管理费等。(2)费用的发生合乎企业经营目的性，支出费用旨在帮助其获得更多的收入（或资产）。(3)费用会使企业资产减少，或增加企业负债，或两者兼而有之。(4)费用会减少所有者权益。不论费用是导致企业资产减少，还是导致企业负债增加，根据会计恒等式"资产−负债=所有者权益"，费用终会使所有者权益减少。

3. 成本

成本是在生产产品或提供劳务过程中发生的并由产品或劳务承担的费用。成本与费用密切相关，成本就是对象化的费用。为形象化地表述成本概念和费用概念的关系，我们绘制了图4-1（费用、成本概念划分）。

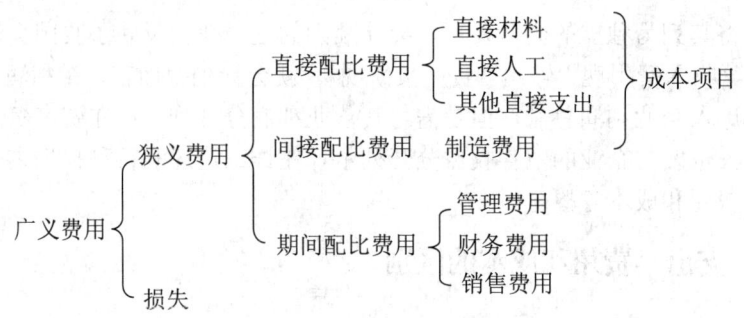

图 4-1 费用、成本概念划分

在会计实务中,成本可主要指生产成本,也可指材料采购成本,还可指库存商品成本,等等。所以,在运用成本概念时,需要联系具体的会计业务。

另外,成本的一个重要特性是,它的发生不会直接引起所有者权益变动,比如:用现金或其他资产等支付的成本,只是改变资产的存在方式,不改变资产总额。费用则大不相同,费用的发生能够引起所有者权益的变动。

二、利得和损失

利得是指由企业非日常活动所形成、会导致所有者权益增加且与所有者投入资本无关的经济利益流入。收入是指企业在日常活动中所形成的、会导致所有者权益增加的、与所有者投入资本无关的经济利益的总流入。在学习"利得"概念时要联系收入概念,并注意二者之间的区别。这二者之间最本质的区别在于与企业日常活动是否密切相关,以及发生频率的高低。

损失是指由企业非日常活动所发生、会导致所有者权益减少且与向所有者分配利润无关的经济利益流出,而费用是指企业在日常活动中发生、会导致所有者权益减少且与向所有者分配利润无关的经济利益的总流出。可见,损失与费用的区别类似于上述利得与收入之间的区别,也在于其与企业日常活动是否密切相关,以及发生频率的高低。

这里,日常活动是指企业为完成其经营目标所从事的经常性活动以及与之相关的活动。比如,工业企业制造和销售产品、商业企业购买和销售商品、旅游公司向游客提供客房服务等。这些日常活动所取得的收入和发生的费用主要是通过记入"主营业务收入"和"主营业务成本"科目来核算。其他营业活动,如出售不需用原材料和转让无形资产使用权等,其收入和费用应记入"其他业务收入"和"其他业务成本"科目来核算。

与企业经常性活动无关的活动产生的经济利益流入和流出都构成利得和损

失，它们或者直接计入所有者权益要素，或者直接计入利润要素。直接计入当期利润的利得一般通过"营业外收入"账户核算，如债务重组利得，而直接计入当期利润的损失一般通过"营业外支出"账户来核算，如非流动资产处置损失；直接计入所有者权益的利得或损失一般通过"资本公积"账户核算，比如可供出售金融资产公允价值变动。

综上所述，支出、费用和成本是密切相关的概念，我们应该准确把握其内涵和外延，以便在会计实践中能运用自如。利得和损失的引入，是2006年以来我国会计准则的一个重要变化，我们不仅要能正确运用这些术语，还要正确理解其经济内涵。

本章小结

利润表是会计信息使用者应当认真阅读的三大会计报表之一。通过本章学习，读者应当能够懂得会计主体各种收入来源与费用发生的去向，能够分析企业盈亏的原因。企业利润是如何形成的？为了回答这个问题仅仅分析企业资金运动还不够，还必须确立企业盈亏的标准，还必须划分会计期间，等等。在学习过程中，理解权责发生制和配比原则是关键，前者解决的是会计核算基准问题，后者则明确的是收入与费用相互关系问题。

通过本章学习，可以深入理解动态会计平衡；将本章和第三章联系起来，可以系统、全面和深入地理解综合会计平衡。联系业务实例，可以具体和生动地刻画经济业务对综合会计平衡的影响。由于我国会计准则中会计理念由"收入费用观"转向"资产负债观"，会计列报时利得和损失进入企业利润总额，利润表中必须反映会计利得和损失，因而本章将其纳入学习范围。

重要名词

损益表　　　　　　　　动态会计恒等式
利得　　　　　　　　　综合会计恒等式
损失　　　　　　　　　权责发生制
配比原则　　　　　　　会计信息质量特征

练习题

1. 动态会计要素及其相互关系如何？
2. 什么是权责发生制？它在企业会计核算中的地位如何？

3. 什么是配比原则？会计配比的类型有几种形式？
4. 静态会计要素与动态会计要素关系如何？
5. 经济业务变化会影响综合会计恒等式平衡关系吗？

第五章 旅游会计核算方法

【学习目的】
1. 掌握旅游企业会计核算一般方法。
2. 深刻理解并掌握旅游企业会计核算专门方法。
3. 了解借贷记账法的概念及特点。
4. 熟悉借贷记账法下账户基本结构。
5. 掌握借贷记账法的运用。
6. 掌握试算平衡。

【引例】
韩鹏来未名旅游公司工作快三年了,他的主要职责是导游。由于工作业绩突出,这几年他有了不菲的个人积蓄。最近,他打算拿出一部分钱投资股票,并开始钻研起会计、财务知识来。辛辛苦苦学了个把月,他感觉自己这方面还没开窍。有人建议他多跑跑单位财务,一来可以看看财务部的人是如何工作的,二来可以顺便请教那里的财会人员。

在单位财务部他看到单据的传递过程,看到了那里人员的分工协作,看到了各种凭证、账册和上年年报……。令他非常高兴的事是,王会计还悉心给他讲解了各种会计核算方法,特别是借贷记账法。

假如你在公司财务部与韩鹏不期而遇,你能帮助他解决各种疑惑吗?
学完本章知识以后,相信你能部分解答韩鹏提出的问题。

第一节 旅游企业会计核算一般方法

会计核算方法是指对会计主体已经发生的经济业务进行全面、连续、系统地反映和监督所采用的方法和程序的统称。会计核算方法包括一般方法和专门方法。

本节讲解会计核算一般方法,它们分别是会计确认、会计计量、会计记录和会计报告。

一、会计确认

会计确认是指对会计主体所发生的某项经济业务(交易或事项)是否可以进入会计系统以及如何进入会计系统所作的认定,即将某一会计交易或事项作为资产、负债、所有者权益、收入、费用、利润等会计要素正式加以记录和列入报表的过程。

我们既可以将会计确认看作会计核算的一般方法,也可以看作会计核算流程的最初步骤。会计确认过程是会计人员主观判断的过程,但是它必须合乎会计规则和惯例。换言之,会计人员要按照会计准则、会计制度或会计法规进行会计确认。根据会计信息处理过程,我们可以将会计确认分为初始确认和再确认(也有人将会计确认分为初始确认、后续确认和终止确认)。

初始确认是指会计人员根据收集的经济业务资料,将一项交易或事项归入某会计要素及其所属会计科目,并登记入账的过程。请注意,初始确认是对交易或事项进行判定并正式记录的会计行为,着眼于交易或事项是否应该被记录和如何进行会计记录的问题。

会计再确认是指确定如何在财务报告披露会计账簿累积的会计信息的过程,是对会计账簿信息的再次加工。会计再确认的四个特点是:第一,通过汇总、挑选和分类或再分类等加工过程把会计账簿记录转化为会计报表内容;第二,会计再确认的数据来自日常会计记录,其信息的可靠性较高;第三,在表述方式选择上,既可以用量化指标,也可以用文字描述;第四,存在选择会计核算基础问题,资产负债表基于权责发生制,现金流量表则基于收付实现制。

【例1】 旅行社(组团社或接团社)组织境外游客到境内旅游,应如何确认营业收入?

简析:本例收入确认的关键在收入实现时间的认定,一般应在旅游团离开本地(离境)时确认营业收入。

二、会计计量

会计计量主要解决以什么金额将某项交易或事项计入会计系统的问题。通俗地说,会计计量是通过选择适当的计量尺度和计量属性量化会计确认的结果。其中，会计计量属性确立会计量化的基准，如企业取得各种财产物资时，应以其购进或建造时发生的原始成本入账，即以历史成本作为会计计量属性。根据我国现行会计准则，企业可使用的会计计量属性有历史成本、可变现净值、重置成本、现值和公允价值等。会计计量单位又称为会计计量尺度，现代会计以货币为主要计量单位，因为货币代表一般等价物，可对一切会计要素及其详尽经济内容加以衡量。此外，为便于企业开展生产经营活动和加强财产物资管理，会计还采用实物计量单位和劳动计量单位，前者如公斤、吨、克，后者如工时等。

【例2】某酒店餐厅委托东方食品加工厂加工食用豆油，发出大豆1 000千克，每千克6元，并开出委托加工单据。

简析：在本例中，会计计量发出物资（大豆）时以实际成本（历史成本）为计量属性，以发出大豆的货币金额（元）为主要计量单位，同时辅以实物计量单位（千克）。这样既可以衡量发出物资的实物数量，又可以刻画委托加工成本，为财产物资管理和会计核算提供了极大便利。

三、会计记录

会计记录要求将会计初始确认和再确认的内容如实、完整和连续地记录在会计凭证、账册和报告之中。会计记录不是简单机械地临摹经济业务，而是要对会计信息进行适当地分类、整理和转换。

会计记录的载体可以是各种会计凭证、会计账簿、会计报表及合同等其他原始资料。会计记录有时也专指账簿记录，对于经过确认而可以进入会计信息系统处理的每项数据，要运用预先设计的账户（账户是会计要素的再分类与具体化）和有关文字及金额，按复式记账规则的要求，在账簿上加以登记。会计账簿记录是会计核算中的一个重要环节，其归集的信息及其载体构成会计核算的一个子系统——复式簿记系统。

从以上会计记录定义可以看出，会计记录是分步骤进行的：在经济业务发生时，取得和填制的凭证是会计原始记录；根据原始凭证整理填制的记账凭证是会计二次记录；接下来账簿记录可以看作会计三次记录；而最终生成的会计报表可以看作会计最终记录。在这四个步骤中，会计记录内容、格式和要求都不一样，读者应当仔细品味，以全面深刻把握会计记录内涵和本质。

【例3】 表5-1是某酒店现金收款凭证记录。

表 5-1 收款凭证

借方科目：库存现金　　　2013 年 11 月 20 日　　　　　收字第 6 号

摘要	会计科目		金额									过
	总科目	明细科目	百	十	万	千	百	十	元	角	分	
住宿	主营业务收入	房金					8	0	0	0	0	
		饮料						5	0	0	0	
		食品					1	2	0	0	0	
合计							9	7	0	0	0	

主管：×××　　　记账：×××　　　审核：×××　　　制单：×××

附件 × 张

四、会计报告

会计报告是指企业定期对外提供的反映会计主体在某一特定日期的财务状况和某一会计期间经营成果、现金流量等会计信息的书面文件，是对企业经济活动的定期总结。对外定期提供财务报告不仅是会计主体提供会计信息的一种重要手段，也是其会计人员的主要工作。

通常，会计主体提供的财务报告包括财务会计报表、报表附注及其他相关信息。由于财务会计报表及其附注在财务报告中占据极其重要的地位，所以在很多场合人们将财务会计报表与财务报告视为同义语，或者干脆用财务会计报表这个称谓。

编制财务报告是常用会计方法，也是会计核算的最后一个步骤，会计主体将在财务报告中披露企业的财务状况和经营过程及经营成果，它是会计信息使用者了解企业经营情况的最重要的途径之一。关于财务报告的分类、功能和编制方法等内容，本书后面章节将进行更加详尽的描述。

第二节　旅游企业会计核算专门方法

确认、计量、记录与报告是会计核算常用的四种一般核算方法。之所以将这些方法称为一般方法，主要基于两个方面的考虑：第一，会计是一项实践活动，会计业务处理过程如同一个物理过程。在一个物理过程中，比如物理学实验，也需要运用这四个步骤或方法。显然，上述四种方法不是会计特有的；第二，在现代会计实践中，我们常用到一些独特的方法（如设置账户），且在会计领域之外并未用到，我们将其称为会计专门方法。作这样的区分，主要是便于学习，便于识别和运用。这里所谓的会计专门方法包括六种：设置账户、复式记账、填制和审核会计凭证、登记账簿、成本计算、财产清查。

一、设置账户

前文已经述及，把会计核算的对象"资金运动"进行细分，可以得到会计科目，根据会计科目在页上开立户头就形成会计账户。通过设置会计账户就可以全面、分类、系统和连续地记载经济业务活动信息。从本质上看，会计科目与会计账户反映的经济业务内容是一样的。但是，与前者相比，后者不仅反映了会计主体的交易或事项的内容，还有一定的格式，是内容和形式的统一。比如酒店"主营业务收入"总分类账户，再如其明细账户"房金收入"、"饮料收入"等。

二、复式记账

复式记账是指对每一笔经济业务都要以相等的金额，同时在两个或两个以上相互联系的账户中进行登记的记账方法。复式记账法是以资金运动规律和资产与权益平衡关系作为理论基础，系统地反映资金运动变化结果。在会计史上曾经出现多种复式记账方法，如增减记账法、收付记账法，但是现代企业会计采用的是借贷记账法。比如，某酒店浴室桑拿部向财务交来现金，则需要同时在库存现金和主营业务收入两个账户做相互牵制的记载。

三、填制和审核会计凭证

会计凭证是记录经济业务，明确经济责任和考核经营绩效并具有法律效力的书面证明。填制和审核会计凭证是会计核算工作的重要步骤。各个会计主体，其经济业务活动的发生都以事实和据以记录的会计凭证为依据。例如，某旅游公司摄影部向财务部交来现金，该笔交易以旅游公司开出的发票为书面证明。会计凭证最常见的形式如各种发票、车票等。

会计凭证所记录的信息的真实性与可靠性是保证账簿记录正确的重要前提，也是高质量会计信息的基本要求。为此，需要对各种会计凭证（包括原始凭证和记账凭证）从形式和内容上加以审核，主要审核其合法性、合理性和合规性。只有经过审核无误的记账凭证才能作为会计账簿记录的依据。

四、登记账簿

登记账簿是指根据审核无误的原始凭证及记账凭证,按照国家统一会计制度规定的会计科目,运用复式记账法将企业的经济业务序时地、分类地登记到账簿中去。登记账簿是会计核算工作的重要环节。在登记账簿的过程中,应当遵循一定的原则与规范,如总账与明细账应当平行登记,对经济业务内容的登记必须连续、完整,等等。

五、成本计算

成本计算是指对产品(服务)成本的计算,是企业将生产经营过程中发生的费用进行归集和分配,并在完工产品和在产品之间进行分配,以计算出各种完工产品单位成本和总成本的过程。

成本计算不只是简单的会计行为,还是企业生产经营管理的重要内容,其重要性体现在如下几个主要方面:通过产品成本计算,可以计算出产品的实际成本,为产品定价决策提供依据,还可以为企业的利润计算和利润分配等决策提供参考;通过产品成本计算,可以考核企业各种成本计划和费用预算执行情况,为企业的生产经营控制等提供决策参考;通过成本计算,可以反映企业在产品资金占用情况,有助于企业加强资金管理。

六、财产清查

财产清查是对各项财产、物资进行实地盘点和核对,查明财产物资、货币资金和结算款项的实有数额,确定其账面结存数额和实际结存数额是否一致,以保证账实相符的一种会计专门方法。财产清查不仅是一种独特的会计核算方法,如今也已成为企业内部牵制制度的一个部分,它一定程度上可以定期或不定期地检验内部牵制制度执行是否有效。

上述六种专门会计核算方法(设置账户、复式记账、填制和审核会计凭证、登记账簿、成本计算和财产清查)和编制财务会计报告(本书将其作为一般会计核算方法)共同构成一个完整的会计核算方法体系。按照一定方式将其组合在一起,如图5-1(会计核算专门方法体系图)所示。

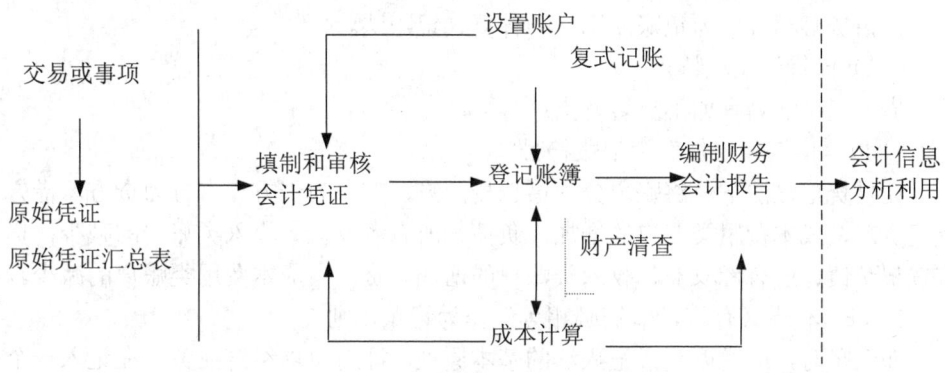

图 5-1　会计核算专门方法体系图

第三节　借贷记账法

一、借贷记账法

（一）借贷记账法概念

在会计的发展历程中，会计记账方法经历了从单式记账法到复式记账法的演进。单式记账法[①]是一种较为简单、不完整的记账方法，不能全面地反映经济业务的来龙去脉，也不便于检查账户记录是否正确。随着1494年第一本关于复式记账法的著作问世，会计的记账方法变革为复式记账法[②]。复式记账法被公认为一种科学的记账方法，它能够全面系统地反映经济活动的过程和结果，也能有效防止记账过程中的差错。

由于记账符号、记账规则等的不同，复式记账法又分为借贷记账法、增减记账法、收付记账法等。自1993年7月1日起，我国采用借贷记账法作为境内企业统一的记账方法。借贷记账法是以"借"、"贷"为记账符号，对每项经济业务都以相等的金额在两个或两个以上有关账户进行记录的一种复式记账法。它以"资产=负债+所有者权益"为理论依据，以"借"和"贷"为记账符号，以"有借必

---

① 单式记法是指对发生的每项经济业务只在一个户中登记的记方法。
② 复式记法是指对发生的每项经济业务，都以相等的金额，在相互联系的两个或两个以上的户中进行登记的记方法。

有贷，借贷必相等"为记账规则的一种复式记账法。

（二）借贷记账法特点

借贷记账法具有如下显著特点：

1. 以"借"和"贷"为记账符号

在借贷记账法下，将账户分为借、贷两方，左方为借方，右方为贷方。借方登记资产、成本费用类账户的增加，负债、所有者权益、收入类账户的减少；贷方登记负债、所有者权益、收入类账户的增加，资产、成本费用类账户的减少。

2. 以"有借必有贷，借贷必相等"作为记账规则

在记账时，应遵循复式记账法的基本原理，即对每项经济业务，在记入一个账户借方的同时，记入另一个账户或几个账户的贷方；在记入一个账户贷方的同时，记入另一个账户或几个账户的借方，而且记入借方的金额必须等于记入贷方的金额。

3. 可以通过试算平衡检验账户记录的正确性

运用借贷记账法记账，每一笔经济业务都遵循了"有借必有贷，借贷必相等"的记账规则。这样将若干笔经济业务记账后，全部账户的借方发生额合计同全部账户贷方发生额合计就必然相等。因此记账后，就要根据借贷必相等的规则进行试算平衡，以检查每一笔经济业务是否正确，全部账户的本期发生额和期末余额是否正确。

4. 可以设置和运用双重性质账户[①]

在借贷记账法下，除了按会计要素设置资产、负债、所有者权益等账户外，还可以设置和运用双重性质的账户，如"待处理财产损溢"、"投资收益"、"预提费用"、"应收账款"等。设置双重性质账户，可以减少账户数量，使账务处理简便灵活。

二、借贷记账法下各账户基本结构

在借贷记账法下，账户的基本结构是：左方为借方，右方为贷方。但哪一方登记增加，哪一方登记减少，则要根据账户反映的经济内容的性质决定。

1. 资产类账户

资产类账户的结构是：账户的借方记录资产的增加额，贷方记录资产的减少额。在一个会计期间内，借方记录的合计数额称作借方发生额，贷方记录的合计

[①] 所谓双重性质账户，是指既可以用来核算资产、费用，又可以用来核算负债、所有者权益和收入的账户。根据双重性质账户期末余额的方向，可以确定账户的性质。如果余额在借方，就是资产类账户；如果余额在贷方，就是负债或所有者权益（利润）类账户。

数额称作贷方发生额。在每一会计期间的期末,将借贷双方发生额相比较,其差额称作期末余额。资产类账户的期末余额一般在借方。

资产类账户借方余额计算公式可以表示如下:

资产类账户借方期末余额=借方期初余额+借方本期发生额-贷方本期发生额

资产类账户的结构用"T"形账户表示,如表5-2(资产类账户结构)所示。

表5-2 资产类账户结构

借方		账户名称	贷方	
期初余额	***			
(1)增加额	***	(1)减少额	***	
(2)增加额	***	(2)减少额	***	
	……		……	
本期借方发生额	***	本期贷方发生额	***	
期末余额	***			

2. 权益类账户①

权益类账户的结构与资产类恰好相反,权益类账户的贷方表示增加,借方表示减少,期初期末余额一般在贷方。即:当权益类账户发生增加额时登记在该账户的贷方,发生减少额时登记在该账户的借方,其余额一般出现在账户的贷方。

权益类账户的期末余额计算公式如下:

权益类账户期末余额=期初余额+本期贷方发生额(增加额)一本期借方发生额(减少额)

权益类账户的结构用"T"形账户表示,如表5-3(权益类账户结构)所示。

表5-3 权益类账户结构

借方		账户名称	贷方	
		期初余额	***	
(1)增加额	***	(1)减少额	***	
(2)增加额	***	(2)减少额	***	
	……		……	
本期借方发生额	***	本期贷方发生额	***	
		期末余额	***	

---

① 权益类账户又称为负债及所有者权益类账户。

3. 收入类账户

收入类账户的结构与权益类账户结构相似，即收入类账户，增加额记在账户贷方，减少额记入借方，平时的余额记在账户的贷方。但与权益类账户不同的是，收入是企业在一定期间取得的经营业绩，不应留存到下一会计期间，应当在当期予以结转，以使下一个会计期间的收入账户金额能够反映下一会计期间的实际收入状况，期末要将全部余额转入"本年利润"账户的贷方，以便结算本期利润。因此，收入类账户一般期末无余额。

收入类账户的结构用"T"形账户表示，如表5-4（收入类账户结构）所示。

表5-4　收入类账户结构

借方	账户名称	贷方
（1）转出额　　　　　***	（1）增加额　　　　　***	
	（2）增加额　　　　　***	
	……	
本期借方发生额　　　***	本期贷方发生额　　　***	

4. 成本类账户

成本类账户的结构与资产类账户结构相同，与收入类账户相反，即借方登记成本的增加额，贷方登记成本的减少额，平时余额在借方，期末转销后一般无余额，如果有余额，则期末余额在借方。

成本类账户的结构用"T"形账户表示，如表5-5（成本类账户）所示。

表5-5　成本类账户结构

借方	账户名称	贷方
（1）增加额　　　　　***	（1）转出额　　　　　***	
（2）增加额　　　　　***		
……		
本期借方发生额　　　***	本期贷方发生额　　　***	

综上所述，"借"、"贷"两字作为记账符号所表示的经济含义是不一样的："借"字表示资产的增加，费用成本的增加，负债及所有者权益的减少，收入的转出；"贷"字表示资产的减少，费用成本的转出，负债及所有者权益的增加，收入的增加。

三、借贷记账法的应用

在借贷记账法下,任何类型的经济业务,都是一律采用"有借必有贷,借贷金额必相等"的记账规则。对有些复杂的经济业务,在运用借贷记账法记账时,要求对发生的每一笔经济业务,都要以相等的金额,借贷相反的方向,在两个或两个以上相互联系的账户中进行连续、分类地登记。即:记入一个账户的借方,同时记入一个或几个账户的贷方;或者记入一个账户的贷方,同时记入一个或几个账户的借方,记入借方的金额必须等于记入贷方的金额。

运用借贷记账法记录经济业务的步骤是:首先,根据经济业务的内容确定该项经济业务具体涉及的账户;其次,根据账户的性质和经济业务的内容,确定该项经济业务记入账户的方向;再次,根据经济业务的内容,确定记入具体账户的具体金额;最后,验证借方和贷方金额是否正确,借贷双方金额是否相等。

【例4】 2013年5月中华旅游饭店发生如下经济业务。

(1)5月1日,富源公司投入中华饭店500 000元,投资款存入银行。

分析:该项经济业务使饭店的银行存款增加500 000元,等式左边资产方"银行存款"账户金额增加500 000元;同时,该项经济业务右边所有者权益方"实收资本"账户金额增加500 000元。

会计分录:

  借:银行存款   500 000
   贷:实收资本   500 000

以"T"形账户反映的记录结果如下表:

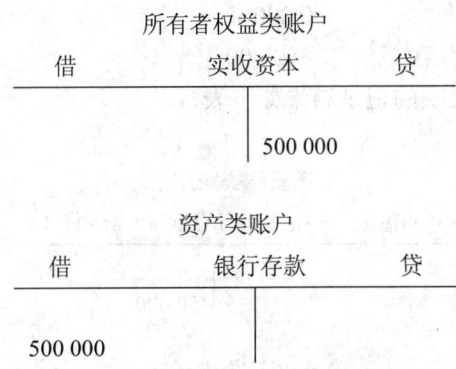

(2)5月10日,中华饭店向银行借入一笔长期借款300 000元,存入银行。

分析:该项经济业务使饭店的银行存款增加300 000元,等式左边资产方"银行存款"账户金额增加 300 000 元；同时，该项经济业务右边负债方"长期借款"账户金额增加 300 000 元。

会计分录：

借：银行存款　　　300 000
　　贷：长期借款　　　300 000

以"T"形账户反映的记录结果如下表：

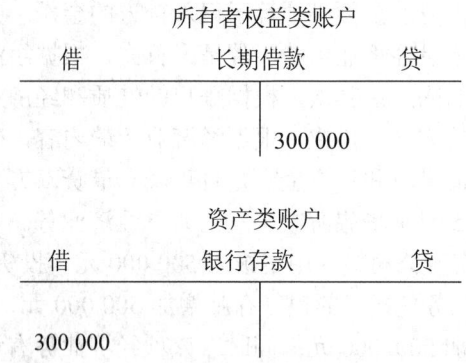

（3）5 月 18 日，中华饭店以支票购置一辆价值 50 000 元的货车。

分析：该项经济业务使饭店的银行存款减少 50 000 元，等式左边资产方"银行存款"账户金额减少 50 000 元；同时，该项经济业务左边资产方"固定资产"账户金额增加 50 000 元。

会计分录：

借：固定资产　　　50 000
　　贷：银行存款　　　50 000

以"T"形账户反映的记录结果如下表：

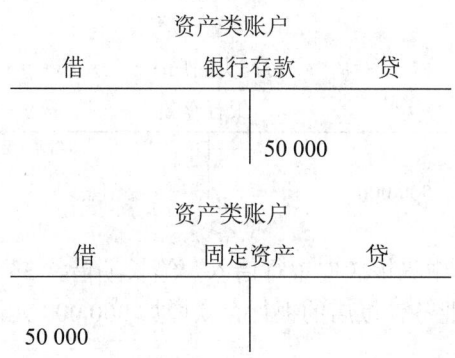

(4) 5月23日,中华饭店客房部收到房费收入80 000元,存入银行存款账户。

分析:该项经济业务使饭店的银行存款增加80 000元,等式左边资产方"银行存款"账户金额增加80 000元;同时,该项经济业务右边收入类"主营业务收入"账户金额增加80 000元。

会计分录:

　　借:银行存款　　　　　80 000
　　　　贷:主营业务收入　　　　　80 000

以"T"形账户反映的记录结果如下表:

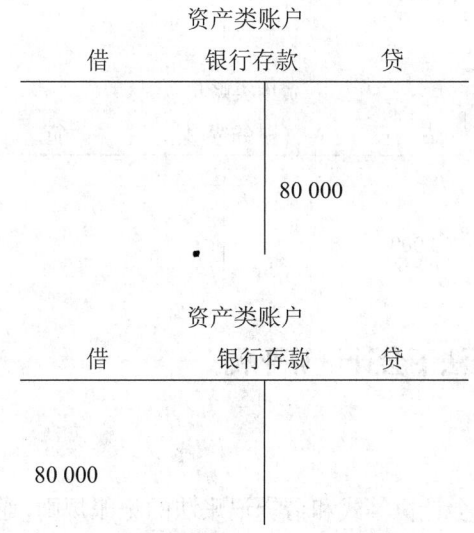

(5) 5月31日,中华饭店以银行存款支付本月水电费120 000元,利息费用30 000元。

分析:该项经济业务使饭店的银行存款减少150 000元,等式左边资产方"银行存款"账户金额减少150 000元;同时,该项经济业务左边费用类账户"管理费用"账户金额增加120 000元,"财务费用"账户金额增加30 000元。

会计分录:

　　借:管理费用　　　　　120 000
　　　　财务费用　　　　　 30 000
　　　　贷:银行存款　　　　　　150 000

以"T"形账户反映的记录结果如下表:

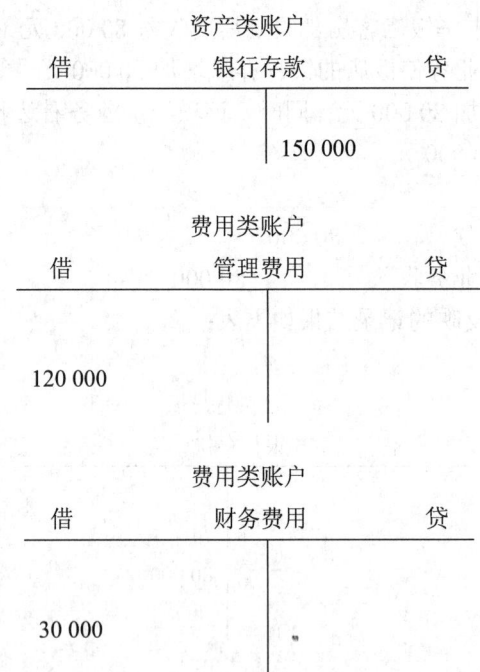

四、借贷记账法下会计试算平衡

(一) 试算平衡

1. 试算平衡概念

试算平衡是根据会计恒等式和借贷记账法的记账规则,通过汇总计算和比较,来检查账户记录正确性、完整性的一种方法。根据"有借必有贷,借贷必相等"的记账规则对一定时期的经济业务编制会计分录并全部登记入账,如果不发生错误,那么,每笔会计分录中的借贷金额以及全部账户中的借贷金额合计都应保持相等的关系。然而,在会计核算的过程中,有可能会发生这样或那样的错误,因此,有必要通过试算平衡,对一定时期内的会计核算进行检验,以便及时发现错误。

会计试算平衡分为发生额试算平衡和余额试算平衡。

2. 发生额试算平衡

发生额试算平衡是指一定时期全部账户借方发生额合计等于该时期内全部账户贷方发生额合计。这是由于每笔会计分录都是根据借贷记账规则来完成的,每笔会计分录的借贷两方的发生额必然相等。一定会计期间所有账户的借方发生额和贷方发生额,分别是每一项会计分录借方发生额和贷方发生额的合计。因此,所有账户的本期借方发生额合计和本期贷方发生额合计必然相等(参见表 5-6)。

表 5-6　总分类账户本期发生额试算平衡表

年　月　　　　　　　　　　　　　　　　　　　　　　　　　　　　　单位：元

会计科目	借方发生额	贷方发生额
合计		

发生额试算平衡公式为：

全部账户本期借方发生额合计=全部账户本期贷方发生额合计

3. 余额试算平衡

余额试算平衡法是根据本期所有账户借方余额合计与贷方余额合计的恒等关系，检验本期账户记录是否正确的方法。根据余额时间的不同，又分为期初余额试算平衡法和期末余额试算平衡法两类。期初余额平衡是期初所有账户借方余额合计与贷方余额合计相等；期末余额平衡是期末所有账户借方余额与贷方余额合计相等，这是由"资产=负债+所有者权益"的恒等关系决定的（参见表 5-7）。

余额试算平衡公式为：

全部账户本期借方期初余额合计=全部账户本期贷方期初余额合计

全部账户本期借方期末余额合计=全部账户本期贷方期末余额合计

表 5-7　总分类账户本期余额试算平衡表

年　月　　　　　　　　　　　　　　　　　　　　　　　　　　　　　单位：元

会计科目	借方余额	贷方余额
合计		

（二）试算平衡结果

根据中华饭店 5 月份经济业务的记账结果，编制表 5-8（试算平衡表）。

表 5-8　试算平衡表

2013 年 5 月 31 日　　　　　　　　　　　　　　　　　　　　　　　　单位：元

会计科目	期初金额		本期发生额		期末余额	
	借方	贷方	借方	贷方	借方	贷方
银行存款	无	无	880 000	200 000	680 000	
固定资产			50 000	0	50 000	
长期借款				300 000		300 000
实收资本				500 000		500 000

续表

会计科目	期初金额		本期发生额		期末余额	
	借方	贷方	借方	贷方	借方	贷方
主营业务收入				80 000		80 000
管理费用			120 000		120 000	
财务费用			30 000		30 000	
合计			1 080 000	1 080 000	880 000	880 000

如果试算平衡表中，期初余额、本期发生额和期末余额各栏中，有任何一栏的借方合计数不等于贷方合计数，表明记账肯定存在错误，应及时查明原因并加以更正。但是，在期初余额、本期发生额和期末余额的借贷双方合计数相等的情况下，只表明借贷双方记账相符，并不能肯定记账一定正确。这主要是由于存在一些不影响借贷双方平衡性的错误，这些差错主要分为以下几类：

（1）重复记录某项经济业务；

（2）某项经济业务记错相关账户；

（3）漏记某项经济业务；

（4）借贷双方多记或少记的差错金额正好相等；

（5）某项经济业务颠倒记账方向。

本章小结

本章主要介绍了旅游企业会计核算一般方法、专门方法和借贷记账法等内容。旅游企业会计核算方法包括一般方法和特殊方法，前者主要是指会计确认、计量、记录和报告，后者主要是指设置会计账户、填制和审核会计凭证、复式记账、登记账簿、成本计算和财产清查。

借贷记账法是复式记账法的一种，指对每项经济业务引起的资产、负债、所有者权益等项目的增减变动用相等的金额在两个或两个以上相互联系的会计账户中进行登记的方法。

一定时期的经济业务编制会计分录并全部登记入后，需要运用试算平衡表来进行检验，以减少核算过程中的失误。

重要名词

会计确认　　　　　　　　　　会计计量

会计账簿　　　　　　　　　财产清查
资产类账户　　　　　　　　权益类账户
收入类账户　　　　　　　　试算平衡
发生额试算平衡　　　　　　余额试算平衡

练习题

某旅游公司 2013 年 6 月份，各个账户期初余额如下表（账户期初余额表）所示。

账户期初余额表

户名称	金额	户名称	金额
现金	1 300	长期借款	32 000
银行存款	25 200	应付账款	18 000
应收账款	12 500	实收资本	69 000
固定资产	80 000		
合计	119 000	合计	119 000

该旅游公司发生下列各项经济业务：
（1）购入打印机 4 台，每台 5 000 元，以银行存款支付；
（2）向银行借入长期借款 90 000 元；
（3）银行存款支付本月水电费 8 000 元，保险费 4 000 元；
（4）收到旅客支付的住宿费 18 000 元，存入银行；
（5）以银行存款支付拖欠 A 公司的货款 4 600 元；
（6）以银行存款支付本月应缴税金合计 5 000 元；
（7）收回 B 公司拖欠住宿费 16 000 元。
要求：根据以上资料编制会计分录，登记"T"形账户，编制试算平衡表。

第六章　饭店会计核算

【学习目的】
1. 了解饭店经营定义及基本业务。
2. 掌握客房经营业务核算。
3. 掌握餐饮经营业务核算。
4. 掌握商品经营业务核算。

【引例】
　　为了解当前旅游饭店行业的市场情况，中国旅游饭店业协会在近期以问卷调查的方式对2013年上半年三、四、五星级饭店经营情况作了调研，在研究分析的基础上形成并发布了《2013年上半年星级饭店经营情况报告》。此次调查共回收有效问卷2075份，其中五星级325份、四星级735份、三星级1015份，分别占五、四、三星级总量的43%、28%、15%。

　　该《报告》显示，2013年上半年，全国三星级及以上星级饭店平均房价为309元人民币，较2012年同期降低1元；平均出租率为53%，较2012年同期下降6个百分点；平均客房收入同比减少8.5%；平均餐饮收入同比减少17.2%；平均会议收入同比减少17.8%；平均总营业收入同比减少11.8%。具体情况如下：

　　在平均房价方面，五星级饭店2013年上半年为578元，同比下降14.6元；三、四星级饭店同类数据同比提高1元、0.4元，分别达到203元、334元。

　　在出租率方面，三、四、五星级饭店2013年上半年平均出租率分别为54%、54%、50%；五星级饭店同比降幅最小，同比下降5个百分点，四星级饭店同比降幅最大，达到5.5个百分点，三星级饭店同比下降5.1个百分点。

　　在客房收入方面，五星级饭店同比降幅最大，达到11%，三、四星级同比降幅分别为7%、6%。

　　在餐饮收入方面，四星级饭店同比降幅最大，达到17%，三星级、五星级饭店同比降幅分别为15%、11%。

　　在会议收入方面，四星级饭店同比降幅最大，达到21%，五星级饭店同比下降17%，三星级饭店则同比下降15%。

在总收入方面，五星级饭店同比降幅最大，达到 14%，三、四星级同比降幅分别为 9%、11%。

此外，该《报告》显示 2013 年上半年，全国三星级及以上星级饭店对 2013 年至 2015 年酒店市场前景判断为"非常乐观"或"乐观"的占 26.1%，对前景判断为"非常不乐观"或"不乐观"的占 31.1%；五星级饭店同类数据分别为 31.5%、29.1%；四星级饭店同类数据分别为 23.5%、30%；三星级饭店同类数据分别为 26.5%、31.7%。

资料来源：中国旅游饭店业协会官网。

旅游饭店作为旅游业的重要支柱之一，不仅体现了旅游接待能力，影响着旅游业的发展，而且创造了大量的旅游收入和就业岗位，对我国经济的发展具有重要的促进作用。旅游饭店的业务主要分为住宿、餐饮及商品销售业务，本章将从这三个方面介绍饭店的会计核算相关知识及核算的具体方法。通过本章的学习，读者将会对饭店业的会计核算有更为清晰的理解。

第一节　饭店经营业务概述

一、饭店的定义

饭店一词源于法语，原意是指法国贵族在乡下招待贵宾的别墅。《美利坚百科全书》对饭店有如下定义：饭店是装备完好的公共住宿设施，它一般都提供膳食、酒类以及其他服务。我国《饭店旅游星级的划分与评定》中，对旅游饭店作了如下定义：旅游饭店是能够以夜为单位时间向旅游客人提供配有餐饮及相关服务的住宿设施。目前，在我国的饭店业统计中，一般将由国家旅游局授权挂牌的星级饭店，统称为旅游饭店。

二、饭店的经营业务分类

饭店的基本经营活动一般包括住宿、餐饮和购物等项目，分别由客房部、餐饮部和商品部等部门来承担。饭店通过这些经营业务，实现资金的运动，最终获取盈利。

1. 住宿，主要为顾客提供洁净而舒适的客房，随着顾客需求的日益增长，饭店还会为顾客提供免费宽带上网、有线电视、桑拿房、按摩浴缸等设施及服务。

2. 餐饮，主要通过制作加工和服务性劳动等，为顾客提供食品、消费场所及设施的服务活动。饭店的餐厅主要分为正餐厅、宴会厅、自助餐厅、咖啡厅及酒吧等。

3. 购物，主要通过内部设有的商品部或商品销售点为顾客提供当地有特色的旅游商品和日常生活用品。

三、饭店在经济发展中的作用

1. 饭店是旅游业的重要支柱之一

现代饭店是一个以向顾客提供休息、住宿和餐饮服务为主的多功能场所。一个国家饭店数量的多少和规模的大小，反映了这个国家的旅游业发展水平，标志着这个国家的旅游接待能力，并影响着当地旅游业的发展。

2. 饭店已成为增加旅游收入的重要渠道

到 2012 年末，全国 11367 家星级饭店，拥有客房 149.72 万间，床位 267.74 万张；拥有固定资产原值 4 767.54 亿元；实现营业收入总额 2 430.22 亿元；上缴营业税金 152.95 亿元；全年平均客房出租率为 59.5%[①]。饭店收入日益成为旅游收入的重要组成部分。

3. 饭店为社会提供就业机会

目前，我国旅游直接与间接就业总人数达 7 600 余万人，约占全国就业总数的 9.6%。联合国世界旅游组织预测，到 2015 年中国将成为世界上第一大入境旅游接待国和第四大出境旅游客源国。届时中国入境旅游人数可达 2 亿人次，国内旅游人数可达 26 亿人次以上，出境旅游人数可达 1 亿人次左右，游客市场总量可达 30 亿人次左右，居民人均出游可达 2 次，旅游业总收入可达 2 万亿元人民币左右。这将为就业创造巨大的潜力。"十一五"时期中国旅游业将每年新增直接就业 70 万人，带动间接就业 350 万人。到 2015 年，中国旅游直接拉动和间接就业总量将达 1 亿人左右。饭店是旅游业的接待场所，是劳动密集型企业，各项业务都需要大量的劳动力。因此，饭店业可以为社会提供大量就业机会。

---

① 数据来源于《2012 年中国旅游业统计公报》。

第二节 饭店业务会计核算

一、客房经营业务核算

在饭店的众多业务中，客房是饭店的基本经营业务之一，也是饭店的基础业务。饭店通过销售客房，向顾客提供与此相关的其他服务（如餐饮服务、健身服务、娱乐服务等），实现服务的多元化和收入的增长。有关资料表明，饭店的出租收入占饭店营业收入的40%~50%。近年来，尽管饭店其他业务的收入呈上升趋势，但饭店客房业务的主导地位并未动摇。因此，加强客房业务的核算，对提高饭店的经济效益有着极其重要的意义。

（一）客房收入的核算

1. 客房收入的入账时间及入账价格

收入是指企业在日常生活中形成的、会导致所有者权益增加的、与所有者投入资本无关的经济利益的总流入。根据《企业会计准则第14号——收入》的规定和权责发生制原则，客人一经办完入住手续并迁入房间，无论饭店的房租收到与否，都应作销售处理，确认客房的收入。因此，客房的主营业务收入以客房实际出租时间为入账时间。

饭店客房的价格分为标准房价、淡季价、旺季价、团体价、折扣价等。在正常情况下，饭店在规定的幅度内，可以按照供求关系情况，自行决定具体的的销售价格。因此，客房营业收入的入账价格以饭店客房的实际出租价格为准。

2. 客房营业收入的核算

饭店客房营业收入，在会计上应设置"主营业务收入"科目和相应的账户进行核算。为了正确核算饭店的营业收入，还应在"主营业务收入"账户下设置二级明细科目，如客房收入、餐饮收入等。"主营业务收入"账户是损益类账户，贷方登记本期实现的主营业务收入，期末结转至"本年利润"账户，结转后账户余额为零。

每个营业日结束，总台汇总一天的营业情况，编制"主营业务收入日报表"。经过审核后报送会计部门作为主营业务收入入账的原始凭证。客房一经出租，便应确认收入。

取得收入时入账一般分为两步，第一步：收到顾客押金时，借记"库存现金"、

"银行存款",贷记"应收账款"。第二步：按收入实现的要求把当日实现的收入入账,借记"应收账款",贷记"主营业务收入——客房收入"。

【例1】 某饭店 2013 年 10 月 1 日入住宾客 200 人,收到现金 150 000 元,支票 200 000 元。"主营业务收入日报表"中,客房收入为 460 000 元,其中：A 旅行社尚未结算金额为 250 000 元,现金结算金额为 10 000 元,信用卡结算金额为 200 000 元。该饭店本日会计处理如下：

(1) 收到押金时,编制如下会计分录。

借：库存现金　　　　　　　　　　　　150 000
　　银行存款　　　　　　　　　　　　200 000
　　贷：应收账款——预收押金　　　　　　350 000

(2) 确认收入时,结转当日房租收入,编制如下会计分录。

借：库存现金　　　　　　　　　　　　10 000
　　银行存款　　　　　　　　　　　　200 000
　　应收账款——A 旅行社　　　　　　　250 000
　　贷：主营业务收入——客房收入　　　　460 000

(二) 客房成本的核算

从理论上看,客房经营过程中发生的各项直接耗费均应计入客房营业成本。但是,实际上除了迷你吧耗用的商品、洗衣房耗用的洗涤耗料可作为主营业务成本外,客房其他日常费用开支一般都列作销售费用处理。这主要是因为客房日常费用开支一般较少,而且直接费用和间接费用不易区分清楚。

饭店客房营业成本,在会计上应设置"主营业务成本"科目和相应的账户进行核算。"主营业务成本"账户是损益类账户,借方表示增加,贷方表示减少,期末若有余额,按假退库处理。

【例2】 某饭店客房部洗衣房本月从仓库领取洗涤用品一批 100 000 元,楼层酒吧从仓库领用商品 400 000 元。月末盘点时发现,洗涤用品剩余为 50 000 元,酒吧商品剩余为 50 000 元。该饭店会计处理如下：

(1) 从仓库领料。

借：主营业务成本——客房部—洗衣房　　　　100 000
　　　　　　　　——客房部—楼层酒吧　　　400 000
　　贷：原材料——洗涤材料　　　　　　　　　100 000
　　　　　　——食品材料　　　　　　　　　400 000

(2) 期末盘点时,将结存余额红字冲销,办理假退库手续。

借：主营业务成本——客房部—洗衣房　　　　50 000（红字）

```
                    ——客房部—楼层酒吧        50 000  （红字）
       贷：原材料——洗涤材料              50 000（红字）
                ——食品材料                50 000（红字）
    3. 次月月初补记。
       借：主营业务成本——客房部—洗衣房     50 000
                         ——客房部—楼层酒吧 50 000
       贷：原材料——洗涤材料              50 000
                ——食品材料                50 000
```

（三）客房销售费用的核算

饭店耗费中计入营业成本以外的其他费用都归为客房销售费用。饭店可设置"销售费用"科目核算饭店客房部门发生的各种费用。"销售费用"账户是损益类账户，借方表示发生的销售费用，贷方表示销售费用的转出数，期末结转至"本年利润"账户，结转后账户余额为零。

销售费用包括水电费、差旅费、邮电费、服装费、物料消耗费、低值易耗品摊销费用、房屋折旧费及设备折旧费、部门经营人员工资等。

【例3】 某饭店客房部门本月发生折旧费120 000元，部门人员工资200 000元。该饭店会计处理如下：

```
       借：销售费用——客房部—折旧费       120 000
       贷：累计折旧                         120 000
       借：销售费用——客房部—工资费       200 000
       贷：应付职工薪酬                     200 000
```

二、餐饮经营业务核算

餐饮业务是饭店的另一项基本业务，餐饮收入也是构成饭店营业收入的重要来源之一。此外，餐饮业不仅为住宿顾客提供服务，也可为社会上的其他消费者提供服务，即餐饮业务服务对象的范围大于客房服务的范围，市场潜力巨大。因此，加强餐饮业务的核算，对提高饭店的经济效益有着极其重要的意义。

（一）餐饮产品定价及经营收入的核算

1. 餐饮产品价格制定

餐饮制品的售价一般采用毛利率定价法和成本加成率定价法。

（1）毛利率定价法

毛利率定价法以产品定额成本为基础，按规定的毛利率以内扣的方式来确定餐饮制品售价的方法。

毛利率=毛利÷售价

售价=定额成本+毛利额

售价×（1-毛利率）=定额成本

售价=定额成本÷（1-毛利率）

【例4】 某宾馆餐饮产品"水煮鱼"的定额成本为35元，毛利率为30%，则该"水煮鱼"的售价为：

售价=35÷（1-30%）=50（元）

（2）成本加成率定价法

成本加成率定价法以产品定额成本为基础，按规定的加成率以外扣的方式确定餐饮制品售价的方法。

售价=配料定额×（1+加成率）

【例5】 某宾馆餐饮产品"水煮鱼"的定额成本为35元，加成率为42.86%，则该"水煮鱼"的售价为：

售价=35×（1+42.86%）=50（元）

思考：同学们思考一下加成率和毛利率之间的关系。

2. 餐饮营业收入的核算

餐饮产品的销售收入应在"主营业务收入——餐饮收入"账户中进行核算。每个营业日结束，会计部门根据经过审核后的"主营业务收入日报表"提供的信息作相关的分录。

【例6】 由"主营业务收入日报表"可知，某饭店2013年10月1日，取得餐饮收入100 000元。其中尚未结算金额为5 000元，现金结算金额为18 000元，信用卡结算金额为77 000元，该饭店本日会计处理如下：

借：库存现金　　　　　　　　　　　18 000
　　银行存款　　　　　　　　　　　77 000
　　应收账款　　　　　　　　　　　50 000
　　贷：主营业务收入——餐饮收入　　100 000

（二）餐饮经营成本的核算

不同的餐饮企业往往采用不同的存货盘存制度，甚至同一企业不同类型的存货适用不同的存货盘存制度，而存货盘存制度对成本核算有较大影响，因而餐饮企业存货核算比较复杂。存货的盘存制度分为实地盘存制和永续盘存制，不同盘存制度下主营业务成本的核算方法不同。

1. 永续盘存制下主营业务成本核算方法

永续盘存制是按照餐饮企业实际领用数量来计算耗用原材料成本的方法。餐饮部门当月从仓库领用和从外部采购直接投入使用的材料价值，计入餐饮制品的成本。月末盘点时，已领取而未使用的材料的价值，从本期领用材料价值中扣除，并办理假退料手续。

【例 7】 某餐饮部门 2013 年 9 月 5 日，领用食品原材料 11 000 元，月末盘点时发现未用原材料 6 000 元，编制如下会计分录。

（1）领料时：

借：主营业务成本——餐饮部　　　　　11 000
　　贷：原材料——食品材料　　　　　　　　110 000

（2）月末盘点时：

借：主营业务成本——餐饮部　　　　　6 000　　（红字）
　　贷：原材料——食品材料　　　　　　　　6 000　　（红字）

2. 实地盘存制下主营业务成本核算方法

在实地盘存制下，平时领用的材料，不进行会计处理，而根据月末盘存的原材料成本，通过下面的公式倒挤出耗用原材料成本。

营业成本=月初存货成本+本月购进成本-月末存货成本

【例 8】 某餐饮部门 2013 年 9 月，原材料账户月初余额为 3 300 元，本月购进原材料金额为 13 000 元，月末盘存原材料剩余额为 5 600 元，会计处理如下。

营业成本=3 300+13 000-5600=10 700（元）

借：主营业务成本——餐饮部　　　　　10 700
　　贷：原材料　　　　　　　　　　　　　　10 700

三、商品经营业务的核算

饭店开设商品部主要是为了顾客提供商品销售服务的同时，通过进销差价补偿相关的成本费用，获取盈利。与一般商品零售企业相比，饭店商品经营业务具有民俗性、简便性和小型化等特点。商品销售收入是构成饭店营业收入的重要来源之一，加强商品经营业务的核算，对提高饭店的经济效益有着极其重要的意义。

（一）商品经营业务核算方法

饭店商品经营业务核算方法是"售价金额核算法"，即对商品的采购、销售和库存均采用售价记账，月末时将以售价结转的成本还原为进价成本。这种方法的要点是：建立商品实物负责制，会计核算采用售价记账，定期进行实物盘点。商品的经营流程分为采购过程、存储过程和销售过程，其中销售过程为商品经营过程的重点。

1. 采购商品时，会计按销售价记录入账，将商品的进价与售价差额计入"商品进销差价"账户（注："商品进销差价"是"库存商品"账户的抵减账户，贷方表示商品购进、溢余、调价增值发生的差价，借方表示结转已销商品进销差价、调价减值和削价而减少的差价，贷方余额表示库存商品尚未摊销的进销差价）。

借：库存商品　　　　　　　　　　　（销售价）
　贷：商品进销差价
　　　银行存款　　　　　　　　　　（购入价）

商品增值税的处理：
借：应交税费——应交增值税（进项税额）
　贷：银行存款

2. 商品存储过程中会发生调价、削价的情况，库存商品以售价进行记账。此外，月末对库存商品进行盘存时，需要对库存商品盘存结果进行相应的账务处理。

3. 商品销售的核算主要分为商品销售收入和销售成本的核算，下面将进行详细讲述。

（二）商品销售收入的核算

商品部销售商品时，财务部门依据审核无误的商品进销存日报表和内部缴款单，进行务处理。商品销售收入的核算在会计上应设置"主营业务收入——商品销售收入"账户。"主营业务收入——商品销售收入"账户是损益类账户，贷方登记本期实现的主营业务收入，期末结转至"本年利润"账户，结转后账户余额为零。

【例9】某饭店附设商场2013年9月6日销售金额为10 000元，当日会计处理如下。

借：库存现金　　　　　　　　　　　10 000
　贷：主营业务收入——商品销售收入　10 000

（三）商品销售成本的核算

商品销售成立后，依据权责发生制原则，需要于当日结转已销商品的售价金额。为正确地反映饭店经营过程的营业成本和实现的利润，月末时需要计算和结转平时多转的营业成本，将其调整为进价成本。因此，企业需要于月末进行已销商品进销差价的结转。其计算方法主要为：

1. 综合差价率计算法

综合差价率计算法是按企业全部零售商品的存销比例分摊进销差价的一种方法。该方法计算简单、方便，但是结果不够准确。计算公式如下：

综合差价率=结转前"商品进销差价余额"账户金额÷（本期"库存商品"账户金额+本期商品销售额）

本期已销商品进销差价=本期商品销售金额×综合差价率

【例10】 某饭店2013年9月有关账户资料如下：月末分摊前"商品进销差价"余额为30 000元，"库存商品"账户余额为60 000元，本期"主营业务收入——商品销售收入"账户余额为40 000元。

综合差价率=30 000÷（60 000+40 000）=30%

本期已销产品进销差价=40 000×30%=12 000（元）

会计分录处理如下：

借：商品进销差价　　　　　　　　　　　　　12 000
　　贷：主营业务成本——商品销售成本　　　　　　12 000

2. 分柜组差价率计算法

分柜组差价率计算法是按商场各营业柜组商品的存销比例，计算本期已销商品应摊进销差价的一种方法。其计算方法和综合差价率相同，只是需要分别计算各个柜组的差价率。分柜组差价率计算法将计算范围缩小到各个柜组，精确度高于综合差价率计算法，但是与实际情况仍存在差距。所以，年终之前，饭店会采用盘存商品实际差价法进行核实和调整，以确保下一会计年度计算结果的准确性。

3. 实际差价率计算法

实际差价计算法是先计算出期末库存商品进销差价，进而逆算出已销商品进销差价的方法。这种方法以单个种类的商品为计算对象，计算的结果更符合具体商品情况。

期末库存商品进销差价=期末库存商品销售总额-期末库存商品进价总额

已售商品进销差价=结转前商品进销差价-期末库存商品进销差价

【例11】 接【例9】结转9月6日商品销售成本。

借：主营业务成本——商品销售成本　　　　　　10 000
　　贷：库存商品　　　　　　　　　　　　　　　10 000

【例12】 9月30日分摊前"商品进销差价"余额为30 000元，"库存商品"账户余额为60 000元。经盘点，本期库存商品进价总金额为42 500元。

库存商品进销差价=60 000-42 500=17 500（元）

已销商品进销差价=30 000-17 500=12 500（元）

借：商品进销差价　　　　　　　　　　　　　12 500
　　贷：主营业务成本——商品销售成本　　　　　　12 500

本章小结

饭店的经营业务大致分为三种，即客房、餐饮和商品销售。

客房业务是饭店的基本经营业务，占据主导地位，其业务核算主要分为客房收入核算、客房成本核算和客房销售费用核算。

餐饮业务是饭店的另一项基本经营业务，饭店收入来源的重要组成部分。其业务核算主要分为餐饮产品定价、餐饮收入核算和餐饮成本核算。

商品销售业务取得的收入也是饭店收入的重要来源之一，其业务核算主要分为商品销售收入核算和商品销售成本核算。商品经营业务的核算方法为"售价金额核算法"。

重要名词

收入时间　　　　　　　　　收入金额
毛利率定价法　　　　　　　成本加成率定价法
永续盘存制　　　　　　　　实地盘存制
售价金额核算法　　　　　　综合差价率计算法
分柜组差价率计算法　　　　实际差价率计算法

练习题

1. 根据饭店 2013 年 9 月份客房部如下经济业务，编制会计分录。

（1）9 月 3 日，顾客李某办理入住手续，交付押金 500 元，李某订的是单人大床房，每日房价 300 元，预计入住 5 天。

（2）9 月 8 日，李某办理退房手续，并支付房费 1 500 元。

（3）9 月 11 日，客房部领用洗浴用品 3 000 元，月末盘点剩余洗浴用品 800 元。

2. 根据饭店 2013 年 9 月份餐饮部如下业务，编制分录。

（1）9 月 1 日，餐饮部从市场采购时蔬 1 000 元，肉食 6 000 元，餐具 3 000 元。

（2）9 月 5 日，餐饮部领用草鱼 10 条，总计 900 元。

（3）9 月 6 日销售牛排 8 份，每份牛排成本价合计 40 元，分别按加成率定价法和毛利率定价法确定牛排价格和销售收入（成本加成率为 60%，毛利率为 37.5%）。

（4）月末盘点时发现餐饮部剩余时蔬 100 元，肉食 2 000 元，餐具 1 500 元。

3. 某饭店商品部 2013 年 9 月份发生如下业务，编制分录。

（1）9 月 12 日，销售商品取得收入 2 700 元。

（2）9 月 14 日，购入旅游纪念品 500 份，购入单价 20 元。该旅游纪念品售价为每份 30 元。

（3）月末盘点时发现，库存旅游纪念品 230 份，分别按综合差价率计算法和实际差价率计算法，确定销售成本。

4. 东方饭店 2013 年发生的经济业务如下：

（1）1 月 10 日，餐饮部向江山批发部购入调料 100 公斤，单价为 50 元，上述调料已验收入库，货款暂未支付。

（2）2 月 8 日，餐饮部向旺旺海产批发公司购入冷冻海鲜甲 200 公斤，单价 60 元，冷冻海鲜乙 300 公斤，单价 50 元，以银行存款支付货款。

（3）3 月 6 日，客房部接待东华旅行社旅行团 30 人，日房费总计 6 000 元，住宿日期为 3 月 6 日至 3 月 10 日。

（4）4 月 12 日，餐饮部支付欠江山批发部的货款。

（5）5 月末，根据本月的考勤记录可知，应付职工工资为 60 000 元，其中：客房部 30 000 元，餐饮部 20 000 元，商品部 10 000 元。6 月 3 日，发放工资。

（6）6 月 7 日，客房部领用一批清洁物品，价值 3 000 元，一次性低值易耗品 2 000 元。

（7）6 月末，餐饮部月末原材料盘存表如下表所示（餐饮部原材料盘存表）。

餐饮部原材料盘存表　　2013 年 6 月 30 日

原材料名称	单价	数量	金额	单位
海鲜	80	100	8 000	公斤
牛肉	40	50	2 000	公斤
蔬菜	20	10	200	公斤
合计			10 200	

要求：根据上述事项，编制相应的会计分录。

第七章 旅行社会计核算

【学习目的】
1. 了解旅行社的经营业务及经营特点。
2. 了解旅游产品定价方法。
3. 掌握旅行社营业收入核算方法。
4. 掌握旅行社营业成本核算方法。
5. 熟悉旅行社营业税金涉及的税种。
6. 掌握旅行社营业税金核算方法。

【引例】

在旅游产业中利润最薄 旅行社上市公司多元化突围

传统旅行社业务在旅游产业中利润最薄,专家指出,旅行社类上市公司应发展多元化业务,打造一体化产业链。

据 2010 年 8 月 16 日,中青旅(600138)2010 年中报披露显示:上半年中青旅实现收入 24.35 亿元,比上年同期增长 0.54%,实现归属于上市公司股东净利润为 1.17 亿元,同比增长 10.24%,归属于母公司的扣除非经常性损益后的净利润为 1.05 亿元,同比增长 34.22%。多位业内人士表示,从中报来看,中青旅上半年业绩基本与预期持平。

众所周知,旅游行业一直是一个毛利率较低的行业,特别是传统的旅行社更是三大子行业中的"老大难"——利润最薄。那么,旅行社类上市公司未来应该如何发展呢?

1. 中青旅旅游类产品"劫后复苏"

由于受到金融危机的影响,旅游行业一度低迷,直到 2009 年才逐步出现复苏的势头。对于 2010 年的市场形势,多位业内人士表示看好行业的发展势头。

从 2010 年中青旅的中报情况来看,旅游类产品的营业收入达 11.92 亿元,同比增长 29.45%。其中,自由行业务增长是亮点,报告期内营业收入同比增长 138%。相比之下,入境游业务欠佳,收入下降 9%。

另据中青旅中报显示,公司国内游业务呈持续回暖态势,实现 10%的增长。

2010年上半年，由于我国南方大范围受到旱涝灾害影响，同时世博会在上海举办，导致国内华东以外地区旅游需求分流，这使得中青旅国内游业务整体遇到一定阻碍。

出境游的增长速度也相对较快，实现营业收入较去年同期增长59%。渤海证券研究所陈慧研究员在接受记者电话采访时说道："出境游业务今年的大幅度增长，主要由于去年海外不安定因素导致出境游受抑制，今年可以说是正常的恢复性增长。此外，人民币升值也是促进出境游业务大增的重要因素。"

国信证券廖绪发表示，在2009年上半年同期有2 800多万元的股票投资非经常性损益，以及2010年上半年来自房地产的投资收益大幅下降的情况下，中青旅的经常性损益能够大幅增长，反映了旅游主业（旅行社、酒店、景区）的盈利能力随着行业复苏的大幅上升。

2. 传统旅行社类公司业务"遍地开花"

中投证券曾光分析师表示："中青旅作为一个综合性的旅游控股公司，更多的是走多元化道路。"据记者了解，中青旅最初的业务是旅行社，后来实行多元化战略，业务涵盖旅行社、会展服务、乌镇旅游、酒店、科技业务、福利彩票销售、房地产销售、物业出租等八个领域。

在景区业务方面，中青旅乌镇景区营业模式受到了市场的高度评价，同时该公司与密云县政府展开合作，有意在异地打造"类乌镇"模式——"古北水镇国际旅游综合度假区开发项目"。

陈慧研究员向记者说道："古北水镇项目是该公司'类乌镇'商业模式的发展。从宏观上看，消费升级有利于古北水镇的项目发展，同时由于小假期的出现，游客更青睐于周边游。就该项目的发展情景来看，正适应观光游向度假游、休闲游转化的趋势，总体前景还是非常不错的。"

东方证券杨春燕分析师认为，从公司来讲，古北水镇项目有利于增强一体两翼发展架构中的景区业务，有利于增强公司国内旅游综合运营商的竞争力。从中长期来看，对提高公司收入增速和盈利能力也将起到积极作用。

在酒店业务方面，中青旅的山水酒店实行"酒店经营+物业租赁"的差异化经营模式，在报告期内实现净利润728万元，较2009年同期增加804万元。在房地产业务方面，中青旅绿城实现净利润8 063万元。企业会展服务类业务，也实现营业额同比增长64%。

"除中青旅外，中国国旅、首旅股份也朝着多元化道路发展。中国国旅以免税业务和旅社业务为主，特别是境外旅游是其旅社业务的重中之重。首旅股份在经营旅社的基础之上，还发展海南南山景区以及酒店业务等"（陈慧，2010）。

3. 在线旅行服务公司"有望抬头"

旅行社之所以能生存是因为信息不对称，随着技术的发展，游客可以从各种渠道获取想要的信息。在线旅行服务公司是异军突起的中介机构，它成功整合了高科技产业与传统旅行业，向会员提供全方位的旅行服务，携程网便是这其中的佼佼者。

这使得旅行社业务，在原本欠佳的前提下，又遭遇在线旅游等新服务的冲击，这对于传统旅行社业务可谓是雪上加霜。有媒体报道称，携程旅行网 2010 年一季度净利润就达 1.9 亿元人民币，而同期中青旅仅盈利 4 144.96 万元。

较之于传统的旅行社模式，携程网的模式就简单得多。曾光向记者表示："在线旅行服务公司就是运用会员网络预定体系，集中推广，再凭借这个庞大的会员群体向酒店、航空公司等获取更低的折扣，赚取佣金。"

在线旅行服务对于传统的旅行社业务有一定的冲击，但陈慧研究员表示，短期内在线旅游服务还不会"战胜"传统旅行社。"在线旅行服务的关注者多为年轻人，而一些相对保守的人因为担心会产生纠纷，往往更喜欢选择传统的旅行社出行。不过，如果传统旅行社公司能开通网络服务业务，那就是再好不过的了！"陈慧研究员向记者进一步解释道。

4. 行业发展应"一体化"

2010 年 7 月 23 日，国务院出台《贯彻落实国务院关于加快发展旅游业意见重点工作分工方案》，该《方案》是对 2009 年底出台的《国务院关于加快发展旅游业意见》的实施细化，提出要培育一批具有竞争力的大型旅游企业集团。

目前国际上，旅行社行业有两种分工体系：垂直分工和水平分工。我国旅行社业长期以来采用水平分工体系。这使得旅行社包揽产业链条上的所有环节，产业分工不精细，而西方则大都采取垂直分工体系。

中国经济信息网发布的《2009 中国行业年度报告系列之旅游》显示："市场精细化开发将成为旅行社树立形象，提高利润水平，设立准入障碍的最重要手段。通过市场精细化开发，可以保证旅行社的发展。"

曾光向记者表示："现今旅行社的产业集中度不高，行业多为水平化分工，没有形成网状的产业结构。在未来的发展中，应该由水平化分工向垂直化分工过渡，打造完善的产业链。"

同时，陈慧也表示："在产业链条上占有更多的环节，有利于企业的盈利，有利于增强企业的规模效益，所以合并上下游产业链是旅行社未来发展的趋势。"

资料来源：中国经济网，《证券日报》管弦乐。

旅行社作为旅游产品经营者和消费者之间的桥梁，将原本分散的旅游活动进一步社会化。作为旅游产品的主要销售渠道，旅行社在促进旅游业发展方面发挥了巨大的作用。旅行社分为组团社和接团社，其在进行会计核算时存在不同。旅行社会计核算主要分为营业收入核算、营业成本核算及营业税金核算。在进行营业收入核算和营业成本核算时将接团社和组团社分别考虑。通过本章的学习，同学们应掌握旅行社会计核算的基础知识。

第一节　旅行社业务概述

一、旅行社定义

我国自 2009 年 5 月 1 日起实施的《旅行社条例》规定："本条例所称旅行社，是指从事招徕、组织、接待旅游者等活动，为旅游者提供相关旅游服务，开展国内旅游业务、入境旅游业务或出境旅游业务的企业法人。"由此可知，旅行社是以营利为目的，从事旅游业务的企业，主要经营业务为组团招徕和导游服务。旅行社按其功能可分为组团社[①]和接团社[②]。组团社和接团社只是在功能上的划分，一个旅行社有可能是组团社，也有可能是接团社。

二、旅行社经营业务特点

旅行社是为顾客提供旅游服务，获取盈利的中介机构。它在服务对象、经营业务、盈利模式等方面均与工商业有着显著不同。

1. 没有固定的经营场所。旅行社提供的旅游服务项目，一般会涉及客运交通、宾馆饭店、风景游览区等多种服务。但是，旅行社在提供这些服务时，并不提供游览、住宿场所，也不提供交通客运工具，它只是与拥有旅游设施资源的企业合作，将旅游项目所需要的服务有机地联系在一起。

2. 不需用大量资金。旅行社开展业务时，组团社可以收取一定数额的预付款，

---

① 组团社是指负责根据国内外旅游者的不同要求，将旅游者组成各种旅行团，并负责旅行团当地游览活动的旅行社。
② 接团社是指负责旅行团在当地的旅游行程，提供导游、餐饮、住宿、交通、游览、购物、娱乐等一系列服务的旅行社。

接团社可以定期与组团社结算房费、餐费和车费等。因此,只要旅行社之间分工合适、组织得当,仅用少量的流动资金即可开展业务。

3. 提供服务过程中,组团社和接团社互相依存、互为条件,在时间上互相衔接,按照预定计划完成既定旅游服务项目。旅行社涉及的服务包括本地游、外地游和出国游等,通常任何一个旅行社不可能单独完成旅游项目服务,因此需要旅行社之间进行分工协作,共同提供旅游服务项目。

三、旅行社在经济发展中的作用

旅行社的出现将原本分散的旅游活动进一步社会化,将旅游需求者和旅游供给者两方面连接起来,从而促进旅游业的发展,促进我国经济的发展。

1. 旅行社组织旅游活动。旅行社作为经营者和旅游者的中介,将旅游经营者的产品组合起来提供给旅游者,成为旅游产品经营者和旅游者之间的桥梁与纽带,使旅游者的旅游活动得以顺利开展。各旅游企业依赖旅行社的组织和协调来共同为旅游者服务。

2. 旅行社是旅游产品的主要销售渠道。旅行社在旅游服务部门和企业之间充当媒介,把旅游产品销售给旅游者,使供需双方联系到一起,简化了旅游产品的交换关系。

3. 旅行社促进旅游业发展。旅行社提供的服务比旅游者自己直接购买的服务便宜,旅行社设计的线路比旅游者自己设计的线路更合理、质量更高。由此可见,旅游市场的供求信息通过旅行社来传递,旅游者对产品的需求通过旅行社得到满足,在某种程度上旅行社的发展程度决定着其他旅游服务企业的发展。

四、旅行社旅游产品定价

由于旅游线路、旅游季节、旅游天数、食宿标准等的不同,旅行社制定的价格也各不相同。旅游产品价格影响旅行社的营业收入,而营业收入又是旅行社利润的来源,因此合理制定旅游产品价格是旅行社经营的关键环节。旅行社价格制定主要有两种方法,即包价法和小包价法。

1. 包价法

包价法是指事先按旅游团人数计算住宿、用餐、交通、门票、导游和其他项目的总开支,乘以外加毛利率(一般为6%~8%),再计算出每位旅行者应承担的开支来确定。

开支总和=餐费+住宿费+交通费+门票+导游费+其他
应收旅游费总额=开支总额×(1+外加毛利率)
每个旅游者旅游费金额=旅游费总额÷总人数

此法在执行的过程中存在一些问题，如收费标准一旦确定，市场价格波动时，不易改动价格。此外，该方法对旅行社的定价管理机制也有较高的要求。

2. 小包价法

该方法仅包括往返机票、房费、餐费、当地接送服务、导游服务费和其他项目。其中，其他项目内容则根据组团竞争的需要有多有少，报价之外的项目在当地根据选择现付。旅行社定价部门根据旅行团行程计划规定的食、行、住等情况，财务部门根据行程计划编制的"旅行团费用预算表"，确定每人的综合服务包价及旅行社包价，并报财务部门审核。

第二节　旅行社业务会计核算

一、旅行社营业收入核算

（一）旅行社收入内容

旅行社的主营业务收入主要包括以下七种：

1. 组团外联收入，是指组团社所收取的旅游者按照旅游线路和旅游天数向其一次交清的旅行费用。它一般包括旅游者的住宿费、餐饮费、交通费和景点游览费等。

2. 综合服务收入，是指由接团社收取的交通费、导游服务费和一般景点费等包价费用收入。该项收入一般由组团社收取后拨付给接团社。

3. 零星服务收入，是指旅行接待零散旅游者和承办委托服务事项所得的收入，具体指旅行社就地组织的"一日游"、"二日游"等收取的景点费、餐费、待订住宿费等。

4. 劳务收入，是指旅行社向其他旅行社提供当地或全程导游翻译人员所得的收入。

5. 票务收入，是指旅行社代办国内外客票所得的收入。

6. 地游及加项收入，是指旅行社向游客提供额外服务而增加的包价外收入。额外服务一般有：为游客提供当地风味食品、提供高于住房标准的房间等。

7. 其他服务收入，除了上述六项收入以外的其他收入。

（二）旅行社收入确认

根据《企业会计准则——基本准则》，企业应当以权责发生制[①]为记账基础。根据权责发生制原则和收入确认的基本原则可知，旅行社收入的确认时间为：

1. 旅行社组织境内旅游者去国外旅游，应以旅游团队结束旅行返回的时间确认主营业务收入的实现。

2. 旅行社组织境外旅游者到境内旅游，应以旅游团队离境或离开本地的时间确认主营业务收入的实现。

3. 旅行社组织国内旅游者在国内游，应以旅游团队结束返回时间确认主营业务收入。

（三）旅行社收入核算

1. 营业收入账户的设置

旅行社营业收入，在会计上应设置"主营业务收入"科目和相应的账户进行核算。"主营业务收入"账户是损益类账户，贷方登记本期实现的主营业务收入，期末结转至"本年利润"账户，结转后账户余额为零。

为了正确核算旅行社的营业收入，还应在"主营业务收入"总账下设置七个二级明细科目，包括"组团外联收入"、"综合收入服务"、"零星服务收入"、"劳务收入"、"票务收入"、"地游及加项收入"和"其他服务收入"。还可以根据二级账户的性质和需要设置三级账户，如在"组团外联收入"下设置"餐费收入"、"车费收入"、"房费收入"等三级账户。

旅行团费用结算见表 7-1（旅游团费用结算表）。

表 7-1 旅游团费用结算表

组团社名称		计划编号		旅游团名称							
服务范围		旅游等级			总人数	其中：成人	2~11岁	2岁以下	男	女	夫妇
全陪	等人	地陪	等人								对
抵离时间		人 月 日 时 机车 抵用 餐 月 日 时用 餐后 机车 赴									
		人 月 日 时 机车 抵用 餐 月 日 时用 餐后 机车 赴									
住房情况	人 月 日~ 月 日		国外自订	组团社代订	接待社安排	住	饭店	间X天	全陪床/天		地陪床/天
	人 月 日~ 月 日		国外自订	组团社代订	接待社安排	住	饭店	间X天	全陪床/天		地陪床/天

[①] 权责发生制指凡是当期已经实现的收入，无论款项是否收到，都应作为当期的收入，计入利润表；凡是不属于当期的收入，即使款项已经收到，也不应作为当期的收入。

续表

组团社名称		计划编号		旅游团名称							
服务范围		旅游等级		总人数		其中：成人	2~11岁	2岁以下	男	女	夫妇
全陪		等人	地陪	等人							对
逗留日期	早餐		午餐		晚餐		参观、购物地点				
	人数	地点	人数	地点	人数	地点	上午		下午	晚上	
计划内加拨款项	超公里										
	参观游览										
	游江游湖										
现付项目	计划外超公里地点			人现付		元	经手人：		发票号：		
	其他现付内容					元	经手人：		发票号：		
	其他现付内容					元	经手人：		发票号：		
收入登记							有关备注事项				
支出											

2. 组团社营业收入核算

组团社营业收入核算的主要事项有：组团时预收团费事项、旅游结束时确认收入事项。

【例1】 北京某旅行社2013年10月1日组成30人旅游团赴云南7日游，预收团费每人5 000元，10月7日夜晚旅行团返回北京。会计分录如下：

10月1日，预收账款：

借：银行存款　　　　　　　　　　　　　　150 000

　　贷：预收账款——云南团　　　　　　　　150 000

10月7日返回，确认营业收入：

借:预收账款——云南团   150 000
　　贷:主营业务收入——组团外联收入   150 000

3. 接团社营业收入核算

接团社营业收入核算的主要事项包括:提供服务确认收入、与组团社结算款项。也就是说,接团社在接待的过程中,一般先提供服务,然后组团社报"结算通知单"进行结算。

【例2】 2013年10月10日,国外A旅行社组团12人来北京旅游5日,由北京本地的B旅行社负责该团。该团10月15日,乘飞机离开北京。根据结算单可知,全部费用为80 000元,其中:综合服务费为60 000元,提高住房标准费用为20 000元。10月20日,收到结算款项。会计分录如下:

10月15日,B旅行社确认营业收入:

借:应收账款——A旅行社   800 000
　　贷:主营业务收入——综合服务收入   600 000
　　　　　　　　　　——地游及加项收入   200 000

10月20日,收到结算款项:

借:银行存款   800 000
　　贷:应收账款——A旅行社   800 000

二、旅行社营业成本核算

(一)营业成本内容

旅行社的营业成本指的是旅行社在经营过程中,为接待旅游者并提供各项服务发生的各项直接费用。在成本核算对象和核算方法上,旅行社营业成本与传统的工业生产企业有着显著差异,具体见表7-2(旅行社和生产经营企业在营业成本方面的差异)所示。

表7-2　旅行社和生产经营企业在营业成本方面的差异

	旅行社	生产企业
成本核算对象	纯服务成本	产品生产成本
成本核算方法	计划成本预提结转,事后根据实际成本进行调整	大部分采用实际成本进行结转

旅行社营业成本与营业收入的内容相对应,在取得相应收入过程中,所产生的成本,即为对应的成本。对应七项营业成本,具体包括:组团外联成本、综

合服务成本、零星服务成本、劳务成本、票务成本、地游及加项成本和其他服务成本。

（二）营业成本的会计核算

1. 营业成本账户的设置

旅行社营业成本，在会计上应设置"主营业务成本"科目和相应的账户进行核算。"主营业务成本"账户是损益类账户，借方登记本期实现的主营业务成本，贷方期末结转至"本年利润"账户，结转后账户余额为零。

为了正确核算旅行社的营业成本，还应在"主营业务成本"总账下设置七个二级明细科目，包括"组团外联成本"、"综合成本服务"、"零星服务成本"、"劳务成本"、"票务成本"、"地游及加项成本"和"其他服务成本"。还可以根据二级账户的性质和需要设置三级账户。

2. 组团社成本的核算

组团社的营业成本主要包括拨付给接团社的各项支出和为组团而发生的各项费用支出。组团社拨付给接团社的各项支出，如不能及时支付，造成拖欠，则应计入"应付账款"账户。

【例3】 A旅行社2013年10月1日组织一个赴杭州和苏州的7日团，根据组团社来单，分别拨付综合服务费杭州B社20 000元和苏州C社300 000元。组团社陪同过程中，发生陪同费用100 000元。编制分录如下：

（1）组团社拨付款项会计分录：

借：主营业务成本——组团外联成本—B旅行社　　　20 000
　　　　　　　　　　　　　　　　　　—C旅行社　　　30 000
　　贷：银行存款　　　　　　　　　　　　　　　　　50 000

（2）组团社陪同成本编制如下分录：

借：主营业务成本——组团外联成本—陪同费　　　　100 000
　　贷：银行存款　　　　　　　　　　　　　　　　100 000

3. 接团社成本的核算

接团社成本是指旅行社提供服务时在各接待单位实际发生的支出。

【例4】2013年10月1日，北京A旅行社接待来自四川B旅行社的旅行团10人，该团6日离开北京。经核算全部费用为30 000元，其中包括：饭店住宿费10 000元，门票费2 000元，交通费8 000元，租借导游费3 000元，品尝特色小吃费7 000元。其中现金支付12 000元，银行支付18 000元。编制如下会计分录：

借：主营业务成本——综合服务成本—住宿费　　　　10 000
　　　　　　　　　　　　　　　　—票务成本　　　　2 000
　　　　　　　　　　　　　　　　—交通费　　　　　8 000

　　　　　　　　　　　　　—劳务成本　　　　　　　　3 000
　　　　　　　　　　　　　—地游及加项成本　　　　　7 000
　　　贷：银行存款　　　　　　　　　　　　　　　　18 000
　　　　　库存现金　　　　　　　　　　　　　　　　12 000

三、旅行社营业税金核算

（一）营业税金的核算范围

1. 营业税

旅行社主要应缴纳的税金包括营业税、城市维护建设费和教育费附加。旅行社是为顾客提供旅游服务，获取盈利的组织，因此应按服务业项目缴纳营业税，适用税率为 5%。计算公式如下：

应纳税额=营业额×适用税率

其中，营业额为旅行社向游客收取的全部价款和价外费用，不包括增值税额。组团社收取的收入，如需要付给接团社部分费用，应减去拨付给接团社费用后的余额计算组团社营业额。

2. 城市维护建设税

城市维护建设税（简称城建税）是对从事工商经营，缴纳增值税、营业税和消费税的单位和个人征收的一种税。城建税的税率因纳税人所在地不同而有所差别：纳税人所在地为市区的，税率为 7%；纳税人所在地为县城、镇的，税率为 5%；纳税人所在地不在市区、县城或者镇的，税率为 1%。

应纳税额=（营业税+增值税+消费税）×适用税率

3. 教育费附加

教育费附加是对缴纳增值税、营业税和消费税的单位和个人，就其实际缴纳的税额为计算依据征收的一种附加税，其税率为 3%。

应纳税额=（营业税+增值税+消费税）×适用税率

（二）营业税金的核算

旅行社应该缴纳的营业税金，应设置"营业税金及附加"账户进行核算。该户是损益类账户，借记营业税金的增加，期末转入"本年利润"账户，结转后账户余额为零。

【例5】位于北京市的 A 旅行社 10 月份应缴纳营业税的营业额为 800 000 元，计算 A 旅行社本月应缴纳的营业税、城建税和教育费附加，并编制相关分录。

营业税税额=800 000×5%=40 000（元）

城建税税额=40 000×7%=2 800（元）

教育费附加=40 000×3%=1 200（元）
10 月 31 日编制分录如下：
借：营业税金及附加　　　　　　　　　　　44 000
　　贷：应交税费——应交营业税　　　　　　40 000
　　　　　　——应交城建税　　　　　　　　2 800
　　　　　　——应交教育税附加　　　　　　1 200
下月缴纳欠缴税款后，编制如下分录：
贷：应交税费——应交营业税　　　　　　　40 000
　　　　——应交城建税　　　　　　　　　　2 800
　　　　——应交教育税附加　　　　　　　　1 200
　　贷：银行存款　　　　　　　　　　　　44 000

本章小结

旅行社与其他旅游企业存在显著不同，主要体现在：不需要固定场所、不需要大量资金，但是特别需要企业间分工协作。旅行社旅游产品定价主要分为包价法和小包价法。

旅行社会计核算主要分为三个部分：旅行社营业收入核算、旅行社营业成本核算和旅行社营业税金核算。在旅行社进行营业收入和成本核算时，要按组团社和接团社分别进行会计核算。在旅行社运营的过程中，需要缴纳各项税收，以及做好相关的会计核算。

重要名词

包价法　　　　　　　　　小包价法
组团外联收入　　　　　　综合服务收入
零星服务收入　　　　　　地游及加项收入
组团社　　　　　　　　　接团社
营业税　　　　　　　　　城市维护建设费
教育费附加

练习题

北京某旅行社 2013 年 10 月份发生的部分经济业务如下表所示（旅游团支出一览表）。

(1) 10月1日，组织海南二日旅行团，20人一个团，支出的情况如下：

旅游团支出一览表

单位：元

房费	12 000
门票	4 000
餐费	400
机票费	40 000
导游费	2 000
合计	58 400

外加毛利率6%，包价收款，向游客提前收取费用。

(2) 10月3日结束后，导游回来报销各项旅游费用58 400元。在旅行过程中，根据游客的要求增加参观景点费用2 000元，品尝风味费用3 000元。

(3) 该旅行社受托于10月3日接广州某旅行团10人，该团10月6日离开。北京某旅行社获得收入50 000元。根据结算单，全部费用为45 000元，其中综合服务费为35 000元，增加门票费4 000元。

(4) 10月29日，支付水电费4 000元，办公费3 000元，本月利息2 000元。

(5) 10月31日，根据旅行社工资单可知，业务部门应发工资40 000元，管理部门应发工资20 000元。

(6) 10月31日，应缴纳的营业税为10 000元，城建税及教育费附加合计1 000元。

要求：
(1) 对组团社营业收入进行会计核算；
(2) 对组团社营业成本进行会计核算；
(3) 对接团社营业收入进行会计核算；
(4) 对接团社营业成本进行会计核算；
(5) 对期间费用和应纳税金进行会计核算。

第八章 景区会计核算

【学习目的】
1. 了解景区经营业务特点。
2. 掌握景区营业收入会计核算。
3. 掌握景区营业成本会计核算。
4. 掌握景区期间费用会计核算。

【引例】

精品景区要"五味俱全"

旅游发展到一定阶段,人们对旅游产品的要求越来越高,"精品景区"的提法应运而生。笔者认为,称得上精品景区,应做到"五味俱全"。

1. 要有"文"味

"文"味即文化味。"文是景之魂"。

景区要有文化,精品景区更要有浓郁的文化味。

从文化角度讲,景区分两种:一种是以文化资源作本底而建设的景区,我们通常所说的人文景观就是这类景区的典型代表,如名人故居、革命旧址、历史古镇等。这类景区历史积淀深厚,文化底蕴浓厚,从本质上讲,就是文化景区。这类景区要成为精品景区,就必须充分发挥文化的主功能作用,做足文化文章,扬文化之优,成文化之势,使景区成为真正的文化景区。

另一种是以其他资源作本底而建设的景区。这类景区从资源状况看,本身并没有明显的文化特征,但要成为精品景区,也必须赋予其文化内涵。要深入地"挖掘"文化,"做出"文化。如田园风光类景区,可以挖掘其农耕文化或休闲文化的内涵;森林资源类景区可挖掘其植物的科普知识、研究价值或森林养生文化。这样,让生态作本底,文化为灵魂,让本来浅显的东西显得深邃,本来枯燥的东西显得有味。

文化要形成主线。要成为精品景区,仅仅做出文化还不够,还必须形成文化主线。即一个景区要从头至尾主要贯穿一种文化,使其具有文化穿透力。一些文化底蕴较深厚的或是多元文化景区，它可能反映多种文化，或是多种文化交织，就必须找到它的主色文化，或是找到在当下影响力比较强的文化，以这种文化作为主题主线，做深做透。

当然，强调文化要有主线，并不是只允许一花独放，并不是对其他文化的排斥。可以在不影响主题主线的前提下，把其他文化元素融入其中，也可以把各种文化元素进行归类整合，还可以分区域类别进行表现。但不管怎样表现，都是次要与主要的关系，是对主题主线的烘托，不能喧宾夺主。

2. 要有"新"味

"新"味即新意。精品景区一定要有新意。

首先，选题要新。就像写文章，选题是第一关。建景区也存在选题问题。题即是主题主线，主题主线选准了，景区就有亮点和卖点。精品景区尤其如此。

其次，创意要新。主题确定后，要用新的创意和思路去体现。如做一个历史古村景区，一般的思路是，选取某一个历史时期作基点，采取修旧如旧的办法恢复历史原貌，体现的是历史的横截面。这种创意大部分人都会想到，容易出现雷同。更大的问题是要拆除大量不同历史时期的建筑，拆迁量大，投资成本高，建设周期长。如果换一种思维，即确定一条文化主线，保留大部分历史时期的建筑，只对资源进行归类整合，反映的是各个历史时期建筑文化的发展和人民生活的变迁，做的是历史的纵深面。这种创意不但有新意，而且省钱省力，容易做成。

最后，表现手法要新。确定了主题，有了好的创意，必须有好的手法表现出来。要成为一个精品景区，必须在景点、景观、景物等的设置上有新意，体现奇思妙想；在风格、色彩、体量等的把握上要出新意，不落俗套；在旅游厕所、游步道、公共信息符号等配套和服务设施的表现上要创新意，与众不同；在景品、景情等的展示方式和游客的游览形式上要展新意，多在增加参与性与体验性上下功夫。

3. 要有"精"味

精品景区，必须在"精"字上下功夫。

其一，立意要精深。立意要有位置上的高度，站在同行业、同类景区的制高点；切入口要新，想别人所未想，做别人所未做；要有文化上的深度，深刻反映一种文化，系统展示一种文化，淋漓尽致地表现一种文化。

其二，构思要精巧。有了好的立意，必须用好的构思去表现。比如游客中心的设计，一个以水城风光为主体的景区，一般的做法是把游客中心建在岸边，这样做并无不妥。但如果把它移到水中，就显得与众不同，再把它设计成船的模样，或者建造一艘大船做游客中心，它的构思就巧妙，创意就出来了。

其三，设计要精准。设计的风格要与景区所体现的历史朝代、自然风貌协调一致；色彩要准确协调，整个景区的色彩、色调要与景区所表现的文化内涵和景区环境相匹配；体量、高度要与建（构）筑物所反映的内容以及周边环境协调一致，不能喧宾夺主；选材用材要有品位、有档次。这种品位和档次不一定体现在价格上，而重在风格、色彩、材质等方面和环境协调一致上。

其四，做工要精细。立意、构思、设计都达到一定高度后，能不能如愿以偿地建成精品景区，做工就成了最关键环节了。所以"做"的功夫一定讲究，既要注意大的环节，又不放过任何细节，做到精雕细刻，精益求精。

4. 要有"品"味

精品景区，重在"精"，贵在"品"。一个景区，只有做到了"品"之有"味"，才能称得上精品。具体表现在：

初看，"品"之有"位"。这种品位，指的是档次、层次，给人的第一印象，从它的构思、设计、用材、管理，就让人感觉出非同一般，很上档次，有一种先声夺人的感觉。

细看，"品"之有"味"。前面说的是表象，精品景区的品味应该是从外到里，品位入骨。它有内涵，通过品，能感觉出它的深邃、它的丰富多彩；它有文化，通过品，能感觉出它的文化气息；它有故事，即使不用人讲解，也能感觉它不会像表面那么简单，它可能表现一段历史，可能寓意一个道理，也可能叙说一个故事。

再看，越"品"越有"味"。越看越有看头、越有嚼头、越有想头：景点布局，错落有致美感强，诱人急迫观赏；景物构成，"远近高低各不同"，使人不忍离去；景观效果，"横看成岭侧成峰"，引人不断把玩；景情效应，"不识庐山真面目，只缘身在此山中"，朦胧诗意，油然而生，让人流连忘返；观景心境，人在景中，景在心中，情景交融。

细想，不但能"品"，而且经得起"品"。精品景区要经得起品。说历史，要经得起考证；做文化，要有由头，有底蕴；讲故事，要讲得圆满；说道理，要说得通透。不能让人们感到假，感到做作，感到刻意附和、生搬硬套，经不起推敲。

5. 要有"回"味

这里所说的"回"味，包含两方面，一是回味无穷。虽然已经离开了景区，但它的美景、它的美谈、它的体验效应、它的视觉冲击却经常在你的脑海里萦绕，让你去想、去品、去悟。二是回头客。精品景区要让人感觉看一次看不够，产生再去看一看的冲动。甚至口口相传，相互约请，带来更多游客。

资料来源：中国旅游景区协会网站。

旅游景区作为游客参观的目的地，在旅游业的发展中起着举足轻重的作用。

相比较其他旅游企业，旅游景区具有垄断性、整体性和不可分割性等自身的特点。本章景区会计核算主要从三方面考虑，分为景区营业收入核算、营业成本核算和期间费用核算。通过本章和第七、八章的学习，同学们需要重点掌握不同类型旅游企业自身的核算特点和核算方法。

第一节　景区业务概述

一、景区的含义

根据中华人民共和国《旅游区质量等级的划分和评定》定义，"旅游景区是以旅游及其相关活动为主要功能和主要功能之一的空间地域，指具有参观游览、休闲度假、康体健身等功能，具备相应旅游服务设施并提供相应旅游服务的独立管理区。该管理区应有统一的经营管理机构和明确的地域范围，包括风景区、文博院馆、寺庙观堂、旅游度假区、自然保护区、主题公园、森林公园、地质公园、游乐园、动物园、植物园及工业、农业、经贸、科教、军事、体育和文化艺术等各类旅游景区"。

由此可知，景区通常具有一定的空间范围和边界，由各个相对独立的旅游景点组合成的旅游区域，不仅包括若干特定的旅游景观，还包括为满足各种旅游活动所安排的旅游设施和服务条件，是一个实体单位。旅游景区是旅游者参观游览的目的地，在旅游业发展中具有重要的地位和作用。

二、景区的分类

旅游景区的类型有不同的划分标准，可以从资源类型、活动类型、等级等多方面进行划分。依据旅游资源类型可分为自然类旅游景区、历史类旅游景区、人文类旅游景区[①]三类。依据活动类型分为六类，分别为：观光旅游景区、度假旅游景区、科考类旅游景区、运动类旅游景区、探险类旅游景区和宗教类旅游景区。

---

① 人文类旅游景区主要包括主题公园和游乐园等。

旅游景区按等级分为五类，即 1A 级、2A 级、3A 级、4A 级、5A 级。根据《旅游区质量等级的划分和评定》，从旅游交通、游览、旅游安全、卫生、邮电服务、旅游购物、综合管理、资源与环境保护等八个方面，对旅游景区进行评分。总分达到 500 分，为 1A 级；总分达到 600 分，为 2A 级；总分达到 750 分，为 3A 级；总分达到 850 分，为 4A 级；总分达到 950 分，为 5A 级。

三、景区经营特点

1. 景区经营具有一定的垄断性。景区经营的资源，特别是自然资源和人文资源，具有不可替代性。游客只有来该景区参观，才能获得体验和经历，因此具有一定的垄断性。

2. 景区经营具有多样性、整体性和不可分割性。从游客进入景区开始，就通过景区内的自然景观、人文景观和景区内构建的服务设施和景区服务人员的服务获得体验。游客的体验是对景区各类旅游资源的综合感受，因此该体验具有整体性和不可分割性。

3. 景区经营产品具有季节性。景区的经营位置固定，不可转移。随着季节的变化，景区的风景有很大的差异，因此景区有淡季和旺季之分。淡季的人流量和营业收入远低于旺季。

第二节　景区业务会计核算

一、景区营业收入核算

（一）景区收入内容

旅游景区的营业收入主要分为：

1. 门票收入。景区门票收入按使用范围一般分为正门门票收入、内部景点门票收入和联票收入。门票收入是景区的主要收入来源。

2. 游乐设施和索道收入。景区一般会经营游乐设施、观光缆车等，其取得的收入是景区另一主要收入来源。

3. 商品销售收入。旅游景区经营旅游纪念品和其他产品取得的收入。

4. 出租收入。出租经营场所、景区内特许权使用权、场地或设施取得的收入。

5. 餐饮收入。景区内经营的非独立核算的餐厅、酒吧等取得的收入。

6. 导游收入。景区向游客提供导游服务取得的收入。

7. 客房收入。景区内向游客提供非独立核算的客房取得的收入。

旅游景区的营业收入分为主营业务收入和其他业务收入。上述七项收入中的出租经营权和出租经营场所的收入为其他业务收入。门票收入、游乐设施及索道收入、商品销售收入、餐饮收入、导游收入和客房收入计入主营业务收入。

（二）景区营业收入核算

1. 营业收入账户的设置

景区核算主营业务收入时，应设置"主营业务收入"账户和其他相关账户。同时，还应在"主营业务收入"总账下设置二级账户，如门票收入、餐饮收入、导游收入等。"主营业务收入"账户是损益类账户，贷方登记本期实现的主营业务收入，期末结转至"本年利润"账户，结转后该账户余额为零。

景区核算其他业务收入时，会计上应设置"其他业务收入"账户和其他相关账户。同时，还应在"其他业务收入"总账下设置二级明细科目，如出租收入。"其他业务收入"账户是损益类账户，贷方登记本期实现的其他业务收入，期末结转至"本年利润"账户，结转后该账户余额为零。

2. 营业收入会计核算

（1）门票收入核算

每天结束营业，售票人员填制门票收入日报表，会计人员根据门票收入日报表进行账务处理。

【例1】2013年10月1日，某景区根据门票收入日报表，本日取得门票收入50 000元，其中客户现金支付为22 000元，客户信用卡支付为28 000元。编制本日分录为：

借：库存现金　　　　　　　　　　　　　　22 000
　　银行存款　　　　　　　　　　　　　　28 000
　　贷：主营业务收入——门票收入　　　　　　50 000

（2）游乐设施和索道收入

【例2】2013年10月1日，某景区当日缆车取得收入30 000元，民俗表演取得收入25 000元，均以现金形式收妥款项，根据收入日报表编制如下分录：

借：库存现金　　　　　　　　　　　　　　55 000
　　贷：主营业务收入——游乐设施和索道收入—缆车收入　30 000
　　　　　　　　　　　　　　　　　　　　—民俗表演收入　25 000

（3）出租收入

【例3】某景区2013年10月份收到景区停车场收入11 000元，景区内小卖铺收入 70 000 元。根据相关凭证编制分录：

借：库存现金　　　　　　　　　　　　　　81 000
　　贷：其他业务收入——出租收入—停车场　　11 000
　　　　　　　　　　　　　　　—小卖铺　　　70 000

【例4】某景区与当地某戏剧团签订表演合同，合同规定表演票务收入的40%归景区，60%归该戏剧团。该戏剧团2013年10月取得收入200 000元，根据相关凭证，编制如下分录：

景区取得收入=200 000×40%=80 000（元）

借：银行存款　　　　　　　　　　　　　　80 000
　　贷：其他业务收入——出租收入—出租经营权　80 000

二、景区营业成本核算

营业成本指的是企业在日常经营活动中为销售商品和提供劳务发生的成本。商品成本指的是商品的制造成本，劳务成本指的是劳务的购进成本，其核算方法为：(1)确定成本计算对象和成本计算期；(2)按成本计算对象进行归集和分配，计算出该成本计算对象的总成本和单位成本。旅游景区提供的产品具有整体性和不可分割性，并且产品的提供和消费同时进行。因此，旅游景区除了销售的旅游产品和食品外，一般不计入营业成本。

景区的营业成本，在会计上应设置"主营业务成本"科目和相应的账户进行核算。"主营业务成本"账户是损益类账户，借方登记本期实现的主营业务成本，贷方期末结转至"本年利润"账户，结转后账户余额为零。为了正确核算景区的营业成本，还应在"主营业务成本"总账下设置明细科目。

【例5】某景区2013年10月1日，景区内销售旅游纪念品取得收入10 000元，购入成本为75 000元。景区内设的小卖铺销售食品8 000元，购入成本为4 000元。根据相关凭证编制关于成本的会计分录如下：

借：主营业务成本——旅游纪念品　　　　　75 000
　　　　　　　　——食品　　　　　　　　 4 000
　　贷：库存现金　　　　　　　　　　　　79 000

三、景区期间费用核算

（一）期间费用分类

景区期间费用指的是景区本期发生的，不能直接计入营业成本，而直接计入当期损益的各项费用。期间费用分为三大类：管理费用、销售费用和财务费用。

1. 管理费用是指景区的管理部门在组织和经营景区的各项活动中发生的费用。景区管理费用一般包括：管理人员工资薪酬、固定资产折旧、低值易耗品摊销、维修费、水电费、职工教育经费、公费经费、业务招待费、差旅费、车船税、房产税和诉讼费等。

2. 销售费用指的是景区各营业部门在经营中发生的各项费用，主要包括发生在经营部门的人员薪酬、广告费、固定资产折旧、生物性资产折旧[①]、保险费、维修费、水电费和差旅费等。

3. 财务费用是指景区为筹集资金而发生的各种费用，主要包括利息、金融机构手续费和汇兑损益等。

（二）期间费用核算

景区期间费用核算时应设置"销售费用"、"管理费用"、"财务费用"账户。这些户为损益类账户，借方表示相关费用的增加，期末结转到"本年利润"账户，余额为零。

1. 管理费用核算

【例6】 某景区管理部门2013年10月发生以下管理费，编制会计分录：

（1）发放景区管理人员10月份工资66 000元。

借：管理费用——职工薪酬　　　66 000
　　贷：银行存款　　　　　　　　　66 000

（2）景区管理部门固定资产折旧合计5 000元。

借：管理费用——折旧　　　　　5 000
　　贷：累计折旧　　　　　　　　　5 000

（3）公司管理人员本月差旅费合计8 000元。

借：管理费用——差旅费　　　　8 000
　　贷：银行存款　　　　　　　　　8 000

（4）本月计提职工教育经费10 000元。

借：管理费用——职工教育经费　10 000
　　贷：银行存款　　　　　　　　　10 000

（5）月末结转管理费用合计85 000元。

借：本年利润　　　　　　　　　85 000
　　贷：管理费用　　　　　　　　　85 000

2. 销售费用核算

【例7】某景区2013年10月发生以下销售费用，编制会计分录。

---

① 生产性生物资产按照直线法计算的折旧，准予扣除。

(1) 景区营业部门工作人员工资合计 120 000 元,其中缆车营业部人员工资 20 000 元。

 借:销售费用——工资薪酬—观景缆车 20 000
        —营业部   100 000
  贷:银行存款   120 000

(2) 景区 10 月份固定资产折旧合计 20 000 元,其中生物资产折旧 10 000 元,缆车设施折旧 3 000 元,景区其他设施折旧 7 000 元。

 借:销售费用——折旧费—生物资产 10 000
        —缆车   3 000
        —营业部   7 000
  贷:累计折旧   20 000

(3) 景区本月投放广告,支付相关部门费用合计 60 000 元。

 借:销售费用——广告费   60 000
  贷:银行存款   60 000

(4) 景区本月维修费用合计 8 000 元,其中缆车设施维修费用 3 000 元,其他营业部门维修费用 5 000 元。

 借:销售费用——维修费—缆车   3 000
        —营业部   5 000
  贷:银行存款   8 000

3. 财务费用核算

【例 8】某景区 2010 年 10 月发生以下财务费用,编制会计分录如下。

(1) 本月支付银行短期借款利息 7 000 元。

 借:财务费用   7 000
  贷:银行存款   7 000

(2) 本月在银行办理业务支付手续费 1 000 元。

 借:财务费用   1 000
  贷:库存现金   1 000

(3) 月末结转财务费用 8 000 元。

 借:本年利润   8 000
  贷:财务费用   8 000

本章小结

旅游景区是指具有参观游览、休闲度假、康体健身等功能,具备相应旅游服务设施并提供相应旅游服务的独立管理区。

景区会计核算主要分为三种,即营业收入核算、营业成本核算和期间费用核算。营业收入分为七大类,分别为门票收入、游乐设施和索道收入、商品销售收入、出租收入、餐饮收入、导游收入及客房收入。在确认相关收入时,确认景区的相关成本,并进行营业成本核算。不能直接计入成本的支出,计入到景区当期损益的各项费用为期间费用。期间费用有三种,分别为管理费用、财务费用和销售费用。

重要名词

景区　　　　　　　　　　管理费用
销售费用　　　　　　　　财务费用

练习题

某景区 2013 年 10 月份发生如下业务:

1. 该景区取得各项收入如表 8-1(某景区收入明细表)所示。

表 8-1　某景区收入明细表

单位:元

门票收入	现金	40 000
	支票	20 000
	应收	10 000
停车场收入		4 000
缆车收入		8 000
出租店铺收入		12 000
表演收入		21 000
合计		115 000

2. 该景区发生如下费用:

(1) 3 日,管理人员出差回来,报销差旅费 2 000 元。

(2) 17 日,向保险公司缴纳保险费 9 000 元。

(3) 22 日,景区举办菊花展览,筹办费用合计为 8 900 元。

(4) 31 日,本月应付工资合计 43 000 元,其中缆车部门人员工资 12 000 元,电瓶车部门人员工资 10 000 元,其他人员工资 23 000 元。

(5) 景区设备维修费为 8 000 元。
(6) 景区向银行借款，本月利息合计 4 000 元。
要求：编制相关会计分录。

补充资料

旅游景区质量等级划分为五级，从高到低依次为 AAAAA（5A）、AAAA（4A）、AAA（3A）、AA（2A）、A（1A）级旅游景区。5A 是一套规范性标准化的质量等级评定体系，是全国旅游景区最高等级荣誉。5A 代表了世界级旅游品质和中国旅游精品景区的标杆，比 4A 级旅游景区更加注重人性化和细节化，更能反映出游客对旅游景区的普遍心理需求，突出以游客为中心，强调以人为本。申报的 5A 景区要通过旅游交通、游览区域、旅游安全和接待能力等 12 道坎，评选难度系数不亚于申报世界遗产，甚至超过了申报世界遗产的难度。

国家级 5A 风景旅游区全名单：

1. 江苏（13 家），包括：苏州园林（拙政园、虎丘、留园）、苏州昆山周庄古镇景区、南京（钟山—中山陵园）景区、中央电视台无锡影视基地三国水浒景区、无锡灵山大佛景区、苏州吴江同里古镇景区、南京（夫子庙—秦淮河）风光带景区、常州恐龙城休闲旅游区、扬州瘦西湖景区、南通濠河风景区、泰州姜堰市溱湖旅游景区、苏州金鸡湖景区、镇江三山景区（金山—北固山—焦山）。

2. 浙江（9 家），包括：杭州西湖风景区、温州乐清市雁荡山风景区、舟山普陀山风景区、杭州淳安千岛湖风景区、嘉兴桐乡乌镇古镇、宁波奉化（溪口—滕头）旅游景区、金华东阳横店影视城景区、嘉兴南湖旅游区和杭州西溪湿地旅游区。

3. 河南（8 家），包括：郑州登封嵩山少林景区、洛阳龙门石窟景区、焦作（云台山—神农山—青天河）风景区、安阳殷墟景区、洛阳嵩县白云山景区、开封清明上河园、平顶山鲁山县（尧山—中原大佛）景区和洛阳栾川县（老君山—鸡冠洞）旅游区。

4. 广东（7 家），包括：广州长隆旅游度假区、深圳华侨城旅游度假区、广州白云山风景区、梅州梅县雁南飞茶田景区、深圳观澜湖休闲旅游区、清远连州地下河旅游景区和韶关仁化丹霞山景区。

5. 山东（6 家），包括：泰安泰山景区、烟台蓬莱阁旅游区、济宁曲阜明故城（三孔）旅游区、青岛崂山景区、威海刘公岛景区和烟台龙口南山景区。

6. 湖北（6 家），包括：武汉黄鹤楼公园、宜昌三峡大坝旅游区、宜昌三峡人家风景区、十堰丹江口市武当山风景区、恩施州巴东神龙溪纤夫文化旅游区和神农架生态旅游区。

7. 北京（6家），包括：故宫博物院、天坛公园、颐和园、（八达岭—慕田峪）长城旅游区、明十三陵景区和恭王府景区。

8. 湖南（5家），包括：张家界（武陵源—天门山）旅游区、衡阳南岳衡山旅游区、湘潭韶山旅游区、岳阳（岳阳楼—君山岛）景区和长沙（岳麓山—橘子洲）旅游区。

9. 陕西（5家），包括：西安秦始皇兵马俑博物馆、西安华清池景区、延安黄陵县黄帝陵景区、西安（大雁塔—大唐芙蓉园）景区和渭南华阴市华山景区。

10. 云南（5家），包括：昆明石林风景区、丽江市玉龙雪山景区、丽江古城景区、大理崇圣寺三塔文化旅游区和中科院西双版纳热带植物园。

11. 河北（5家），包括：承德避暑山庄及周围寺庙景区、秦皇岛山海关景区、保定安新白洋淀景区、保定涞水县野三坡景区和石家庄平山县西柏坡景区。

12. 四川（5家），包括：成都（青城山—都江堰）旅游景区、乐山峨眉山景区、阿坝藏族羌族自治州九寨沟景区、乐山大佛景区和阿坝藏族羌族自治州松潘县黄龙风景名胜区。

13. 新疆（5家），包括：昌吉州阜康市天山天池风景名胜区、吐鲁番葡萄沟风景区、阿勒泰地区布尔津县喀纳斯景区、伊犁地区新源县那拉提旅游风景区和阿勒泰地区富蕴县可可托海景区。

14. 福建（5家），包括：厦门鼓浪屿风景名胜区、南平武夷山风景名胜区、三明泰宁风景旅游区、福建土楼（永定·南靖）旅游景区和宁德屏南白水洋·鸳鸯溪旅游景区。

15. 安徽（5家），包括：黄山市黄山风景区、池州青阳县九华山风景区、安庆潜山县天柱山风景区、黄山市黟县皖南古村落—西递宏村和六安市金寨县天堂寨风景区。

16. 重庆（4家），包括：大足石刻景区、巫山（小三峡—小小三峡）、武隆喀斯特旅游区（天生三桥、仙女山、芙蓉洞）和酉阳桃花源景区。

17. 江西（4家），包括：九江庐山风景名胜区、吉安井冈山风景旅游、上饶三清山旅游景区和鹰潭市贵溪龙虎山风景名胜区。

18. 上海（3家），包括：东方明珠广播电视塔、上海野生动物园和上海科技馆。

19. 辽宁（3家），包括：沈阳植物园、大连（老虎滩海洋公园—老虎滩极地馆）和大连金石滩景区。

20. 黑龙江（3家），包括：哈尔滨太阳岛景区、黑河五大连池景区和牡丹江宁安市镜泊湖景区。

21. 吉林（3家），包括：长白山景区、长春伪满皇宫博物院和长春净月潭景区。

22. 山西（3家），包括：大同云冈石窟、忻州五台山风景名胜区和晋城阳城县皇城相府生态文化旅游区。

23. 甘肃（3家），包括：嘉峪关市嘉峪关文物景区、平凉崆峒山风景名胜区和天水麦积山景区。

24. 宁夏（3家），包括：石嘴山平罗县沙湖旅游景区、中卫沙坡头旅游景区和银川镇北堡西部影视城。

25. 海南（3家），包括：三亚南山文化旅游区、三亚南山大小洞天旅游区和保亭县呀诺达雨林文化旅游区。

26. 广西（2家），包括：桂林漓江风景区和桂林兴安县乐满地度假世界。

27. 贵州（2家），包括：安顺黄果树瀑布景区和安顺龙宫景区。

28. 内蒙古（2家），包括：鄂尔多斯达拉特旗响沙湾旅游景区和鄂尔多斯伊金霍洛旗成吉思汗陵旅游区。

29. 天津（2家），包括：天津古文化街旅游区（津门故里）和天津盘山风景名胜区。

资料来源：中华人民共和国国家旅游局。

第九章 旅游企业现金流量表

【学习目的】
1. 了解现金流量表的作用。
2. 掌握现金流量表的内容。
3. 熟悉现金流量表的结构。
4. 了解现金流量表的编制方法。

【引例】
现行财务报告由三张主要财务报表（资产负债表、利润表和现金流量表）、附表、附注和其他补充资料组成，承载了会计主体大量浓缩化处理的经济活动信息。这些报告项目及其内部具体项目之间是什么关系？会计初学者或者对会计不是那么懂行的人如何能迅速读懂它们？本书认为，厘清这些关系有助于我们加深对会计的理解，有助于我们加深对财务报告的认识，也有助于我们更好地使用会计信息。

1. 会计报表项目之间的勾稽关系

对于各张会计报表而言，其表内各项目之间存在种种勾稽关系。比如，对于资产负债表，各要素通过会计恒等式"资产=负债+所有者权益"发生联系；对于利润表，各要素通过会计恒等式"收入-费用=利润"发生联系；现金流量表的各个项目主要通过"现金流入-现金流出=现金净流量"关系式来体现。另外，资产负债表、利润表及现金流量表表内项目分别与其附表、附注、补充资料等相联系。

2. 现金流量表、资产负债表和利润表项目之间的勾稽关系

资产负债表"货币资金"项目期末与期初差额与现金流量表"现金及现金等价物净增加"关系密切，比如：一般企业的"现金及现金等价物"包含的内容与"货币资金"项目口径基本一致；"销售商品、提供劳务收到现金"约等于"营业收入及增值税进项税"加"预收账款增加额"，减"应收账款增加额"，减"应收票据增加额"。

会计报表表内、表间及其与报表附注等方面之间的相互关系反映了企业经济业务内容之间的联系。我们既可以通过这些项目之间关系的分析，揭示会计要素

增减变化的规律,也可以据以匡算这些项目是否合理,以鉴别会计报表的真实性。

现金流量表动态地反映了企业资金运动的结果和过程,具体反映了"库存现金"账户的资金变动。现金流量表在企业投资和理财活动对企业经营成果和财务状况的影响、反映企业偿债能力和支付股利能力、预测企业未来获取现金的能力等方面发挥了重要作用。本章首先介绍了现金流量表的结构和主要内容,然后详细地介绍现金流量表的编制方法和各项目的填列方法。通过本章的学习,同学们将对现金流量表有更加深入的认识。

第一节 现金流量表概念及作用

一、现金流量表概念

现金流量表是反映在一定会计期间现金[①]和现金等价物[②]流入和流出的报表,它表明企业获取现金和现金等价物的能力。现金流量表以收付实现制为编制基础,它动态地反映了企业资金运动过程和结果。在某种程度上,现金流量表可看作对资产负债表中"库存现金"账户的具体反映。

二、现金流量表作用

关于现金流量表的作用,有多种概括方法,本书着重从如下五个方面阐述其功用:

1. 揭示企业一定期间内现金流入和流出的原因。现金流量表将现金流量划分为筹资活动、投资活动和经营活动产生的现金流量,并按照流入现金和流出现金项目分别反映。因此,现金流量表能够全面和分门别类地反映企业现金流入和流出的原因。

2. 用于分析企业投资和理财活动对企业经营成果和财务状况的影响。现金流量表可提供一定时期企业现金流入和流出情况,具体反映企业在报告期内由经营活动、投资和筹资活动现金获得量,反映企业如何运用所获现金流量,还能够揭

---

① 现金指的是企业的库存现金和随时可用于支付的存款,包括库存现金、银行存款和其他货币资金。
② 现金等价物指的是企业持有期限短、流动性强、易于转换为已知金额现金、价值变动风险小的投资,通常包括三个月到期的债券投资。

示企业资产、负债和净资产变动的原因并对资产负债表和利润表作补充说明。可以认为,现金流量表是连接资产负债表和利润表的桥梁。

3. 反映企业偿债能力和支付股利能力。现金流量表完全以现金的收支为基础,消除了会计核算中由于权责发生制和会计估计等所产生的获利能力和支付能力。相关利益主体通过阅读和分析现金流量表能够了解企业现金流量来源与构成,以及企业现金偿付能力。

4. 预测企业未来获取现金的能力。通过现金流量表及其他财务信息,可以分析企业未来获取或支付现金的能力。例如,企业通过银行负债筹资,本期现金流量表反映为现金流入,但是未来偿还债务意味着现金流出。而且,本期过度负债还意味着未来向银行负债融资将受到约束。

5. 为国际接轨提供便利。目前,世界许多国家都要求企业编制现金流量表。我国企业编制现金流量表后,将对开展跨国经营、境外筹资和加强国际经济、技术交流与合作起到极大的促进作用。

第二节 现金流量表的内容和结构

一、现金流量表的内容

从内容上看,现金流量表被划分为经营活动、投资活动和筹资活动三个部分,每类活动又分为不同的具体项目,这些项目从不同角度反映企业业务活动的现金流入与流出,弥补了资产负债表和利润表提供信息的不足。

1. 经营活动产生现金流量

经营活动是指企业投资活动和筹资活动以外所有的交易和事项,如销售商品或提供劳务、经营性租赁、支付工资、支付管理费用和缴纳税款等。经营活动产生的现金流量是企业通过运用其所拥有或控制的资产创造的现金流量,主要是与企业净利润有关的现金流量。通过经营活动的现金流量,说明企业经营活动对现金流入和流出净额的影响程度。

经营活动的现金流入主要包括:销售商品、提供劳务收到的现金(包括销售收入和应向购买者收取的增值税),收到的税费返还,收到的其他与经营活动有关的现金。

经营活动的现金流出项目主要包括：购买商品、接受劳务支付的现金（包括支付的增值税进项税额），支付给职工以及为职工支付的现金，支付的各项税费，支付的其他与经营活动有关的现金。

2. 投资活动产生现金流量

投资活动是指企业长期资产的构建和不包括在现金等价物范围内的投资及处置活动，如对外投资、构建和处置无形资产、固定资产和其他长期资产等。分析投资活动产生现金流量，可以分析该项目对现金流量的影响程度和企业获得现金流量的能力。

投资活动的现金流入主要包括：收回投资所收到的现金，取得投资收益所收到的现金，处置固定资产、无形资产和其他长期资产所收回的现金净额，收到的其他与投资活动有关的现金。

投资活动的现金流出主要包括：购建固定资产、无形资产和其他长期资产所支付的现金，投资所支付的现金，支付的其他与投资活动有关的现金。

3. 筹资活动产生现金流量

筹资活动是指导致企业资本规模及债务规模和构成发生变化的活动。通过分析筹资活动现金流量，可以分析企业的筹资能力，以及筹资产生的现金流量对企业现金流量净额的影响程度。

筹资活动的现金流入项目主要包括：吸收投资所收到的现金，取得借款所收到的现金，收到的其他与筹资活动有关的现金。

筹资活动的现金流出项目主要包括：偿还债务所支付的现金，分配股利、利润或偿付利息所支付的现金，支付的其他与筹资活动有关的现金。

二、现金流量表的结构

根据中国国旅股份有限公司 2012 年的现金流量表（表 9-1：母公司现金流量表）可知：现金流量表由表头、正表和补充资料三部分组成。

现金流量表的表头部分由报表名称、编制单位、报表时期和金额单位等内容组成。

现金流量表的正表部分采用多部式，由经营活动现金流量、投资活动现金流量、筹资活动现金流量、汇率变动对现金的影响和现金及等价物净增加额五部分组成。

现金流量表的补充资料分为三部分：将净利润调节为经营活动产生的现金流量、不涉及现金收支的投资和筹资活动和现金及等价物净增加情况。

表 9-1 母公司现金流量表

单位：元

编制单位：中国国旅股份有限公司		2012 年度	单位：人民币元
项目	附注	本期金额	上期金额
一、经营活动产生的现金流量			
销售商品、提供劳务收到的现金			
收到的税费返还			
收到的其他与经营活动有关的现金		1 368 330 721.61	1 028 636 298.16
经营活动流入现金小计		1 368 330 721.61	1 028 636 298.16
购买商品、接受劳务支付的现金			
支付给职工以及为职工支付的现金		18 432 319.34	13 733 963.50
支付的各项税费		276 367.58	269 374.58
支付的其他与经营活动有关的现金		1 117 410 880.06	1 623 933 436.50
经营活动现金流出小计		1 136 119 566.98	1 637 936 774.58
经营活动产生的现金流量净额		232 211 154.63	-609 300 476.42
二、投资活动产生的现金流量			
收回投资收到现金流量			
取得的投资收益收到的现金		531 488 473.73	359 556 167.14
处置房地产、无形资产和其他长期资产收回的现金净额		30 015.95	150.00
处置子公司其他营业单位收到的现金净额			
收到的其他与投资活动有关的现金			
投资活动现金流入小计		531 518 493.85	359 556 317.34
构建固定资产、无形资产和其他长期资产支付的现金		497 025.00	1 795 760.00
投资支付的现金		400 000 000.00	21 930 000.00
取得的子公司及其他营业单位支付的现金净额			
支付其他与投资活动有关的现金			
投资活动现金流出小计		400 497 015.00	23 725 760.00
投资活动产生的现金流量净额		131 021 465.85	335 830 557.14
三、筹资活动产生的现金流量			
吸引投资收到的现金			
借款收到的现金			
发行债券收到的现金			

续表

编制单位：中国国旅股份有限公司		2012年度	单位：人民币元
项目	附注	本期金额	上期金额
收到其他与筹资活动有关的现金		37 484 218.37	30 885 376.30
筹资活动现金流入小计		**37 484 218.37**	**30 885 376.70**
偿还债务支付的现金			
分配股利、利润或偿付利息支付的现金		88 000 000.00	88 000 000.00
支付其他与筹资活动有关的现金		660 768.28	68 389.16
筹资活动现金流出小计		**88 660 768.28**	**88 665 389.16**
筹资活动产生的现金流量净额		**−51 176 549.91**	**−57 183 012.46**
四、汇率变动对现金及现金等价物的影响			
五、现金及现金等价物净增加额		**312 056 073.40**	**−330 652 931.74**
加期初现金及现金等价余额		1 749 451 630.23	2 080 104 561.97
期末现金及现金等价物余额		2 061 507 703.63	1 749 451 630.23

除了主表以外，现金流量表往往有附表，表 9-2（现金流量表补充资料）是中国国旅股份有限公司 2012 年的现金流量表附表。

表 9-2　现金流量表补充资料

单位：元

补充资料	本年金额	上年金额
1. 将净利润调节为经营活动现金流量		
净利润	901 278 788.28	358 787 797.83
加：资产减值准备	0.00	0.00
固定资产折旧、油气资产折耗、生产性生物资产折旧	1 422 906.75	1 336 398.80
无形资产摊销	309 160.64	176 429.63
长期待摊费用摊销	0.00	0.00
处置固定资产、无形资产和其他长期资产的损失	−201.95	1 701.80
固定资产报废损失	0.00	0.00
公允价值变动损失	0.00	0.00
财务费用	−36 901 191.92	−28 846 851.71
投资损失	−896 488 477.73	−359 556 167.14
递延所得税资产减少	0.00	0.00
递延所得税负债增加	0.00	0.00

续表

补充资料	本年金额	上年金额
存货的减少	0.00	0.00
经营性应收项目的减少	302 918 384.40	-845 089 988.84
经营性应付项目的增加	-40 328 212.84	263 890 203.21
其他	0.00	0.00
经营活动产生的现金流量净额	232 211 154.63	-609 300 476.42
2. 不涉及现金收支的重大投资和筹资活动	0.00	0.00
债务转为资本	0.00	0.00
一年内到期的可转换公司债券	0.00	0.00
融资租入固定资产	0.00	0.00
3. 现金及现金等价物净变动情况	0.00	0.00
现金的期末余额	2 061 507 703.63	1 749 451 630.23
减：现金的年初余额	1 749 451 630.23	2 080 104 561.97
加：现金等价物的期末余额	0.00	0.00
减：现金等价物的年初余额	0.00	0.00
现金及现金等价物净增加额	312 056 073.40	-330 652 931.74

第三节 现金流量表的编制方法

一、现金流量表的编制方法

在编制现金流量表时，可以采用工作底稿法、T型账户法或分析填列法编制。

1. 工作底稿法

采用工作底稿法编制现金流量表，是以工作底稿为手段，以资产负债表和利润表数据为基础，对每一项目进行分析并编制调整分录，从而编制现金流量表。工作底稿法的程序是：

第一步，将资产负债表的期初数和期末数过入工作底稿的期初数栏和期末数栏。

第二步，对当期业务进行分析并编制调整分录[①]。编制调整分录时，要以利

[①] 调整分录大致分为四类：（1）涉及利润表中的收入、成本和费用项目以及资产负债表中的资产、负债及所有者权益项目，通过调整，将权责发生制下的收入费用转换为现金制基础；（2）涉及资产负债表和现金流量表中的投资、筹资项目，反映投资和筹资活动的现金流量；（3）涉及利润表和现金流量表中的投资和筹资项目，目的是将利润表中有关投资和筹资方面的收入和费用列入到现金流量表投资、筹资现金流量中去。（4）不涉及现金收支，只为了核对资产负债表项目的期末数变动。

润表项目为基础,从"营业收入"开始,结合资产负债表项目逐一进行分析。

第三步,将调整分录过入工作底稿中相应部分。

第四步,核对调整分录,借贷合计应当相等,资产负债表项目期初数加减调整分录中的借贷金额以后,应等于期末数。

第五步,根据工作底稿中的现金流量表项目部分编制正式的现金流量表。

表 9-3(利润表工作底稿的设计格式)、表 9-4(资产负债表工作底稿的设计格式)和表 9-5(现金流量表工作底稿的设计格式)是工作底稿法常用的表格范式。

表 9-3　利润表工作底稿的设计格式

项目	本期数	调整分录	
		借方	贷方
一、利润表项目			

表 9-4　资产负债表工作底稿的设计格式

项目	本期数	调整分录	
		借方	贷方
二、资产负债表项目			

表 9-5　现金流量表工作底稿的设计格式

项目	本期数	调整分录	
		借方	贷方
三、现金流量表项目			
调整分录合计			

2. "T"形账户法

"T"形账户法是以"T"形账户为手段,以利润表和资产负债表数据为基础,对每一项目进行分析并编制调整分录,从而编制出现金流量表。"T"形账户法的程序是:

第一步:为所有的非现金项目分别开设"T"形账户,并将各自的期末与期初差额数过入该账户。

第二步:开设现金及现金等价物"T"型账户,并过入期末期初差额数。

表9-6(现金及现金等价物"T"形账户)是"T"型账户法常用的表格范式。

表 9-6 现金及现金等价物 "T" 形账户

左上方	右上方
经营活动现金流入量	经营活动现金流出量
投资活动现金流入量	投资活动现金流出量
筹资活动现金流入量	筹资活动现金流出量
	现金流出净额

第三步:以利润表为基础,并结合资产负债表分析每一个非现金项目的增减变动,据此编制调整分录。

第四步:将调整分录过入每个"T"形账户,并进行核对,该账户借贷相抵后的余额应与原先过入的期末期初差额数相等。

第五步:根据现金及现金等价物"T"型账户编制正式的现金流量表。

第六步:检查编表结果的正确性。

现金及现金等价物净增加额=(货币资金期末数-货币资金期初数)+(现金等价物期末数-现金等价物期初数)

3. 分析填列法

分析填列法是直接根据资产负债表、利润表和有关会计科目及其明细科目的记录,分析计算出各现金流入和流出项目金额来编制现金流量表的一种方法。由于工作底稿法和"T"形账户法需要编制大量的调整分录,操作起来比较复杂。所以,简便易操作的分析填列法备受理论工作者和实际工作者的喜爱。

二、现金流量表各项目填列方法

1. 企业经营活动产生的现金流量如表9-7(经营活动产生的现金流量)所示。

表 9-7　经营活动产生的现金流量

项目		内容及填列方法
（1）销售商品、提供劳务收到的现金	内容	反映企业销售商品提供劳务实际收到的现金（包含应向购买者收取的增值税）主要包括： ①本期销售商品和提供劳务本期收到的现金 ②前期销售商品和提供劳务本期收到的现金 ③本期预收的商品款和劳务款等 ④本期收回前期核销的坏账损失 ⑤本期发生销货退回而支付的现金（从本项目中扣除）
	计算	销售商品、提供劳务收到的现金＝营业收入＋本期发生的增值税销项税额＋应收款（期初余额-期末余额）（不扣除坏准备）＋应收票据（期初余额-期末余额）＋预收款项项目（期末余额-期初余额）-本期发生的现金折扣±其他特殊调整业务
（2）收到的税费返还		反映旅游企业收到返还的各种税费，包括收到返还的增值税、消费税、营业税、所得税、教育费附加等。本项目根据实际收到的金额填列
（3）收到的其他与经营活动有关的现金		反映企业除上述各项目外，收到的其他与经营活动有关的现金流入，包括企业收到的罚款收入、现金赔款收入、经营租赁的租金和押金收入、银行存款的利息收入等
（4）购买商品、接受劳务支付的现金	内容	反映旅游企业购买材料、商品、接受劳务实际支付的现金（包含增值税进项税额）主要包括： ①本期购买商品、接受劳务本期支付的现金 ②本期支付前期购买商品、接受劳务的未付款项 ③本期预付的购货款 ④本期发生购货退回而收到的现金应从购买商品或接受劳务支付的款项中扣除
	计算	购买商品、接受劳务支付的现金＝营业成本＋存货项目（期末余额-期初余额）（不扣除存货跌价准备）＋本期发生的增值税进项税额＋应付款项目（期初余额-期末余额）＋应付票据项目（期初余额-期末余额）＋预付款项项目（期末余额-期初余额）＋本期支付的应付票据的利息-本期取得的现金折扣±其他特殊调整业务

续表

项目		内容及填列方法
（5）支付给职工以及为职工支付的现金	内容	反映企业实际支付给职工以及为职工支付的现金。包括： ①本期实际支付给职工的工资、奖金、各种津贴和补贴等 ②为职工支付的养老、失业等社会保险基金、补充养老保险、企业为职工支付的商业保险金、住房公积金、支付给职工的住房困难补助，以及企业支付给职工或为职工支付的福利费用等。 该项目不包括支付给离退休人员的各种费用，该项费用反映在"支付的与其他经营活动有关的现金"；上述职工不包括"在建工程人员"，支付给在建工程人员的工资及其他费用，在"构建固定资产、无形资产和其他长期资产所支付的现金"项目反映
	计算	支付给职工以及为职工支付的现金＝本期产品成本及费用中的职工薪酬＋应付职工薪酬（除在建工程人员）（期初余额-期末余额）
（6）支付的各项税费	内容	反映企业实际支付的各种税金和支付的教育费附加、矿产资源补偿费等。包括： ①本期发生并支付的税费 ②本期支付前期发生的税费 ③本期预缴的税费 该项目不包括支付的计入固定资产价值的耕地占用税，耕地占用税在"构建固定资产、无形资产和其他长期资产所支付的现金"项目反映。本期退回的所得税、增值税在"收到的税费返还"中反映
	计算	支付的各项税费＝营业税金及附加＋所得税费用＋管理费用中的印花税等税金＋已交纳的增值税＋应交税费（不包括增值税）（期初余额-期末余额）
（7）支付的其他与经营活动有关的现金	内容	反映企业除上述各项目外，支付的其他与经营活动有关的现金流出。如罚款支出、支付的差旅费、经营租赁的租金、业务招待现金支出、支付的保险费、支付给离退休人员的各种费用等

2. 投资活动产生的现金流量如表 9-8（投资活动产生的现金流量）所示。

表 9-8　投资活动产生的现金流量

项目	内容及填列方法
（1）收回投资收到的现金	反映企业出售、转让或到期收回除现金等价物以外的短期投资、长期股权投资（除处置子公司及其他营业单位）而收到的现金，以及收回长期债权本金而收到的现金 该项目不包括长期债权收回的利息，应反映在利润表"取得投资收益收到的现金"
（2）取得投资收益收到的现金	反映企业因股权性投资和债权性投资而取得的现金股利、利息，以及从子公司、联营企业和合营企业分回的利润而收到的现金，不包括股票股利
（3）处置固定资产、无形资产和其他长期资产收回的现金净额	反映企业处置固定资产、无形资产和其他长期资产而收到的现金，减去处置资产而支付的有关费用后的净额，包括固定资产等因损失而收到的保险赔款收入
（4）收到的其他与投资活动有关的现金	反映企业除上述各项目外，收到的其他与投资活动有关的现金流入，如收到的属于购买时买价中所包含的现金股利或已到付息期的利息等
（5）购置固定资产、无形资产和其他长期资产支付的现金	反映旅游企业购买、建造固定资产，取得无形资产和其他长期资产所实际支付的现金 该项目不包括为购建固定资产而支付的借款利息资本化的部分、融资租入固定资产所支付的租赁费，这些项目在筹资活动产生的现金流量中反映
（6）投资支付的现金	反映企业进行股权性投资、债权性投资所支付的现金，包括企业取得的除现金等价物以外的短期股票投资、短期债券投资、长期股权投资、长期债权投资支付的现金，以及支付的佣金、手续费等附加费用 该项目不包括购买股票和债券时，买价中所包含的已宣告发放但尚未领取的现金股利或已到付息期但尚未领取的利息等，这些现金支出应在投资活动中"支付的其他与投资活动有关的现金"项目中反映
（7）支付的其他与投资活动有关的现金	反映企业除上述各项目外，支付的其他与投资活动有关的现金，如购买股票和债券时，支付的买价中所包含的已宣告发放但尚未领取的现金股利或已到付息期但尚未领取的利息等

3. 筹资活动产生的现金流量如表 9-9（筹资活动产生的现金流量）所示。

表 9-9　筹资活动产生的现金流量

项目	内容及填列方法
（1）吸收投资收到的现金	反映旅游企业收到的投资者投入的现金，包括发行股票收到的股款净额（发行收入-券商直接从发行收入中扣除的发行费用）、发行债券收到的现金（发行收入-银行等直接从发行收入中扣除的发行费用） 企业发行股票时由企业直接支付的评估费、审计费、咨询费以及发行债券支付的印刷费等发行费用，不能从本项目中扣除，应在"支付的其他与筹资活动有关的现金"项目反映
（2）取得借款收到的现金	反映企业本期实际借入短期借款、长期借款所收到的现金
（3）收到的其他与筹资活动有关的现金	反映企业除上述各项目外，收到的其他与筹资活动有关的现金，如接受现金捐赠等
（4）偿还债务支付的现金	反映企业偿还债务本金所支付的现金，包括偿还金融企业的借款本金、偿还债券本金等 该项目不包括企业偿还的借款利息、债券利息，企业支付的利息在本表"分配股利、利润、偿付利息所支付的现金"项目反映
（5）分配股利、利润和偿付利息支付的现金	反映旅游企业实际支付的现金股利、支付给其他投资单位的利润和支付的借款利息、债券利息等
（6）支付的其他与筹资活动有关的现金	反映企业除上述各项目外，支付的其他与筹资活动有关的现金，如支付的筹资费用、支付的融资租入固定资产支付的租赁费、支付的捐赠支出等

4. 汇率变动对现金的影响。该项目反映旅游企业外币现金流量以及境外子公司的现金流量折算为人民币时，所采用的现金流量发生日的汇率或平均汇率折算为人民币金额与"现金及现金等价物净增加额"中外币现金净额增加额按期末汇率折算的人民币金额之间的差额。

5. 现金流量表补充资料。

（1）将利润表调节为经营活动的现金流量。根据《企业会计准则第 31 号——现金流量表》的规定，现金流量表的基本部分要采用直接法，即以现金流入、流出的主要类别列示企业在报告期内的现金流量。同时要求采用间接法,以净利润作为起点,将其调节为经营活动现金净流量,并与现金流量表基本部分的同一指标核对相符。这一部分的列报内容称之为补充资料,要求企业在财务报告附注中披露,采用间接列报法将利润表调节为经营活动的现金流量净额时,需要调节的四大类项目如表9-10(间接列报法调节项目一览表)所示。

表9-10 间接列报法调节项目一览表

项目	内容
未实际支付现金的费用	按照"权责发生制"原则,一些费用已经从利润表中扣除,但没有发生现金流出,如计提的资产减值准备、固定资产折旧、无形资产摊销等
未实际收取现金的收益	按照"权责发生制"原则,一些收益已经反映在利润表中,增加本期利润,但是没有发生现金流入
不属于经营活动的损益	该类损失或收益是由投资或筹资活动引起,而不是由经营活动引起,因此需要调节该项目以准确计算经营活动产生的现金流量,如投资收益、处置固定资产、无形资产和其他长期资产净损益
经营性应收应付项目的增减变动	经营性应收应付项目的增减变动是由经营活动的现金流量变动引起的,因此可通过调节该项目计算经营活动产生现金流量

(2)不涉及现金收支的投资和筹资活动。该项目反映企业一定会计期间影响资产、负债或所有者权益,但不形成该期现金收支的投资和筹资活动的信息。这些投资或筹资活动为企业的重大理财活动,对以后各期的现金流量会产生重大的影响,因此,需要在补充资料中单独反映。目前,不涉及现金收支的投资和筹资活动项目主要包括:"债务转为资本"、"1年内到期的可转换公司债券"、"融资租入固定资产"等。

(3)现金及现金等价物净增加额。该项目反映企业一定会计期间现金及现金等价物的期末余额减去期初余额后的净增加额。

本章小结

现金流量表是反映在一定会计期间现金①和现金等价物②流入和流出的报表,它表明企业获取现金和现金等价物的能力。现代企业编制现金流量表具有重要作用:它可以揭示企业一定期间内现金流入和流出的原因,可用于分析企业投资和理财活动对企业经营成果和财务状况的影响,可以反映企业偿债能力和支付股利能力,还可以用于预测企业未来获取现金的能力和为我国企业与国际接轨惯例提供便利。

本章首先介绍了现金流量表的概念及作用,然后介绍了现金流量表的内容及其结构。现金流量表主要包括三个方面的内容:投资活动产生的现金流量、筹资活动产生的现金流量和经营活动产生的现金流量。最后本章详细讲述了现金流量表的编制方法和各个项目的具体填列方法。现金流量表的编制方法主要分为工作底稿法、"T"型账户法和分析填列法。

重要名词

现金流量表　　　　　　　　现金等价物
投资活动产生的现金流量　　　筹资活动产生的现金流量
经营活动产生的现金流量　　　工作底稿法
T型账户法　　　　　　　　　分析填列法

练习题

1. 振华旅游股份有限公司(简称振华公司)为增值税一般纳税人,适用的增值税税率为17%,2012年度,振华公司有关业务如下:

(1)部分账户年初、年末余额或本年发生额如下表所示。

(2)其他有关资料如下:

①短期投资不属于现金等价物,本期以现金购入短期股票投资400万元,本期出售短期股票投资,款项已存入银行,获得投资收益40万元,不考虑其他与短期投资增减变动有关的交易或事项。

---

① 现金指的是企业的库存现金和随时可用于支付的存款,包括库存现金、银行存款和其他货币资金。
② 现金等价物指的是企业持有期限短、流动性强、易于转换为已知金额现金、价值变动风险小的投资,通常包括三个月到期的债券投资。

②应收账款、预收账款的增减变动仅仅与产成品销售有关,且均以银行存款结算;采用备抵法核算坏账损失,本期收回以前年度核销的坏账 2 万元,款项已存入银行,销售产成品均开出增值税专用发票。

③原材料的增减变动均与购买原材料或生产产品消耗原材料有关。

年初存货均为外购原材料,年末存货仅为外购原材料和库存产成品。其中,库存产成品成本为 630 万元,外购原材料成本为 270 万元。

年末库存产成品成本中,原材料为 252 万元;工资及福利费为 315 万元;制造费用为 63 万元,其中折旧费 13 万元;其余均为以货币资金支付的其他制造费用。

振华旅游股份有限公司相关账户金额一览表　　　　单位：万元

资产类账户	年初余额	年末余额	负债类账户	年初余额	年末余额
短期投资	200	500	短期借款	120	140
应收账款	1 200	1 600	应付账款	250	600
坏账准备	12	16	预收账款	124	224
预付账款	126	210	应付工资	262	452
存货	620	900	应付福利费	121	0
存货跌价准备	20	40	应付股利	30	0
待摊费用	220	700	应交税费（应交增值税）	0	0
长期股权投资	720	1 360	预提费用	210	215
固定资产	8 600	8 880	长期借款	360	840
无形资产	640	180			
无形资产减值准备	20	40			
损益类账户	借方发生额	贷方发生额	损益类账户	借方发生额	贷方发生额
主营业务收入		8 400	财务费用	40	
主营业务成本	4 600		投资收益		405
营业费用	265		营业外支出	49	
管理费用	908				

本年已销产成品的成本（即主营业务成本）中,原材料为 1 840 万元;工资及福利费为 2 300 万元;制造费用为 460 万元,其中折旧费 60 万元,其余均为以

货币资金支付的其他制造费用。

④待摊费用年初数为预付的以经营租赁方式租入的一般管理用设备租金,本年另以银行存款预付经营租入一般管理用设备租金540万元。本年摊销待摊费用的金额为60万元。

⑤4月1日,以专利权向乙公司投资,占乙公司有表决权股份的40%,采用权益法核算;振华公司享有乙公司所有者权益的份额为400万元。该专利权的面余额为420万元,已计提减值准备20万元(按年计提)。

2012年4月1日到12月31日,乙公司实现的净利润为600万元;振华公司和乙公司适用的所得税税率均为33%。

⑥1月1日,以银行存款400万元购置设备一台,不需要安装,当日即投入使用。

4月2日,对一台管理用设备进行清理,该设备原价120万元,已计提折旧80万元,已计提减值准备20万元,以银行存款支付清理费用2万元,收到变价收入13万元,该设备已清理完毕。

⑦无形资产摊销额为40万元,其中包括专利权对外投出前摊销额15万元,年末计提无形资产减值准备40万元。

⑧借入短期借款240万元,借入长期借款460万元,长期借款年末余额中包括确认的20万元长期借款利息费用。

预提费用年初数和年末数均为预提短期银行借款利息,本年度的财务费用均为利息费用。财务费用包括预提的短期借款利息费用5万元,确认长期借款利息费用20万元,其余财务费用均以银行存款支付。

⑨应付账款、预付账款的增减变动均与购买原材料有关,以银行存款结算,本期购买原材料均取得增值税专用发票。

本年应交增值税借方发生额为1 428万元,其中购买商品发生的增值税进项税额为296.14万元,已交税金为1 131.86万元,贷方发生额为1 428万元,均为销售商品发生的增值税销项税额。

⑩应付工资、应付福利费年初数、年末数均与投资活动和筹资活动无关,本年确认的工资及福利费均与投资活动和筹资活动无关。

⑪营业费用包括工资及福利费114万元,均以货币资金结算或形成应付债务,折旧费用4万元,其余营业费用均以银行存款支付。

⑫管理费用包括工资及福利费285万元,均以货币资金结算或形成应付债务,折旧费用124万元,无形资产摊销40万元,一般管理用设备租金摊销60万元,计提坏账准备2万元,计提存货跌价准备20万元,其余管理费用均以银行存款支付。

⑬投资收益包括从丙股份有限公司分得的现金股利 125 万元，款项已存入银行，振华公司对丙股份有限公司的长期股权投资采用成本法核算，分得的现金股利为振华公司投资后丙股份有限公司实现净利润的分配额。

⑭除上述所给资料外，有关债权债务的增减变动均以货币资金结算。

⑮不考虑本年度发生的其他交易或事项，以及除增值税以外的其他相关税费。

要求：编制"振华股份有限公司 2012 年度现金流量表"。

第十章 旅游企业会计循环与会计核算组织程序

【学习目的】
1. 了解会计循环的含义。
2. 掌握会计循环的主要步骤。
3. 理解会计核算组织程序的概念。
4. 了解会计核算组织程序的分类。
5. 掌握三种主要的会计核算组织程序。

【引例】
江南今年大四毕业,打算自行创业,于是在今年 7 月份,以每月 2 000 元租用一间店面。7 月 2 日,江南以公司名义在银行开立账户,存入 100 000 元作为资本金。江南不懂会计,他除了将所有的单据都收集保存起来以外,没有做任何其他记录。到月底,江南发现公司的存款并未增加反而减少了,银行存款剩余 70 200 元,手头现金 1 000 元。此外,客户赊欠的款项尚未收现;实地盘存食品,价值 5 000 元,江南开始怀疑自己的经营能力和账目,特地前来向你请教。

对江南保存的所有单据进行检查分析,汇总一个月的情况显示:
(1) 7 月 2 日购入食品一批,货款 40 000 元,增值税率 17%,均通过银行付清。
(2) 7 月 7 日从银行提取 1 000 元现金备用。
(3) 7 月 12 日零售食品一批,货款 30 000 元,增值税率为 17%(食品价值为 20 000 元),货款未收到。
(4) 7 月 21 企业购入设备一台,价值 30 000 元,用银行存款付清。
(5) 7 月 23 日批发食品一批,货款 20 000 元,增值税率 17%(食品价值 15 000 元),已办妥托收手续。
(6) 7 月底向银行申请短期借款 50 000 元(款项存入开户行)。

(7) 7月底通过银行转账方式支付店面租金2 000元。

资料来源：江西财经大学，程淑珍。

通过本案例思考什么是会计循环？会计循环的基本程序有哪些？什么是会计核算组织程序？现行会计核算组织程序有哪几种？它们的优缺点及适用范围是什么？通过本章学习之后，大家会对这些问题有更准确和清晰的认识。

会计循环是指会计从取得有关原始凭证，对其进行加工整理，一直到编制会计报告，为会计信息使用者提供会计信息的一系列程序或流程，它强调的是会计处理过程和步骤。会计核算组织程序则是指会计凭证、会计账簿和会计报表三者相互结合的方式。本章重点介绍会计循环的主要步骤及会计核算组织程序的几种主要方法，希望通过本章的学习大家对会计循环及其组织程序有更深入的了解。

第一节　旅游企业会计循环

一、会计循环概述

（一）会计循环的含义

旅游企业会计核算组织程序也称旅游企业业务处理程序或会计核算形式，它是指在会计循环中会计主体采用的会计凭证、会计账簿、会计报表的种类和格式与记账程序有机结合的方法和步骤。旅游企业会计核算组织程序与本章第三节讨论的旅游企业会计核算流程不同，后者主要指旅游企业会计核算的大体步骤，而前者是指会计凭证、会计账簿和会计报表的组织方式；任何企业的会计核算流程大体相同，而其会计核算组织程序可有较大差别。

我国旅游企业常用的会计核算组织程序主要有以下三类：（1）记账凭证核算组织程序；（2）科目汇总表核算组织程序；（3）汇总记账凭证核算组织程序。不同会计核算组织程序的主要区别在于登记总账依据上，比如记账凭证会计核算组织程序是根据记凭证直接登记会计账簿，而科目汇总表会计核算组织程序则是根据科目汇总表登记会计账簿。

科学合理地选择适合于各旅游企业的核算组织程序，对于有效地组织会计核算具有重要意义：

1. 有利于规范旅游企业会计核算组织工作；
2. 有利于节约旅游企业会计核算工作成本；
3. 有利于提高旅游企业会计核算工作效率；
4. 有利于保证和提高旅游企业会计核算工作质量。

会计循环程序如图 10-1（旅游企业会计循环图）所示。

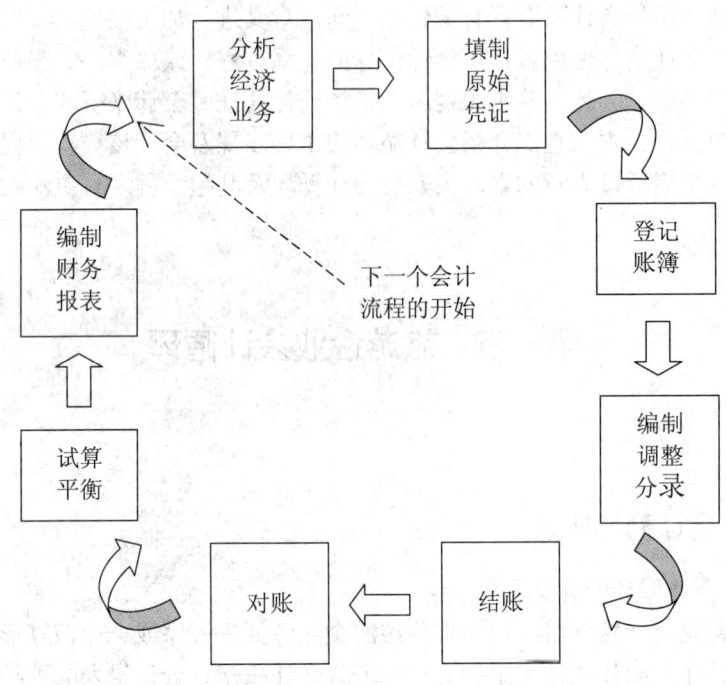

图 10-1　旅游企业会计循环图

（二）会计循环的主要步骤

通常会计循环主要由如下八个步骤构成：

1. 填制原始凭证，记录经济业务；
2. 根据审核无误的原始凭证，编制会计分录；
3. 过账，根据会计分录的记录，将每笔会计分录所确定的应借金额和应贷金额分别过入各有关账户；
4. 编制期末账项调整分录，之后据以过入有关账户；
5. 结账；
6. 对账；

7. 试算平衡，根据分类账各账户结后的余额，编制试算平衡，以检查记账是否正确；

8. 编制资产负债表、利润表、现金流量表等会计报表。

二、会计凭证

（一）会计凭证的概念

会计凭证是记录经济业务，明确经济责任，据以作为记账依据的书面证明。为保证会计信息的真实性，任何一项经济业务发生后，均应由执行或完成该项经济业务的相关人员填制或取得能够证明经济业务的内容、数量和金额的凭证，并在凭证上签章。此外，所有凭证必须由会计部门审核无误后，才能进一步作为记账的依据。

填制和审核会计凭证是会计核算、监督企业经济活动开始的基础，它能保证经济业务的合理性和合法性，保证会计记录的真实性和正确性，明确各有关人员的经济责任。

会计凭证种类多样，按照不同的填制程序和用途，可分为原始凭证和记账凭证两类。

（二）原始凭证

原始凭证是在经济业务发生时取得或填制的，记录经济业务的发生或完成情况的书面证明，它是进行会计核算的原始资料和首要依据。

1. 原始凭证的内容

原始凭证必须具备足以说明经济业务的一切必要内容，由于各项经业务的性质是不同的，原始凭证的基本内容、格式和名称也会有所不同，但一般应具备以下六点内容：

（1）原始凭证的名称和编号；

（2）填制凭证的日期；

（3）接受凭证单位的名称；

（4）经济业务的内容；

（5）经济业务的实物数量、单价和金额；

（6）填制单位的名称及经办人的签名或盖章。

2. 原始凭证的填制

原始凭证是进行会计核算的基础，为保证会计核算质量，原始凭证的填制必须真实、完整、清晰和及时。其基本要求如下：

（1）凭证上的内容和数字必须真实可靠；

（2）填写内容齐全，手续完备；

（3）书写要清楚，复写要清晰，大小写金额要一致；

（4）要及时填制原始凭证，按规定的程序及时送交财会部门并由其审核，据以编制记账凭证。

3. 原始凭证的审核

为加强财务监督，为记账提供正确可靠的依据，须对原始凭证认真审核。审核的内容主要有以下三点：

（1）合规性、合法性审核。审核凭证记录的经济业务是否合法、合规，是否符合审批权限和手续等，对不符合规定或经济业务不真实、不合法的原始凭证，拒绝受理。

（2）完整性审核。审核原始凭证各个项目是否填写齐全、手续是否完备，对记载不明确、不完整的原始凭证有权退回，并要求有关人员纠正。

（3）正确性审核。审核计算和书写是否清楚、正确，大小写金额是否相符。对于填写错误的，应由经办人员予以更正。

4. 原始凭证汇总表

原始凭证汇总表根据记录同类经济业务的原始凭证，定期整理汇总编制而成。企业往往出现较多同类经济业务原始凭证的情况，为便于记账、简化核算手续，可以按照核算与管理的要求，定期编制原始凭证汇总表，作为记账的依据。

（三）记账凭证

记账凭证是指由会计人员依据审核无误的原始凭证或原始凭证汇总表填制的，记录经济业务的简要内容，并确定会计分录，进而作为登记账簿依据的凭证。

1. 记账凭证的种类

（1）通用式记账凭证。这种记账凭证，对发生的一切经济业务无需分类，都按照一种格式的记账凭证编制，记账时按经济业务发生的先后顺序填写。

（2）分类式记账凭证。这种记账凭证把记凭证分为收款凭证、付款凭证和转账凭证。尽管原始凭证种类繁多，但其反映的经济业务不外乎收款、付款和转账三种情况，因而把记账凭证相应地分为上述三种记账凭证十分合理。凡是涉及现金和银行存款收付的业务，要分别填制收款凭证或付款凭证；不涉及现金、银行存款收付业务的，则需填制转账凭证。特别地，涉及库存现金和银行存款相互收支的情形，只编制付款凭证。

2. 记账凭证的内容

记账凭证的格式多样，但必须具备以下基本内容：

（1）填制单位的名称；

（2）记账凭证的名称、编号和填制日期；

（3）经济业务内容的摘要；
（4）会计分录，包括会计科目、二级科目和明细科目的名称及金额；
（5）所附原始凭证的张数；
（6）会计主管、记账、复核和制证等有关人员的签章。

3. 记账凭证的填制

为保证会计核算的质量，会计人员在填制记账凭证时须符合下列要求：

（1）"摘要"栏简明扼要地书写经济业务的内容；
（2）不能将不同类型的经济业务合并填制一张记账凭证；
（3）必须根据经济业务的内容，采用会计制度规定的会计科目编制会计分录；
（4）必须注明所附原始凭证的张数，便于复核；
（5）注意"摘要"栏所列明的经济业务内容和确定的会计分录是否正确，以便于日后查阅原始凭证；
（6）各种记账凭证必须连续编号，如一笔经济业务需要填制多张记账凭证时，可采用"带分数编号法"。

4. 记账凭证的审核

为了使记账凭证核算的内容符合客观实际，必须对其进行审核，审核的内容主要包括：

（1）记账凭证所附的原始凭证或原始凭证汇总表是否齐全，是否已审核无误，其内容与记账凭证的内容是否相符；
（2）记账凭证上应借、应贷的会计科目及其金额是否正确；
（3）记账凭证中的各个项目及有关人员的签章是否齐全；
（4）记账凭证所记录的经济业务是否合理合法。

在审核时如发现记账凭证有错误，应让有关人员按规定的更正方法予以更正，只有审核无误的记账凭证才能作为登记账簿的依据。

科目汇总表又称记账凭证汇总表，是指根据记账凭证定期汇总编制，列示有关各总分类账户的本期发生额，据以登记总分类账的一种汇总凭证。科目汇总表可依据企业经济业务的数量，定期编制。通过编制科目汇总表，大大简化了总分类账的登记工作。

三、账户与复式记账

（一）账户

会计科目对会计要素的具体内容进行分类，为了系统、连续地将各种经济业务发生情况和由此引起的各项资金变化情况分类反映和监督，还须根据规定为会计科目在账簿中开设账户，利用账户这一工具，提供与日常管理相关的核算资料。

1. 账户的含义

账户是据会计科目开设的、具有一定结构和格式的记账实体，账户的名称与会计科目一致。账户和会计科目既有联系又有区别：其联系为两者反映了相同的经济内容；其区别为会计科目只对会计要素的经济内容分类，但没有专门的结构和格式，不能记录经济业务的增减变化情况，而账户不但能对会计要素的经济内容分类进行反映，还有一定的结构和格式，能够连续、系统地进行记录经济业务的发生及其结果。

2. 账户的基本结构

经济业务的发生对会计要素形成了一定影响，从数量上看表现为增加和减少这两种情况。与此相适应，记录经济业务的账户在结构上划分为左方和右方，按相反的方向分别登记各会计要素的增加金额和减少金额。其中，账户中登记的本期增加额合计称为本期增加发生额，本期减少额合计称为本期减少发生额，根据本期增加发生额、本期减少发生额和期初余额可计算出本期的期末余额。如果将本期期末余额转入下一期，即下期期初余额。

3. 账户的分类

每一个账户都反映某一会计要素的具体内容，会计核算中存在很多不同的账户，它们共同形成一个完整的账户体系。为了掌握各类账户在提供会计信息方面展现的规律性，更好地运用账户，必须对账户进行合理地分类。

账户按其反映的经济内容分类，可以分为资产类账户、负债类账户、所有者权益类账户、损益类账户和成本类账户。

账户按其提供指标的详细程度分为总分类账户和明细分类账户。总分类账户是指按总分类科目设置的，只以货币为计量单位，提供总括会计核算资料的账户；明细分类账户是指按明细分类科目设置的，以货币为计量单位，或同时以货币和实物为计量单位计量，提供详细会计核算资料的账户。

（二）复式记账

为了向会计信息使用者提供其需要的会计信息，在设置了会计科目和账户之后，还应采用一定的记账方法在账户中记录发生的每一笔经济业务。记账方法是遵循一定的记账规则，根据已有的凭证，在账户中登记经济业务，反映经济活动过程及结果的方法。

记账方法经历了一个从单式记账到复式记账的过程，单式记账法对每一项经济业务只在一个账户中进行登记，复式记账法对每一项经济业务，都要以相等的金额，在两个或两个以上相互联系的账户中进行登记。

复式记账法，对每一项经济业务都在相互联系的两个或两个以上账户中做双重登记。这样不仅可以了解每一项经济业务的全貌,而且可以通过账户的记录,完整、系统地反映经济活动的过程和结果,并检查账户记录是否正确和完整。

1. 复式记账的理论依据

资产、负债和所有者权益存在着一定的内在关系,表现为:

$$资产=负债+所有者权益$$

经济业务的发生对会计要素的影响,主要包括以下六点:资产和负债同时以相等的金额增加或减少;资产和所有者权益同时以相等的金额增加或减少;负债和所有者权益之间以相等的金额一增一减;资产内部各项目以相等的金额一增一减;负债内部各项目以相等的金额一增一减;所有者权益内部各项目以相等的金额一增一减。上述六种变动情况的结果均不会破坏以上会计等式,而复式记账正是建立在会计等式基础之上的。

2. 借贷记账法

复式记账法包括借贷记账法、增减记账法、收付记账法。其中,借贷记账法是世界上普遍采用的方法。

借贷记账法是以"借"和"贷"为记账符号,以会计等式为理论依据,对每项经济业务都在两个或两个以上账户中,以相等的金额全面地、相互联系地记录经济业务的一种复式记账法。其主要特点是:

(1) 记账符号。借贷记账法产生初期,"借"表示债权增减变化,"贷"表示债务的增减变化。随着经济的不断发展和管理要求的逐渐提高,会计的对象逐步扩大,包括所有的财产物资及收入、费用的增减变动情况,"借"、"贷"两字就失去了它们原有的含义,而成为了一种单纯的记账符号。

(2) 账户的结构。对于借贷记账法,账户的结构分为"借方"和"贷方",左方为借方,右方为贷方。至于哪方代表增加,哪方代表减少,则由账户反映的经济内容和性质决定。

资产类账户的结构:账户借方记录资产增加额,贷方记录资产减少额,账户若有余额,一般为借方余额,表示资产的结余额。

负债类账户的结构:贷方登记负债增加额,借方登记负债减少额,账户如有余额一般为贷方余额,表示负债的结余额。

所有者权益类账户、收入类账户的结构与负债类的账户结构相同,费用支出类账户的结构与资产类账户的结构相同,需要注意的是收入类账户与费用支出类账户期末没有余额。

(3) 记账规则。根据借贷记账法的账户结构特征,借贷记账法的记账规则为:有借必有贷,借贷必相等。其基本含义是:每一项经济业务,都要按借贷相反的方向,同时计入两个或两个以上相互联系的账户,并且计入借方的金额之和一定与计入贷方的金额之和相等。

四、会计账簿

(一) 账簿的意义

会计账簿是指由具有一定格式的账页组成,依据会计凭证,序时和分类地记录全部发生的经济业务的簿籍。企业发生经济业务后会取得原始凭证,经财会人员审核整理后编制成记账凭证。但是,单张会计凭证反映的资料是单一而分散的,需要进行集中和归类整理,然后登记到账簿中去,以便全面反映企业经济活动状态。

设置和登记会计账簿在会计核算中非常重要:设置和登记账簿是一种系统归纳和积累会计核算资料的重要手段;设置和登记账簿是编制会计报表的资料来源;设置和登记账簿可以为企业经济活动的考核及财务成本计划提供根据。

账簿按其外表形式可分为订本账、活页账和卡片账,按其用途可划分为序时账簿、分类账簿和备查账簿三种。

(二) 序时(日记)账

序时账簿,又称日记账,它是按照经济业务发生的时间先后顺序逐日、逐笔记录经济业务的账簿。它可以用来记录全部经济业务的完成情况,也可以用来记录某一类经济业务完成情况。通常企业只对现金和银行存款的收付业务,设置现金日记账和银行存款日记账。

(三) 分类账

分类账簿是指对全部经济业务按照总分类账户和明细分类账户进行分类登记的账簿。按照总分类账户进行登记的账簿叫做总分类账簿,按明细分类账户进行分类登记的账簿叫做明细分类账簿。

1. 总分类账

总分类账(简称总账)能够总括地记录和反映企业全部的经济活动,进而为考核计划执行情况和编制会计报表提供主要资料,并可与明细分类账进行核对,保证记录的正确性和完整性。

总分类账是按一级会计科目设置的,一般采用三栏式账页(借、贷、余),登记方法有逐笔登记和汇总登记。逐笔登记是指直接根据每一张记账凭证上各个科目的发生额逐笔地进行登记,这种登记方法的优点在于可以注明对应会计科目,方便检查;缺点在于记账工作量过大。在实际工作中,对于业务量较大的旅游企业来说,往往采用汇总登记的方法,定期编制记账凭证汇总表,然后按汇总的各科目发生额进行登记。

2. 明细分类账

明细分类账（简称明细账），是按明细分类账户分类登记的账簿。明细账可以提供各种财产物资、债权债务、费用成本、收入成果等详细核算资料。明细分类账可依照业务量的大小和经营管理的需要，根据记账凭证和原始凭证或原始凭证汇总表，逐笔登记或定期汇总登记。

明细账由于登记的内容和管理的要求不同，有以下几种格式：

（1）三栏式，与三栏式的总分类账相同，一般适用于往来款项结算明细分类核算。

（2）多栏式，是在一页上划分许多专栏，用来登记各个明细项目的发生额，一般适用于明细项目较多的经济活动。

（3）数量金额式，在这种格式中，既有货币金额栏，又有实物数量栏，它分别设有收入、付出、结存的数量栏和金额栏，适用于需要掌握数量指标的商品等明细分类核算。

3. 总分类账与明细分类账的关系与平行登记

总分类账和明细分类账是相互联系、相互制约的，两者记录的内容相同。总分类账记录总括情况，明细分类账记录详细情况，因此总分类账统驭其所属的全部明细分类账，而明细分类账只是总分类账的补充。

鉴于总分类账和明细分类账的相互关系，在记账时应当平行登记。所谓平行登记，就是对每一项经济业务，一边记入总分类账户，另一边记入相应的明细分类账户，使两边的登记结果互相制约，便于校对，以达到相等。平行登记的方法要遵循以下几项规则：

（1）登记的依据相同。总分类账根据反映经济业务的记账凭证或记账凭证汇总表登记，而明细分类账根据记账凭证及其所附的原始凭证登记，它们均以原始凭证作为记账的依据，即登记的依据相同。

（2）登记的会计期间相同。发生的每项经济业务，必须要按其发生的期间计入相关总分类账户，并且也要在此会计期间记入总分类账户所统驭的明细分类账户。

（3）登记的方向相同。发生的每项经济业务，记入相关总分类账户的方向要与记入其所统驭的明细分类账户的方向相同，亦即如果登记在总分类账户的借方，也必须登记在总分类账户所统驭的明细分类账户的借方，如果登记在总分类账户的贷方，也必须登记在总分类账户所统驭的明细分类账户的贷方。

（4）登记的金额相等。发生的每项经济业务，计入相关总分类账户的金额，必须与计入其所统驭的明细分类账户的金额合计数相等。

五、结账与对账

结账是指对各种会计账簿的记录定期结算的工作。当某一会计期间终了时,为了总结单位的经济活动情况、考核经营成果、编制会计报表,则必须按正确的方法进行结账。结账时,首先将本期发生的经济业务中应结转的业务全部登记入账,在此基础上,结算出现金日记账、银行存款日记账、总分类账和各明细分类账的本期发生额和期末余额。

对账是指为了保证账证相符、账账相符、账实相符,在会计核算中对账簿记录进行审查校对的工作。其主要内容包括账证核对、账账核对和账实核对。账证核对是指各种账簿记录与会计凭证核对,这是保证账账相符、账实相符的基础;账账核对是指各种账簿之间有关数据的核对;账实核对是指各种财产物资的账面余额与实存数额的核对。

六、试算平衡

借贷记账法在处理每一笔经济业务时,必须遵循"有借必有贷,借贷必相等"的记账规则,记账方向相反,金额相等。因此,在一定时期内,所有账户的借方发生额合计数与贷发生额合计数必然相等,所有账户的借方期末余额合计数与贷方期末余额合计数也必然是相等的。会计试算平衡公式有:

期初借方余额合计=期初贷方余额合计

本期借方发生额合计=本期贷方发生额合计

期末借方余额合计=期末贷方余额合计

利用以上平衡关系,不仅可以检查各账户记录情况是否正确,还可以提高会计核算质量。

七、编制会计报表

编制会计报表主要以日常账簿资料为依据,总括反映企业财务状况和经营成果等会计信息。编制会计报表是会计核算环节的最后一环,是会计循环的终点。

企业一定期间内发生的经济业务,在确认、计量的基础上,以专门的方法,通过会计凭证和会计账簿进行全面地记录。这种记录虽然从一定程度上能够反映企业的经济情况,但是,会计凭证和会计账簿中包含的会计信息比较分散,不能概括地、系统地反映企业经济活动过程及结果,会出现不便于理解和分析的情况,无法满足会计信息使用者对信息的需求。因此,在日常会计核算的基础上,需要将会计凭证和会计账簿中较分散的会计信息进行进一步加工处理,从而形成能够综合、系统地反映企业财务状况和经营成果的表式报告。

第二节　旅游企业会计核算组织程序

一、会计核算组织程序的概念

会计核算组织程序即会计核算形式，是指会计凭证、账簿、会计报表和账务处理程序相互结合的方式，也称账务处理程序或者记账程序。不同的会计核算组织程序，在填制会计凭证，登记账簿，编制会计报表时有不同的步骤和方法。会计凭证、账簿和会计报表是会计核算的三大构件，它们之间以一定的形式结合，组成一个完整的会计核算体系。

为了能够将数量繁多的业务数据归类、转换，最终浓缩成为会计报表项目，企业始终遵循"会计凭证—账簿—会计报表"的基本模式和步骤，合理组织会计核算工作，依次完成经济业务分析、填制记账凭证、登记账簿到编制会计报表的一系列基本步骤，这些步骤依次完成，周而复始就形成了第一节所提到的会计循环。会计循环各个步骤出现的"频率"并不是相同的，一般来讲，分析经济业务、编制会计分录、登记日记账、登记分类账在平时进行，而账目调整、对账、结账和编制会计报表只在会计期末进行。

为了顺利地开展会计核算工作，必须将填制会计凭证、账簿登记和编制报表各项工作的程序和方法有机结合起来，从而形成一定规范的会计核算组织程序。从总体上说，会计核算组织程序包括会计凭证和账簿的种类、格式，会计凭证与账簿之间的联系方法，由原始凭证到编制记账凭证、登记明细分类账和总分类账、编制会计报表的工作程序和方法等。由于各企业的经营规模不同，经济业务内容有所差别，会计核算的繁简程度自然也不同，在会计凭证的设置、传递方面，在账簿设置、记账的程序和方法方面也不尽相同，从而形成了不同的会计核算组织程序。

二、会计核算组织程序的基本要求

会计核算组织程序是企业会计制度的基本内容之一。制定适合旅游企业特点的会计核算组织程序，既有利于合理组织会计工作，也可以促进会计核算工作逐步规范，还能提高企业会计工作的质量和效率。

合理的会计核算组织程序必须符合以下基本要求：

1. 国家统一规定和企业实际情况必须紧密结合。首先，企业必须遵守国家统一会计规范；其次，适度考虑本企业的实际情况，选择与本企业经营规模、经营活动特点最适合的会计核算组织程序。

2. 会计核算与企业经营管理相配合。会计是企业经营管理活动的一个重要组成部分，会计工作要服务于本单位经营管理的需要，以促进企业经济效益的逐步提高。因此，要根据企业经营管理的具体要求建立会计核算组织程序，设置合理的凭证、账簿及其传递流程，为经营管理者提供有用的会计信息。

3. 保证会计信息质量和简化核算工作相结合。在保证正确、及时地提供全面、系统核算资料的前提下，会计核算组织程序要力求简化会计核算程序，提高会计工作效率。

会计核算组织程序主要包括记账凭证核算组织程序、科目汇总表核算组织程序、汇总记账凭证核算组织程序和日记总账核算组织程序等，本节只介绍我国常用的三种会计核算组织程序。

三、记账凭证核算组织程序

（一）记账凭证核算组织程序概述

记账凭证核算组织程序是一种最基本的账务处理程序，直接根据记账凭证序时逐笔地登记总分类账是其主要特点。这种核算组织程序一般采用通用记账凭证格式或专用记账凭证格式。与此同时，需要设置现金日记账、银行存款日记账、总分类账和明细分类账。其中，现金日记账、银行存款日记账、总分类账通常采用三栏式，总分类账要根据账户分别开设账项；明细分类账则根据实际情况选用三栏式、多栏式或数量金额式账页。

记账凭证核算组织程序如图 10-2 所示。

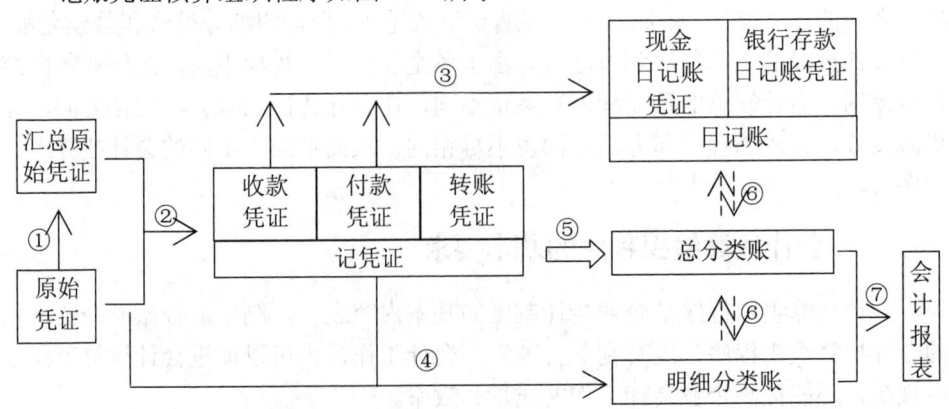

图 10-2　记账凭证会计核算组织程序

说明：

①根据原始凭证或原始凭证汇总表填制记账凭证。

②根据收款凭证、付款凭证逐笔登记现金日记账、银行存款日记账。

③根据原始凭证或原始凭证汇总表、记账凭证逐笔登记明细分类账。

④根据记账凭证逐笔登记总分类账。

⑤月末，现金、银行存款日记账余额和各种明细分账类的余额应分别与对应的总分类账户余额核对相符。

⑥月末，根据总分类账和明细分类账的资料编制会计报表。

（二）记账凭证会计核算组织程序评价

1. 优点

（1）能够清晰地反映账户之间的对应关系。

（2）能够比较详细地反映经济业务的发生情况。

（3）总分类账登记方法简单，易于理解和掌握。

2. 缺点

（1）在企业规模较大，且经济业务多而复杂时，登记总分类账的工作量很大。所以，该账务处理程序适用于规模较小，经济业务量小的会计主体。

（2）账页耗用多，会计核算成本较高。

规模较小、业务量较少、记账凭证不多的企业适合使用记账凭证核算组织程序。在这种核算组织程序下，根据记账凭证逐笔登记总分类账，因此，总分类账的记录十分详细，账户对应关系相当明确，便于看账、用账和查账；不足之处在于总分类账的登记工作量较大，且现金、银行存款总分类账的记录内容与现金日记账、银行存款日记账的记录内容重复。

四、科目汇总表核算组织程序

（一）科目汇总表核算组织程序概述

科目汇总表核算组织程序又称记账凭证汇总表核算组织程序，主要特点是根据所有记账凭证定期编制科目汇总表，再以此汇总登记分类账。科目汇总表核算组织程序的记账凭证、账簿的设置与记账凭证核算组织程序的记账凭证、账簿的设置基本相同，不予赘述。

科目汇总表核算组织程序如图 10-3 所示。

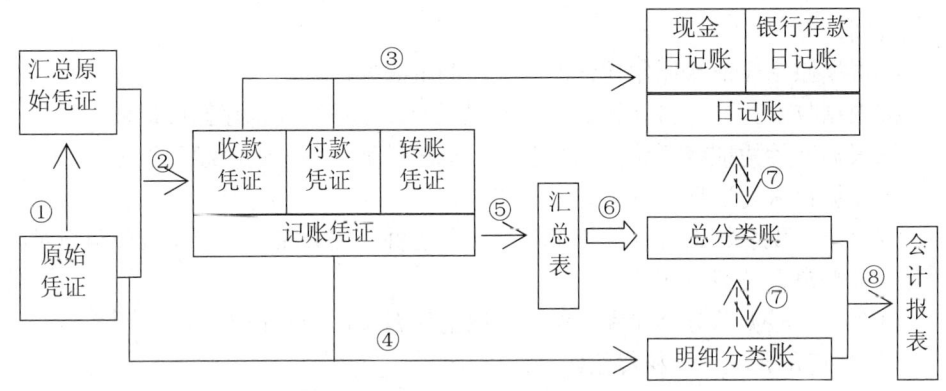

图10-3 科目汇总表会计核算组织程序

说明：
①根据原始凭证或原始凭证汇总表填制记账凭证。
②根据收款凭证、付款凭证逐笔登记现金日记账、银行存款日记账。
③根据原始凭证或原始凭证汇总表、记账凭证逐笔登记明细分类账。
④根据记账凭证填制科目汇总表。
⑤根据科目汇总表登记总分类账。
⑥月末，现金、银行存款日记账余额和各种明细分类账的余额应分别与对应的总分类账户余额核对相符。
⑦月末，根据总分类账和明细分类账的资料编制会计报表。

（二）科目汇总表编制方法

科目汇总表总括反映企业在某一时期全部账户的借方和贷方发生额合计数，根据收款凭证、付款凭证和转账凭证编制，也称为记账凭证汇总表。定期编制科目汇总表时，一般先在表中"会计科目"一栏填入单位核算用到的有关账户名称，然后在表中相应"借方金额"栏和"贷方金额"栏填入各账户一定会计期间内的借方发生额和贷方发生额合计数。进行试算平衡之后，可以将借方发生额和贷方发生额合计数作为登记总分类账的直接依据。为了方便编制科目汇总表，记账凭证可以采用单式记账凭证的形式。

（三）科目汇总表会计核算组织程序评价

1. 优点

（1）可以利用该表的汇总结果进行账户发生额的试算平衡。
（2）经过试算平衡可在较大程度上确保总分类账登记的正确性。
（3）可大大减轻登记总分类账的工作量。
（4）操作简便，易于掌握，也便于利用。

2. 缺点

(1) 增加了会计核算流程,编制科目汇总表的工作量也比较大。

(2) 不能够清晰地反映账户之间的对应关系,不便于分析、检查经济活动情况和核对账目。

规模较大、经济业务较多的企业适合使用科目汇总表核算组织程序。根据科目汇总表登记总分类账可以大大减少逐笔登记总分类账的工作量,避免总分类账与现金、银行存款日记账的记账内容重复这一问题,而且便于试算平衡。其不足之处在于科目汇总表只是反映了各个账户借方和贷方发生额的合计数,无法解释账目之间的对应关系。因此,依据科目汇总表登记总分类账的核算组织程序,难以反映账户之间的联系,不便于查对账目。

五、汇总记账凭证核算组织程序

(一) 汇总记账凭证核算组织程序概述

汇总记账凭证核算组织程序是根据记账凭证定期编制汇总记账凭证,并据以登记总分类账的一种会计核算组织程序。根据汇总记账凭证登记总分类账是其主要特点。汇总记账凭证核算组织程序不仅需要设置收款凭证、付款凭证和转账凭证这三种专用记账凭证,还应设置汇总收款凭证、汇总付款凭证和汇总转账凭证,作为登记总分类账的依据;设置现金日记账、银行存款日记账和总分类账,通常采用三栏式账页;设置明细分类账,则根据其记录经济业务的内容选择采用三栏式、多栏式或数量金额式账页。

汇总记账凭证核算组织程序的一般步骤是:

①根据原始凭证或汇总原始凭证编制记账凭证。

②根据收款凭证、付款凭证逐笔登记现金日记账、银行存款日记账。

③根据原始凭证、汇总原始凭证和记账凭证,登记各种明细分类账。

④根据一定时期内的全部记账凭证,汇总编制汇总收款凭证、汇总付款凭证和汇总转账凭证。

⑤根据定期编制的汇总收款凭证、汇总付款凭证和汇总转账凭证,登记总分类账。

⑥现金、银行存款日记账余额和各种明细分类账的余额应分别与对应的总分类账户余额核对相符。

⑦月末,根据总分类账和明细分类账的记录,编制会计报表。

(二) 汇总记账凭证编制方法

汇总记账凭证分为汇总收款凭证、汇总付款凭证和汇总转账凭证,一般5天或10天汇总一次,每月编制一张,不同单位采用的编制方法不同。

1. 汇总收款凭证

汇总收款凭证按"库存现金"和"银行存款"账户借方分别设置，分为现金汇总收款凭证和银行存款汇总收款凭证，编制方法是：根据现金、银行存款的收款凭证，分别按对应的贷方账户定期进行分类汇总，再将每一个贷方账户发生额的合计数填入汇总收款凭证。

2. 汇总付款凭证

汇总付款凭证按"现金"和"银行存款"账户的贷方分别设置，分为现金汇总付款凭证和银行存款汇总付款凭证两种，编制方法是：根据现金、银行存款的付款凭证，分别按对应的借方账户定期进行分类汇总，再将每一个借方账户发生额的合计数填入汇总付款凭证中。

3. 汇总转账凭证

汇总转账凭证按转账凭证中每一贷方账户（即除"库存现金"和"银行存款"账户外）设置，汇总一定时期内转账业务。汇总转账凭证的编制方法是：根据转账凭证，按照设置汇总转账凭证的账户对应的借方账户定期进行分类汇总，再将每一个借方账户发生额的合计数填入汇总转账凭证。

（三）汇总记账凭核算组织程序评价

汇总记账凭证会计核算组织程序的主要优点是，能够通过汇总记账凭证清晰地反映账户之间的对应关系，并能大大减轻登记总分类账的工作量。汇总记账凭证会计核算组织程序的主要不足是，在转账凭证较多时定期编制汇总记账凭证的工作量比较大，也不容易发现错账。转账业务比较少的单位适合使用汇总记账凭证核算组织程序。

本章小结

本章主要分为会计循环和会计核算组织程序。

会计循环首先要填制原始凭证，记录企业内发生的各项经济业务，然后根据审核无误的原始凭证，编制必要的会计分录。编制完分录后，需要将每笔会计分录所确定的应借和应贷金额分别过入有关账户。期末时还需要编制期末账项调整分录，并过入有关账户。过账完之后，需要进行对账，然后编制试算平衡表以检查记账是否正确。会计循环最后编出制资产负债表、利润表、现金流量表等会计报表。

会计核算组织程序是指会计凭证、账簿、会计报表和账务处理程序相互结合的方式，主要包括记账凭证核算组织程序、科目汇总表核算组织程序、汇总记账凭证核算组织程序和日记总账核算组织程序。

重要名词

会计循环	会计凭证
原始凭证	记账凭证
账户	复式记账法
借贷记账法	序时账
分类账	总分类账
明细分类账	记账凭证核算组织程序
科目汇总表核算组织程序	汇总记账凭证核算组织程序

练习题

1. 什么是会计循环？一个完整的会计循环通常包括哪些必要步骤？
2. 什么是会计核算组织程序？试比较记账凭证核算组织程序与科目汇总表核算组织程序的异同。
3. 简述各种会计核算组织程序适用范围。

第十一章　会计准则与盈余管理

【学习目的】
1. 了解会计法、会计准则、企业会计制度等会计规范。
2. 理解高质量会计准则对旅游企业会计核算的重要意义。
3. 掌握盈余管理概念内涵。
4. 正确看待盈余管理。

【引例】
希利（Healy，1985）认为，在订有奖金计划且其经营者报酬只根据当期报告的净收益加以确定（学界称这种激励方案为"奖金计划"）的公司里，经营者有动机对当期盈利进行管理。诚然，在希利最初选定的样本中，所有的奖金计划都设定了盈余下限，但并非都设定了盈余上限。图11-1（典型的奖金计划）既设定了盈余管理下限，也设定了盈余管理上限。图中，当净收益介于盈余下限和上限之间时，奖金呈现线性增长；当净收益低于下限时，则没有奖金；当设定盈余上限且净收益高于盈余上限时，奖金被限定在一定额度，即超过盈余上限的那部分收益将得不到相应奖金。诚如下图奖金计划，经营者该如何进行盈余管理？

学习完本章知识，同学们很容易得出该问题的答案。

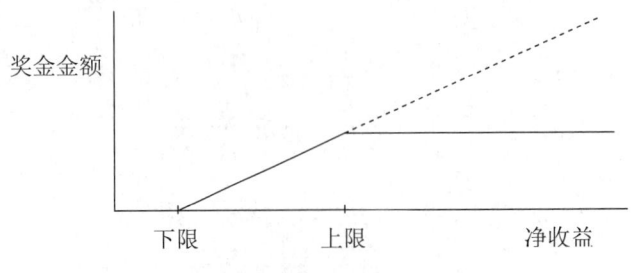

图 11-1　典型的奖金计划

根据司考特（1999）的理解，经营者在进行会计政策选择时会选择那些使自身效用或公司市场价值最大化的会计政策，经营者的这种行为就是盈余管理

（Earnings Management）。从这个定义出发，盈余管理的约束是会计政策（会计规范，主要是会计准则），盈余管理的动机是逐利，盈余管理的主体是经营者（包括会计师）。为了帮助初步掌握会计知识的人员理解盈余管理概念，本章从会计规范、会计准则和盈余管理概念内涵三个角度阐述会计准则与盈余管理的相互关系。

第一节　会计规范

会计规范是经办会计业务和管理会计活动的法律、法令、条例、规章、准则和制度等规范性文件的总称。按照内容，可将我国主要会计规范分为会计法、规范会计机构和会计人员活动的法规、规范会计业务处理活动的会计准则三类。

一、会计法

会计法是会计工作的准绳、依据和总章程，是一切其他会计法规、制度的"母法"。为了规范会计行为，保证会计资料真实、完整，加强经济管理和财务管理，提高经济效益，维护社会主义经济秩序，我国于 1985 年 1 月颁布了《中华人民共和国会计法》（简称《会计法》）。由于经济不断发展和改革进程的不断加快，我国分别于 1993 年 12 月和 1999 年 10 月两次对《会计法》进行了修订。我国现行《会计法》包括总则、会计核算、会计监督、会计机构和会计人员，公司、企业会计核算的特别规定以及违反会计法的法律责任等内容。

二、会计机构和会计人员法规

会计机构和人员法规是关于会计机构设置、会计机构内部稽核与牵制制度、会计人员的配备、职责、职务、任免和奖惩等方面的法律法规的总称。

（一）会计机构法规内容

会计机构是指单位内部所设置、专门办理会计交易和事项的机构。会计机构由专职人员组成，负责组织、领导、管理和从事会计工作的职能单位。虽然我国现行会计法规并未具体规定各单位应如何设置会计机构，但是给出了各单位设置会计机构的一般原则：各单位应当根据会计业务的需要，设置会计机构或者在有关机构中设置会计人员并指定会计主管人员；不具备设置条件的，应当委托经批准设立从事会计代理记账业务的中介机构代理记账（《中华人民共和国会计法》第

36条）。我国中央和地方各级企业管理机关一般设立会计（财务）司（局），或者设立会计（财务）处（科）；大中型企业通常设立会计（财务）处（科）；小型企业普遍设立会计（财务）科（股或组）。上市公司或一些大的企业集团绝大多数设立财务部。

为了提高核算效率和强化内部控制，在会计机构内部要进行必要的分工。一般地，较大企业财务科内部设置财务组、成本组、材料组、工资组、综合组等。会计机构内部应当建立健全稽核制度和内部控制制度。国有、国有资产占控股地位或者国有资产占主导地位的大、中型企业必须设立总会计师，总会计师在这些企业的地位超然，其任职资格、任免程序、职责权限由国务院规定。这些企业必须建立起以总会计师为首、以财务科长为主管，包括若干小组分工协作的财务、会计组织体系。

（二）会计人员法规内容

会计人员是从事会计工作的专职人员，如会计员、记账员、出纳员、财务员、稽核员、财务主管人员等。会计人员的主要工作职责是：进行会计核算，实行会计监督，拟订本单位办理会计实务的具体办法，参与拟订企业经营计划、业务计划，编制、分析和考核预算、财务计划的执行情况，以及办理其他会计事务。

1. 我国会计人员的职称分类

我国会计人员的职称由低到高分为会计员、助理会计师、会计师和高级会计师，每个职称都规定有相应的任职条件和工作职责。比如，会计师应较系统地掌握财务会计专业知识和基础理论，掌握并能贯彻执行有关财经方针、政策和财务会计法规、准则和制度，具备一定的财务会计工作经验，能担负一个单位或者管理一个地区、一个部门或一个系统某个方面的财务会计工作，具备规定学历和专业工作经历。

2. 我国会计人员专业技术资格考试

我国自1992年开始实行全国会计专业资格统一考试。从2001年起，全国会计专业技术资格统一考试按财政部、人事部的规定，考试级别分为"初级资格统考"、"中级资格统考"两类；从2003年起，又对高级会计师实行统考试点，2006年起实行全国统考。上述初级、中级和高级资格具体考试科目如下：

（1）初级资格统考科目包括经济法基础和初级会计实务；

（2）中级资格统考科目包括财务管理、经济法和中级会计实务。

（3）高级会计师资格统考科目为高级会计实务。

3. 我国各级会计人员任职条件

参加全国会计技术资格统一考试并获得中华人民共和国财政部和人事部颁发

的会计初级资格证书的会计人员，经有关单位考评，且符合专业技术职务任职条件的可聘为会计员或助理会计师；获得财政部、人事部颁发会计中级资格证书的会计人员，经过所在单位考评，并符合中级专业技术职务任职条件的可聘为会计师；获得财政部和人事部颁发会计高级资格证书的会计人员，经过专家评定，并符合单位需要，可以聘为高级会计师。获得会计师、高级会计师资格的人员有资格任企业的总会计师，企业总会计师是企业高级行政职位，其地位等同于企业总工程师、总经济师。

三、会计准则

会计准则是进行会计工作的规范，是处理会计业务和评价会计信息质量的准绳。会计准则可由政府主管会计工作的机关（如我国的财政部）制定，也可由特定的民间权威会计组织（如财务会计准则委员会、国际会计准则委员会）制定。根据级次，可将我国会计准则分为基本会计准则和具体会计准则。我国制定会计准则的目的是适应我国社会主义市场经济发展的需要，统一会计核算标准，保证会计信息质量，其根据是《中华人民共和国会计法》。

（一）基本会计准则

基本会计准则是进行会计核算工作必须共同遵守的基本要求，主要内容包括会计核算的基本前提、会计核算的一般原则、会计对象要素核算和会计报表编制的基本要求。基本准则又称指导性准则，其特点是覆盖面广、概括性高，能适用我国境内所有企业的需要。1992年11月30日我国财政部首次颁布《企业会计准则》，次年7月1日起施行，该准则属企业会计基本准则范畴。2006年对其进行了修改，并于2007年1月1日起实施。

（二）具体会计准则

具体会计准则是在基本准则基础上对会计业务处理作出的进一步规定。与基本准则相比，具体准则的特点是内容更加详细、针对性强和可操作性强。我国现行会计准则体系包括38项具体会计准则（1～38号），即：存货、长期股权投资、投资性房地产、固定资产、生物资产、无形资产、非货币性资产交换、资产减值、职工薪酬、企业年金基金、股利支付、债务重组、或有事项、收入、建造合同、政府补助、借款费用、所得税、外币折算、企业合并、租赁、金融工具确认和计量、金融资产转移、套期保值、原保险合同、再保险合同、石油天然气开采、会计政策会计估计变更和差错更正、资产负债表日后事项、财务报表列报、现金流量表、中期财务报告、合并财务报表、每股收益、分布报告、关联方披露、金融工具列报、首次执行企业会计准则。

四、其他会计规范

我国曾经颁布了《企业会计制度》(2001 年 1 月 1 日实施)《金融企业会计制度》(2002 年 1 月 1 日实施)和《小企业会计制度》(2005 年 1 月 1 日实施)。2007 年 1 月 1 日新会计准则体系出台，遂将《企业会计制度》《金融企业会计制度》纳入会计准则体系，即企业会计准则体系由"基本准则""具体准则"和"应用指南"三部分组成。其中，《企业会计准则——应用指南》除了对 38 项准则中的 32 项重要准则进行解释外，还增加了"会计科目和主要账务处理"附录，附录的实质内容就是原来的《企业会计制度》《金融企业会计制度》的主体内容。

此外，企业必须遵守的、与企业会计工作密切相关的一些其他规范也属于会计规范范畴，比如公司法、证券法、票据法、担保法、保险法和各种税法（如企业所得税法）。

第二节 高质量会计准则与会计信息质量要求原则

一、高质量会计准则对旅游企业会计核算的重要意义

会计准则是进行会计工作的规范，是处理会计业务和评价会计信息质量的准绳。会计准则质量的高低对会计信息质量产生重要影响，甚至可以说高质量会计准则是产生高质量会计信息的必要条件。高质量会计准则具有如下几个重要特征：第一，准则的制定过程要科学。准则制定立项、征求意见、发布和实施时间的选择都应当适当。第二，会计准则的基本结构应当符合财务会计概念结构的要求。第三，对准则所包含的一系列概念、会计确认标准、计量属性选择和会计信息披露要求等的陈述都应当严谨、明晰、严密而完整。第四，准则制定应当以目标为导向，而非规则导向。第五，准则制定程序应当公开透明，社会参与广泛。第六，准则制定、执行、解释和使用应当保持高度一致性。第七，高质量会计准则受外部环境影响较大。如准则制定和使用人员的素质、上市公司的治理结构和法律环境等都对会计准则的使用效果产生重要影响。第八，准则的试行、社会响应和专家意见等都会或多或少影响会计准则的质量。

旅游企业会计核算离不开会计准则的指导，其提供的财务信息在很大程度上

取决于会计准则质量,因而高质量会计准则对旅游企业会计核算具有重要意义:第一,高质量会计准则可以提高旅游企业会计信息含量,增强其决策有用性;第二,高质量会计准则基于原则导向,其适用性得到增强,也便于会计人员运用;第三,高质量会计准则依存的内外部环境给会计机构的运转和会计人员工作提供了极大便利。

二、我国会计信息质量要求的原则

高质量会计信息是会计核算工作追求的核心目标。究竟什么是高质量会计信息呢?我国于2007年1月1日起实施的新《企业会计准则》提出了如下八条标准,或称为会计信息质量要求的原则。

(一)客观性原则

客观性原则也称为真实性或可验证性原则,是指企业经办会计业务应当以实际发生的交易或者事项及相应凭证为依据进行会计确认、记录、计量和报告,如实反映和呈报企业经济活动及其他相关信息,保证会计信息真实可靠,且满足可验证性和无偏性。

请注意,客观性并不等同于精确性。在会计活动中,许多时候都要进行人为的估计和判断,如固定资产折旧方法的选择、应收账款计提坏准备比率确定等,这些活动不可能产生一个唯一精确的数值。因而,在一定范围之内,会计数字产生偏差不可避免。但是,这不等于说会计机构和人员可以恣意地进行会计估计和判断,他们应当基于会计政策选择范围和经济活动实质进行专业判断。所以,会计上讲的客观性是相对的,会计人员应当学习并运用辩证思维。

客观性是对会计工作的基本要求。如果会计不提供企业经济活动真实信息,而提供虚假和歪曲的会计信息,必将会误导会计信息使用者,致使其决策失误。所以,客观性原则要求会计核算必须取得真实、合法和有效的原始凭证,并以其作为编制记账凭证的依据,不得伪造会计记录、报告,确保会计核算提供的会计信息真实、可靠。为此,各个会计主体必须建立健全内部控制制度,严格遵守会计法、会计准则和其他相关法规,加强会计核算的基础工作,提高会计人员的素质,并强化会计核算资料稽核制度。

(二)相关性原则

相关性原则是指企业提供的会计信息应当与财务会计报告使用者的经济决策需要相关,有助于财务会计报告使用者对企业过去、现在或者未来的情况作出评价或者预测。

相关性并不是要求企业提供的会计报表完全满足所有会计信息使用者的经济

决策需求,不是简单地界定相关性牵涉面的大小,而是从质量上对会计信息进行界定。它要求企业提供的会计核算信息应满足国家宏观经济管理的需要,满足投资者、债权人、供应商等了解企业财务状况和经营成果的需要,以及满足企业不断加强内部管理的需要。此外,受成本效益原则的限制,企业会计报表不能针对每类会计信息使用者提供专用会计信息,而只能提供符合会计准则要求的通用会计信息。各类会计信息使用者只有通过对通用会计信息进行分析、加工和整理,才能发掘符合自身需求的有用决策信息。所以,所谓的会计信息相关性也只有相对意义,不具有绝对性。

(三)明晰性原则

明晰性原则是指企业提供的会计信息应当清晰明了,便于会计信息使用者理解和使用。

提供会计信息的目的在于使用,而会计工作专业性较强,要使信息使用者,特别是那些非会计专业人士,能够比较容易地了解会计信息的内涵,弄懂会计信息的内容,就要求会计的数据记录和文字说明必须清晰、简明、易懂,表述规范;要求对外呈报的会计报表项目勾稽关系清楚、数字准确、项目完整;进一步地,为便于审计和稽核,还要求企业填制的会计凭证、登记的会计账簿必须做到依据合法,文字摘要完整,账户对应关系清楚。

会计核算中,坚持明晰性原则,有利于会计信息使用者全面、准确地把握会计信息,增强会计信息的决策有用性。当然,随着我国经济的不断发展和改革的深入,人们对会计核算的要求不断提高,因而对会计核算明晰性的要求也会发生变化,会计应当提前感知这种变化并及时作出应对。

(四)可比性原则

可比性原则是指会计核算必须符合国家统一规定,企业提供的会计信息应当具有可比性。会计可比性主要有两层含义:横向可比和纵向可比。

1. 横向可比

横向可比要求,尽管各个企业可能处于不同地区、不同行业或处于企业生命周期不同阶段,但是只要经济业务相同,都应当遵守会计准则,并在国家统一规定或允许的范围内进行会计政策选择,从而使所有企业提供的会计核算资料和数据信息口径一致、相互可比。会计信息横向可比便于投资者、债权人和政府等利益相关者分析、汇总和利用会计资料。

随着我国经济国际化程度的提高,国内外企业经济交往不断增加,国内外企业之间财务信息的可比性要求日益强烈。会计国际化是解决国际范围会计信息可比性的最有效途径。

2. 纵向可比原则

纵向可比原则也称为一贯性原则，要求同一企业采用的会计核算程序和会计处理方法前后各期必须一致，不得随意变更会计核算程序和会计处理方法。国家财经法规对于某项经济业务所规定的会计处理方法，可能有多种（如固定资产折旧计提有四种方法），企业在选定其中一种方法后，不得随意变更。坚持一贯性原则，可使各期计算出的会计指标口径一致，有利于相关利益主体分析会计资料，有利于企业考核经营绩效，也便于人们进行预测和决策。坚持一贯性原则，不仅能够提高会计信息的使用价值，而且压缩人为地操纵成本、费用和利润的空间。

但是，纵向可比不排斥会计变更。如果企业内外部环境发生了较大变化，原来使用的会计核算方法不再适用，那么可以进行会计变更，但是应当将变更的原因和变化的情况及其对会计单位财务状况和经营成果的影响，在财务报告中加以说明。会计处理方法的变更，往往会导致不同会计期间收入类、费用类财务指标口径不一致，影响会计信息的可比性，影响相关利益主体对会计信息的利用。

（五）实质重于形式原则

实质重于形式原则是指企业应当按照交易或事项的经济实质进行会计确认、计量和报告，不应仅以交易或者事项的法律形式作为依据。

通常企业发生交易或事项的经济实质与法律形式是一致的，只有在少数情况下不一致。比如，融资租入固定资产，虽然从法律形式角度看承租方并不拥有其所有权，但是融资租赁合同往往约定很长的租赁期，接近于该资产使用寿命，从经济实质上讲，与该项固定资产相关的收益和风险已经转移给承租人，承租人实际上已经能对该项资产进行控制，因此承租人应该将其视同自有固定资产，一并计提折旧和大修理费。

遵循实质重于形式原则，确保会计核算能够更准确地把握经济实质，能够尽可能地保证会计核算信息与客观经济事实相符。

（六）重要性原则

重要性原则是指企业提供的会计信息应当反映与企业财务状况、经营成果和现金流量等有关的所有重要交易或事项。操作上，对重要的交易或事项要重点反映，非重要的会计交易或事项可简化处理。这里，影响财务报表使用者的决策，谓之"重要"。

具体地说，在会计核算过程中应当视重要程度对会计交易或事项进行区分，并采用不同的会计处理方法和程序。其中，对资产、负债、收入和费用等有较大影响，进而影响财务会计报告使用者判断和决策的重要会计事项，必须按照规定的会计方法和程序进行处理，并在财务会计报告中充分、准确地披露；对于次要的会计事项，在不影响会计信息真实性和不会误导财务会计报告使用者的前提下，可适当简化处理。

遵循重要性原则既可以突出会计信息披露重点，提高会计信息的决策有用性，也能减轻会计工作量，并降低会计核算成本。不足之处在于，无论从质和量两个维度准确界定"重要"都比较困难。

（七）谨慎性原则

谨慎性原则又称稳健性原则，是指企业对交易或事项进行会计确认、计量和报告应当合理估计可能发生的损失和费用，而不应高估资产或者收益、低估负债或者费用。

谨慎性原则要求，在有几种会计处理方法可供选择时，会计人员应当尽可能选择一种不虚增利润和夸大所有者权益的会计处理方法。这样做的好处是既可以降低报告利润，减少所得税费用支出和过度分配利润，又不会使账面资产虚增，从而使企业管理当局充分估计到可能发生的风险和损失，积极采取措施应对复杂多变的外部经济环境。

谨慎性原则在会计核算中应用比较广泛，比如对应收账款计提坏账准备、对固定资产采用加速折旧法，以及计提各种财产减值准备等。

当然，要注意适度使用会计谨慎性原则，否则滥用该原则可能成为企业操纵会计盈余的手段，比如计提秘密准备、调整损益和利润等。

（八）及时性原则

及时性原则是指企业对于已经发生的交易或事项，应当及时进行会计确认、记录、计量和报告，不得故意提前或者延后。

本质上，会计存在的主要理由是向相关利益主体提供可资决策参考的信息，而信息的价值主要在于时效性，陈旧的信息可能没有任何价值。在经济信息化和全球化背景下，市场情况瞬息万变，竞争日趋激烈，企业内外各有关方面对会计信息的及时性要求越来越高。为此，要求企业在会计核算过程中务必要坚持及时性原则：一是要及时搜集会计信息，在经济业务发生后，及时填制、取得和整理各种原始资料；二是及时处理会计信息，在会计准则和国家统一的会计制度规定的时限内，及时进行相应账务处理并编制出财务会计报告；三是及时传递会计信息，在会计准则和国家统一的会计制度规定的时限内，及时对编制并经过审计的财务会计报告进行对外披露。

第三节 如何看待盈余管理

对熟悉会计和财务知识的人来说，盈余管理是一个出现频率较高的词汇。究竟什么是盈余管理？盈余管理与会计造假是一回事吗？盈余管理常用方法有哪些？该如何评价盈余管理？

一、盈余管理概念

经营者在备选范围内，根据自利原则选择使自身效用最大化的会计政策叫做盈余管理。经营者自身效用最大化有时与企业价值最大化目标一致，有时背道而驰。盈余管理的主要方法可分成两类：一是依靠巧妙运用会计政策，二是安排交易以改变财务报告。

对于盈余管理的属性，国外学者早有精辟论述。比如，美国著名会计学者Schiper（1989）认为，盈余管理是管理者为了获得某种私人利益（而并非仅仅为了中立地处理经营活动），对外部财务报告进行有目的的干预。再如，希利和瓦伦（Healy & Wahlen，1999）认为，当管理者在编制财务报告和构建经济交易时，运用判断改变财务报告，从而误导一些利益相关者对公司根本经济收益的理解，或者影响以报告会计数字为基础的契约结果的行为就是盈余管理。一般认为，盈余管理具有如下几个特征：

1. 盈余管理的主体是企业管理当局，比如部门经理、公司经理和董事会。他们运用会计政策选择或者安排交易改变财务报告数字和陈述，或粉饰财务报告，所以盈余管理是管理者和会计人员的合谋，而管理当局当负主要责任。

2. 从短期来看，盈余管理会改变报告盈利。但是，从长期来看，盈余管理不可能增加或减少企业实际利润。所以，盈余管理改变的是企业盈利在不同会计期间的分布。

3. 盈余管理必然会产生一定的后果。在市场经济条件下，同时涉及经济收益和会计数据的信号作用问题，并能对投资者的决策产生影响。

4. 盈余管理具有复杂性，主要表现在四个方面：盈余管理的主体是企业管理当局；盈余管理客体主要是企业经济活动信息、会计准则、会计方法和会计估计；盈余管理动因具有多样性；盈余管理根本目的具有单一性，即管理者自身效用最大化，但常常表现为管理者和股东利益的权衡。现实中的盈余管理就是上述因素

（甚至更多因素）共同作用的结果，从而给清晰界定盈余管理带来很大困难。

二、盈余管理的方式

从盈余管理概念可以看出，为实现管理者、企业管理当局的意图，可以采用的方式和方法是多样的，下面介绍国内外公认的几种典型的盈余管理方式。

（一）注销巨额资产

目的：这种盈余管理方式的直接目的是报告亏损，甚至是巨额亏损。

情形：可能适用的情形是，企业组织结构发生重大变化，比如首席执行官发生变更。

解释：在重要人事变更时，管理当局报告亏损，甚至是夸大亏损，不会对其造成影响，因为可以将亏损归因于前任所为。而且，将未来发生的费用提前至当期，可以提高未来盈利的可能性。

（二）利润平滑

目的：这种盈余管理方式的直接目的是将利润保持在盈余下限和上限之间，给人以盈余平稳的感觉。

情形：可能适用的情形是，或者由于管理当局的风险偏好，或者由于奖金发放引起。

解释：一是风险厌恶型的管理当局不希望盈余波动大；二是由于奖金计划，盈余平稳则奖金收入平稳。

（三）利润最小化

目的：这种盈余管理方式的直接目的是将报告利润保持在极低水平。

情形：可能适用的情形是，或者受高度的政治关注，或者遭受国外竞争。

解释：过高盈利可能受高度政治关注，可能遭受反垄断组织和人士的指责，甚至遭受巨额罚款和面临企业分拆。遭受国外竞争压力情形之解释与此类似。

此外，还有其他盈余管理方式，如利润最小化、变更会计政策、应计项目管理、改变交易时间、业务安排和资产评估等。

总之，盈余管理方式是多样的，甚至个别盈余管理方式之间存在冲突。企业具体基于何种原因、在何时、采用何种方式和进行多大程度的盈余管理往往具有较大不确定性，因此很难准确地预计公司盈余管理行为。但是，这不等于说我们对管理当局的盈余管理完全一无所知，丰富的知识和经验往往会给我们提供极大帮助。

三、对盈余管理的简单评价

归根结底，盈余管理与代理人冲突——委托人与代理人之间的矛盾冲突有关。

由于委托人与代理人的目标不一致，代理人往往利用自己的信息优势为自己谋取私利，盈余管理的特点决定了它成为代理人谋取利益的最佳工具之一。此外，契约的不完全性和刚性为管理当局的盈余管理行为提供了便利条件。

管理层通过盈余管理，通过使用会计手段或者通过安排交易将企业的账面盈余达到所期望的水平，有时会导致一些非议。但是，盈余管理不同于会计造假，应当将二者区别对待。会计造假是企业管理当局采用编造、变造、伪造等非法手法编制会计报表，企图掩盖企业经营状况和财务状况，操纵利润的行为。会计造假危害巨大，完全背离了会计准则，并抛弃了会计人员职业道德与职业操守，应当对其零容忍。会计造假不仅误导投资人、债权人和其他相关利益主体，更给整个社会的经济秩序和市场经济信用基础带来严重危害。

尽管一些人认为盈余管理不好，它会降低财务报表信息的可靠性。但是盈余管理也有一些有利的方面，比如，基于企业的不完备性和刚性，给予经营者适度的盈余管理权限，能够在一定程度上增加经营管理的灵活性；再如，从市场的角度看，盈余管理可以帮助公司向市场传递内部信息，降低其资本成本。

四、盈余管理案例分析

（一）利用变更会计政策与会计估计手段进行调节

会计估计是指企业对其结果不确定的交易或事项以最近可利用的信息为基础所作的判断。会计估计变更是指由于资产和负债的当前状况及预期未来经济利益和义务发生了变化，从而对资产或负债的账面价值或资产的定期消耗金额进行的重新估计和调整。根据上述定义，会计估计与会计估计变更过程事实上是会计人员充分运用职业判断的过程，其客观性备受人们质疑。另外，外部信息使用者中会计专业人员毕竟是少数，大部分人不具备精深的会计专业知识。在这些因素的共同作用下，公司外部相关利益主体很难判断哪种会计政策和估计是恰当的，从而公司管理当局往往有动机根据自己的利益来变更会计政策和估计来达到盈余管理的目的。利用变更会计政策与会计估计进行盈余管理的手段主要有变更折旧方法和折旧年限、变更存货计价方法、变更坏账准备计提方法和变更长期股权投资的核算方法等。

【案例1】从 2003 年开始，陆家嘴（公司股票代码 600663）一直通过会计政策和会计估计隐藏其真实利润，由于真实利润大大超出面利润，该公司手中持有大量的现金。从利润表看，2005 年陆家嘴实现净利润 5.70 亿元，仅比 2002 年增长了 11.27%。与之形成鲜明对照的是，陆家嘴的货币资金却与日俱增，2005 年末达到 42.39 亿元，比 2002 年底增长了 1.54 倍。到 2006 年 9 月 30 日，该公司的货币资金达到 54.93 亿元，占总资产的 44.15%。是什么原因导致陆家嘴财务数据异常呢？是盈余管理。

陆家嘴在2005年年报中披露了一项会计估计变更：公司办公所在地上海市浦东大道981号办公楼属临时建筑。公司曾向有关政府部门申请延长建筑的有效使用期。政府部门答复该建筑的有效使用期不能延长，甚至可能立即无条件拆除（因城市发展规划）。变更前公司对此房产按30年直线法折旧。由于浦东新区新一轮开发建设快速启动与滨江两岸规划的实施进度加快，基于谨慎性原则，公司拟变更该资产的折旧年限，决定在五年内（2005~2009）将资产净值扣除必要残值后金额全部折旧完毕。同时还明确，假如将来有证据表明该资产的实际可使用年限低于五年，还可根据实际情况再行相应缩短折旧年限。折旧年限的缩短意味着各期折旧费用增加，在其他条件不变的情况下当期利润相应降低。仅上述会计估计变更就使陆家嘴本年度合并报表净利润减少910.94万元。

资料来源：《经济研究导刊》，2009年第18期。

（二）利用资产重组进行调节

资产重组是指企业改组为上市公司时将原企业的资产和负债进行合理划分与结构调整，经过合并、分立等方式，将企业资产和组织重新组合与设置。狭义的资产重组仅仅指对企业的资产和负债的划分与重组，广义的资产重组还包括企业机构和人员的设置与重组、业务机构和管理体制的调整。从产权经济学的角度看，资产重组的实质在于对企业边界进行调整。

上市公司利用资产重组进行盈余管理的常用手段主要有：股份转让、资产置换、对外转让资产和对外收购兼并等。资产的转让和处置，包括转让和处置固定资产、无形资产、长期投资、短期投资、股权投资和在建工程等。上市公司通过资产的转让和处置可以将不良资产转让给控股子公司，或将母公司的优质资产低价购入且不计财务费用。通过这种形式，上市公司一方面可以不付出任何代价地获得母公司优质资产的使用权，另一方面还可以避免经营不良资产产生的损失或亏损。

【案例2】浙江东方（公司股票代码600120）2004年实现利润19 143.6万元，净利润10 201万元，正常经营利润5 339万元。其中，处置资产产生收益3 236.87万元，占公司当年净利润的31.7%。该公司2002年、2003年和2004年净资产收益率分别为13.59%、10.29%和10.34%。由于连续三年平均净资产收益率在10%以上，因而该公司2004年得以顺利配股。

资料来源：《经济研究导刊》，2009年第18期。

本章小结

盈余管理是会计、财务领域的热点话题，褒扬者有之，贬损者亦有之，本书将其作中性词看待。要全面地理解盈余管理，需从多个纬度考量。本章首先阐述了盈余管理政策边界——会计规范（特别是会计准则），继而说明高质量会计准则对旅游企业会计核算的重要性，最后阐述了盈余管理的概念、动因、约束和方法。为增强读者的感性认识，本书还概括介绍了两个盈余管理案例。系统地学习上述三个方面内容有助于我们全面、科学地看待盈余管理。值得说明的是，对盈余管理感到好奇的读者，建议阅读司考特（Scott）的专著《财务会计理论》和国内关于该话题的研究文献。

重要名词

会计规范　　　　　　　　会计准则
盈余管理　　　　　　　　案例
会计政策变更　　　　　　会计估计
资产重组　　　　　　　　利润平滑
注销巨额资产　　　　　　利润最小化

练习题

1. 什么是会计规范？你知道的会计规范有哪些？
2. 什么是盈余管理？盈余管理的动因是什么？盈余管理的方法有哪些？如何科学看待盈余管理？

第十二章 旅游企业成本核算与成本控制

【学习目的】
1. 了解成本核算和成本控制的意义。
2. 了解成本核算应遵循的原则。
3. 了解成本核算的一般程序。
4. 了解成本控制的具体方法及分类。
5. 理解标准成本控制原理。
6. 了解旅行社、酒店的成本核算及控制。

【引例】

旅游企业成本费用利润率是旅游企业在一定时期内营业利润与企业成本费用总额的比率,表明每付出一元成本费用可获得多少利润,体现了经营耗费所带来的经营成果。一般可以这样解读成本费用利润率指标:这是个"正"指标,数值越高,利润就越大,表明企业的经济效益越好。

表12-1(旅游企业ROA和ROPC对比表)列示了2011年和2010年旅游企业总资产报酬率和成本费用利润率指标。

该如何阅读和分析表中所列财务指标?如何看待成本控制对企业增加经济效益的重要性?学习完本章内容以后,你可以厘清这些问题的部分分析思路。

表12-1 旅游企业ROA和ROPC对比表

财务指标	ROA(2011)	ROA(2010)	ROPC(2011)	ROPC(2010)
全国旅游企业	3.98	2.54	4.91	2.97
旅行社	5.23	4.85	4.75	1.94
旅游饭店	2.91	2.07	1.28	1.43
旅游集团	5.92	2.45	17.06	12.39
旅游景区	3.64	2.53	11.23	6.02
其他旅游企业	4.99	3.77	8.98	7.89

注:ROA表示总资产利润率,ROPC表示成本费用利润率。

资料来源:2012年度中国旅游财务信息年鉴。

第一节 旅游企业成本核算

一、成本核算的意义

成本是在生产产品或提供劳务过程中发生的并由产品或劳务承担的费用,是对象化的费用。企业通过生产费用的汇集和分配,将生产费用在完工产品和在产品之间进行分配,即可计算各种完工产品成本。

成本计算不只是简单的会计行为,还是企业生产经营管理的重要内容,其重要性体现在如下几个主要方面:

1. 通过产品成本可以计算出产品的实际成本,为产品定价决策提供依据,还可以为企业的利润计算和利润分配等决策提供参考。

2. 通过产品成本计算,可以考核企业各种成本计划和费用预算执行情况,为企业的生产经营控制等提供决策参考。

3. 通过成本计算,还可以反映和监督在产品资金占用的增减变动和结存情况,加强在产品资金的管理,提高资金的周转速度和资金使用效益。

4. 通过成本核算取得的实际成本资料可作为成本管理和控制(包括成本预测、决策等)的重要依据,为企业管理工作提供极大便利。

二、成本核算原则

尽管各个企业生产类型和管理风格可能存在较大差异,其成本核算也常常呈现出不同的特点,但是所有企业成本核算提供的信息都应当具备相关、及时和准确的特征。相关是指成本核算数据必须满足信息使用者的某种决策需要;及时是指信息的提供要及时,能满足成本分析、成本决策和成本考核的需要,适时地为制定措施、改进企业生产工作服务,否则过时信息就会失去其价值;准确是指成本信息的质量要相对可靠,没有故意提高或降低成本行为发生。

成本核算原则是指进行成本核算时应当遵循的工作规范,是人们在成本核算实践中总结的工作经验。为使企业成本信息具备上述特征,企业在进行成本核算时应遵循以下七项基本原则:

1. 合法性原则,是指计入成本的费用都必须符合法律、法规、制度等的规定。

2. 可靠性原则,包括真实性和可核实性,真实性是指所提供的成本信息与客观的经济事项相一致；可核实性是指成本核算资料按一定的原则由不同的会计人员加以核算，都能得到相同的结果。

3. 相关性原则，包括成本信息的有用性和及时性，有用性是指成本核算要为管理当局提供有用的信息，为成本管理、预测和决策服务；及时性是强调信息取得的时效性，及时地进行信息反馈，及时地采取应对措施，及时改进工作。

4. 重要性原则，对成本有重大影响的项目应作为重点，力求精确；而对于那些不太重要的琐碎项目，则可以从简处理。

5. 一致性原则，前后各期采用的成本核算方法必须一致，成本资料口径统一，前后连贯，互相可比。

6. 权责发生制原则，应由本期成本负担的费用，不论是否已经支付，都要计入本期成本；不应由本期成本负担的费用，即使在本期支付，也不应纳入本期成本。

7. 实际成本计价原则，当期生产耗用的原材料、燃料和动力要分别按照实际耗用数量乘以实际单价加以计算。

三、产品成本核算的程序

（一）正确划分成本项目

在成本计算过程中，一般要确定成本项目。通俗地说，成本项目是生产性费用按照经济用途分类的结果，它包括直接材料、直接人工、其他直接支出和制造费用。

直接材料是指在生产过程中构成产品实体，或者有助于产品形成，而且可以直接计入成本计算对象的各项材料费用。直接人工是指企业为直接从事产品生产加工人员所列的各项开支，且可以直接计入产品生产成本，包括工资、津贴、和福利费等项目。其他直接支出主要是指按照生产人员工资一定比例计提的职工福利费。制造费用是指间接计入产品成本的各种生产费用，主要包括企业各生产单位（如车间、分厂）为组织和管理生产所发生的一切费用。比如各生产管理单位管理人员工资、职工福利费、固定资产折旧、劳动保护费和季节性生产和修理期间的停工损失等。由于这类费用发生时尚无法直接确定其归属的成本计算对象，所以暂时按照其发生地点汇集起来，月末再采用一定的方法在各个成本对象（产品）之间进行分配，从而进入产品生产成本。

明确成本项目可以清晰了解生产费用具体经济用途和成本结构，从而提供更多更有用的会计信息；通过对成本计算项目的分析，人们可以查明产品成本发生变化的原因，为挖掘潜力降低成本提供信息支持。

（二）合理划分成本计算边界

在成本计算过程中，为保证各种费用归集和分配正确，需要合理划分各种成本计算边界：

1. 要正确划分生产经营费用和非生产经营费用界限，按照经济用途，企业费用分为生产经营费用与非生产经营费用。

2. 要正确划分应计入产品成本的生产经营费用和不计入产品成本的期间费用。

3. 要正确区分各种产品成本之间的界限。

4. 要正确划分在产品成本和产成品成本之间的界限。

（三）遵循成本计算的一般程序

在成本计算过程中，会计人员既要整理大量的相关数据资料，又要遵循会计核算规范。可以说，成本计算过程是个相当复杂的过程，专业性也很强。为了保证会计核算工作有条不紊地进行，并得到正确的成本计算结果，成本计算工作应当纳入计划，并遵循一定的工作程序。一般地，成本计算应当遵循如下步骤：

1. 根据法律法规和单位内部规章制度，对企业的成本计算工作和核算资料进行审核，确定各项费用开支的合理性。

2. 将当期发生的费用进行归类，以确定其是否应当计入生产性费用，确定其是否应当计入产品成本以及以怎样的方式计入产品成本，即确定费用的归属对象。

3. 对期末尚未完工的产品成本进行处理，将其与完工产品成本加以分离，最终确定出本月完工产品总成本和单位成本。

4. 进行必要的账务处理。将完工成品成本转入至"库存商品"账户，并将期间费用直接计入当前损益。

（四）设置和登记有关账户

在产品成本计算过程中，企业需要设置"生产成本"、"制造费用"两个基本账户。从更广泛意义上来说，"管理费用"、"财务费用"、"销售费用"和"长期待摊费用"等也属于成本计算账户范畴，因为这些账户与企业产品成本计算关系十分密切。

"生产成本"账户用来核算企业生产各种产品，包括完工产品、自制半成品和提供工业性劳务等，在生产加工过程中所发生的各种生产费用。该账户的借方登记当月发生的全部生产费用，贷方登记月末结转完工产品的实际生产成本，月末余额在账户的借方，它表示企业生产过程中尚未完成全部生产加工过程的在产品实际生产成本。如果企业下设辅助生产部门，"生产成本"总账户下要设置两个二级账户，分别是"基本生产成本"和"辅助生产成本"（本书不涉及辅助生产成本的分配）。为了更加具体地核算各种产品的生产费用和实际生产成本，可以在上述两个账户之下再设置明细账，从而形成三级明细核算的局面。

四、餐饮业成本核算

餐饮产品成本核算，实质上是餐饮产品原料成本的核算。餐饮产品的成本是其所耗用各种原料的成本之和，即所耗用的主、配料成本（通常以材料成本或半成品成本形式出现）与调味品成本之和。所以，要核算某一单位产品的成本，只要将其所耗用的各种原料成本逐一相加即可。

（一）餐饮产品成本核算的方法

餐饮产品可成批生产和单件生产，分别适合采用先总后分法和先分后总法进行成本核算。

1. 先总后分法

先总后分法，就是先求出每批产品的总成本，而后求出其每一单位产品的平均成本。这一方法适用于求成批制作的产品的成本，如卤制品、主食点心等。之所以采用这种成本计算方法，因为成批制作的产品其各单位产品的用料和规格质量基本一样，在求其单位产品的成本时，都是先计算出每一批产品的成本，然后再根据这批产品的件数求出其每一单位产品的平均成本。

先总后分法计算成本的公式是：

本批产品所耗用的原料总成本=本批产品所耗用的主料成本+本批产品所耗用的配料成本+本批产品所耗用的调味品成本

2. 先分后总法

先分后总法，就是先计算出单位产品中所耗用的各种原料的成本，而后逐一相加得出单位产品的总成本。这种方法适用于计算单件制作的产品成本，如小炒荤菜、花色冷盘等。因为单件制作的产品中每一产品的用料和规格质量不尽相同，所以必须通过个别计算各种原料成本再加总的方法来求其单位产品的成本。

先分后总法计算成本的公式是：

单位产品成本=单位产品所用的主料成本+单位产品所用的配料成本+单位产品所用的调味品成本

餐饮业成本一般是根据所耗用的原材料每月计算一次。如果厨房食用的原材料当月完全用光，领用的原材料金额就是当月全部产品的成本；如有剩余和半成品，则采用"以存计耗法"倒求成本。其计算公式是：

本月耗用原料成本=月初原料结存额+本月领用原料总额-月末原料盘存额（包括剩余料及半成品）

餐饮业基本上都是采用"以存计耗法"计算所用的原材料成本。因此，必须把盘存工作组织好，及时对厨房（包括隶属企业的小仓库、保管室等）的剩余原料和半成品进行全面而精确的盘点，并且合理地进行计价，以保证成本核算工作的顺利进行。

(二) 餐饮业产品成本核算举例

单一产品成本核算采用先分后总法,即要计算每一个菜肴品种的成本,只需把菜肴所耗用的各种原料成本相加,即为所求的结果。

单位产品成本=单位产品所用主料成本+单位产品所用的配料成本+单位产品所用的调味品成本

大体计算步骤是:首先,列出菜肴原料配方及其数量(可根据本企业制定的标准食谱查出);其次,计算出各种原料的成本,菜肴中的各种原料均系净料或半成品,计算时必须用净料或半成品的单位成本和重量;最后,求出菜肴的总成本(菜肴的总成本包括主料、配料及调味品的成本)。

【例1】 拟加工松子鱼一份,用料如下:净鱼肉350克、鸡蛋70克、白糖25克、生粉75克、三色蛋丝30克、生油150克、精盐2.5克、味精5克、糖醋275克。试求该份菜肴的成本是多少?

表12-2(松子鱼成本计算单)列出松子鱼的原料配方、数量和单位成本。

表12-2 松子鱼成本计算单

原料名称	用量(克)	单价(元/千克)	金额(元)
净鱼肉	350	30	10.50
鸡蛋	70	12	0.84
白糖	25	9	0.23
生粉	75	6	0.45
三色蛋丝	30	12	0.36
生油	150	14	2.10
精盐	2.5	8	0.02
味精	5	30	0.15
糖醋	275	5	1.38

解析:松子鱼的成本:

10.50+0.84+0.23+0.45+0.36+2.10+0.02+0.15+1.38≈16(元)

答:一份松子鱼的成本为16元。

为了便于控制成本和计算菜肴售价,各餐饮企业都根据自身经营的特点设计和制定出适合本企业的标准菜肴和标准份量。标准菜肴不仅规定了每一种菜肴的烹制份数以及所需的各种主料、配料、调味品的标准用料量,列出各项原料的单价、成本,而且规定了烹饪方法。与此同时,还需要设立成本卡(标准配方卡),

并附加文字说明和照片。这里,标准配方卡就是企业常用的"餐饮制品配料定额成本计算单"。

根据标准菜谱上列示的各项原料的投料量及其单价,就可以计算出每一份菜肴的总成本。

为便于横向比较,还可计算菜肴成本率:

成本率=单位产品成本÷售价×100%

【例2】 试编制"干贝扒火鸡"的标准成本及售价(参见表12-3)。

解析:菜肴名称:干贝扒火鸡　　　分数:1　　　日期:20130706

每份成本:22.30元　　　预计售价:48元　　　编号:F001

表12-3　干贝扒火鸡配料成本明细表

原材料名称	投料量(克)	单价(元/千克)	成本金额(元)	备注
火鸡脯肉	250	58.00	14.50	检疫
干贝	50	88.50	4.43	
火腿	25	58.00	1.45	
水淀粉	25	3.60	0.09	
熟油	25	60.00	1.50	
葱	15	6.00	0.09	
姜	10	10.40	0.10	
料酒	5	8.40	0.01	
精盐	5	9.90	0.05	碘盐
味精	3	12.00	0.04	
白糖	5	8.80	0.04	
合计成本			22.30	
售价			48.00	
成本率			46.46%	

这里的标准成本是正常情况下制定的成本标准,是在效率良好的条件下,根据下期一般应该发生的生产要素消耗量、预计价格和预计生产经营能力利用程度制定出的标准成本,是要经过努力才能达到的一种标准,因而可以调动职工的积极性。标准成本对企业管理和会计核算具有重要作用:

(1)标准成本可用于控制成本。标准成本可作为评价管理人员工作好坏的标准,把实际已经做的和应该做的进行比较,节约差异表示经营的结果优于预期,而超支差异则表示经营的结果不如预期。所以,计算标准成本差异对分析和控制成本十分重要。

（2）标准成本可用于决策。标准成本通常用来作为确定销售价格的基础，在确定不属于同批产品的销售价格时，更要以标准成本为基础。

（3）建立标准成本制度可使成本计算更合理。

（4）制定标准成本还可减少成本核算工作量。

第二节　旅游企业成本控制

一、成本控制的意义

成本控制有广义和狭义之分。狭义的成本控制主要是指对生产阶段产品成本的控制，即运用一定的方法对产品生产过程中构成产品成本的一切耗费进行科学严格的计算、限制和监督，将各项实际耗费限制在预先确定的预算、计划或标准的范围内；事后通过分析造成实际成本脱离计划或标准的原因，积极采取对策，以实现全面降低成本目标。狭义成本控制重视对日常生产阶段产品成本的控制。

广义的成本控制则强调对企业生产经营各个方面、环节以及阶段的所有成本的控制。它不仅要控制产品生产阶段的成本，还要控制产品的设计试制阶段的成本、销售及售后服务阶段的成本；不仅要控制产品成本，还要控制其他相关成本，如质量成本和使用寿命周期成本；不仅要加强日常的反馈性成本控制，而且要做好事前的前馈性成本控制。显而易见，广义的成本控制在空间上渗透到企业的各个方面，在时间上贯穿了企业生产经营的全过程，它与成本预测、成本决策、成本规划和成本考核共同构成了现代成本管理的完整系统。

二、成本控制的分类

可按不同的标志对成本控制进行分类，这里着重介绍按照控制时间、控制原理、控制手段、控制对象和产品生命周期分类。

（一）按控制时间分类

广义的成本控制按其时间特征可分为事前成本控制、事中成本控制和事后成本控制三种类型。

事前成本控制是指在产品投产前的设计、试制阶段，对影响成本的各有关因素所进行的事前规划、审核与监督；同时建立健全各项成本管理制度，达到防患于未然的目的。

事中的成本控制是指在产品的生产过程中,从投料起对成本的形成和偏离成本目标的差异进行适时控制。

事后成本控制是指在产品形成之后的综合分析与考核。

狭义的成本控制则只包括事前成本控制和事中成本控制。

(二)按控制的原理分类

成本控制按其控制的原理可分为前馈性成本控制、防护性成本控制和反馈性成本控制三种类型。

前馈性成本控制是指利用控制理论中前馈控制原理对事前的产品设计、试制阶段所进行的成本控制。

防护性成本控制是一种辅助控制(也称制度控制),它是通过企业内部指定的规章制度来约束成本和支出,预防偏差和浪费的发生,属于事前成本控制。

反馈性成本控制则是指利用反馈原理进行的日常或事后的成本控制。

(三)按控制的手段分类

按控制手段可将成本控制分为绝对成本控制和相对成本控制两种类型。

绝对成本控制着眼于节流,主要侧重于节约各项支出,杜绝浪费。

相对成本控制是开源与节流并重,除采取节约的措施外,还要根据"本—量—利"分析的原理,承诺充分利用生产能力,以达到相对降低产品成本的目的。

(四)按控制的对象分类

按控制对象可将成本控制分为产品成本控制和质量成本控制两类。

产品成本控制是指生产产品全过程的控制。

质量成本控制是指质量管理与成本管理的有机结合,通过确定最优质量成本,以达到控制成本的目的。

(五)按产品生命周期分类

按产品生命周期可将成本控制分为运营期成本控制和使用寿命周期成本控制。

运营期成本控制是指控制企业运营期内的成本。

使用寿命周期成本控制则是从用户的角度出发,力图实现对生产成本和使用成本的双重控制。

(六)按成本控制方法分类

根据成本控制方法,可以将成本控制分为四类:目标成本控制、作业成本控制、责任成本控制、标准成本控制。

本章着重讲解标准成本控制原理,并举例说明。

三、标准成本控制原理

（一）标准成本的含义

标准成本，又称应该成本，是指在正常和高效率运转情况下制造产品的成本，是有效经营条件下发生的一种目标成本，而不是指实际发生的成本。

标准成本产生于20世纪20年代的美国，是泰勒制与会计相结合的产物。第二次世界大战以后，随着管理会计的发展，它在成本预算的控制方面得到广泛的应用，并发展成为包括标准成本的制定、差异的分析和差异的处理等三个组成部分的完整的成本控制系统。标准成本以目标成本（标准成本）为基础，把实际发生的成本与标准成本进行对比，揭示出成本差异，使差异成为向人们发出的一种"信号"。基于这种"信号"，企业进一步查明差异的成因和责任，及时采取对策，旨在有效控制成本的发生。

（二）标准成本的分类

标准成本按其制定所依据的生产技术和经营管理水平，分为理想标准成本、正常标准成本和现实标准成本。

（1）理想标准成本，它是以现有生产经营条件处于最佳状态为基础确定的最低水平的成本。

这种标准成本是在假定原材料无浪费、设备无事故、产品无废品、工时全有效的基础上制定的。

由于这种成本的要求过高，即使企业全体职工共同努力也无法达到，因此难以用于企业生产实践。

（2）正常标准成本，也称平均标准成本，它是根据过去一段时期实际成本的平均值，剔除生产经营活动中的异常因素，并考虑今后的变动趋势而制定的标准成本。

这种标准成本将未来视为历史的延伸，主要以过去若干年内成本的平均水平为基准制定，并结合未来的变动趋势进行调整制定而成。与理想标准成本不同，正常标准成本经过努力可以达成。理想标准成本适用于国内外经济形势稳定、企业生产发展平稳的客观经济环境。

（3）现实标准成本，又称期望可达到的标准成本，它是根据适用期合理的耗费量、合理的耗费价格和生产能力可能利用程度等条件制定的切合适用期实际情况的一种标准成本。它是一种经过努力可以达到的既先进又合理，最切实可行且接近实际的成本，因此在实际工作中被广泛采用。

（三）标准成本控制步骤

标准成本法控制，是指围绕标准成本相关指标而设计，将成本的前馈控制、反馈控制和核算功能有机结合而形成的一种成本控制系统。一个完整的标准成本系统,主要包括标准成本的制定、成本差异的计算与分析以及成本差异处理三个部分。实施标准成本控制的一般步骤如下:

1. 根据企业实际情况,结合生产特点制定成本中心;
2. 正确制定单位产品标准成本(成本标准);
3. 揭示实际消耗与成本标准的差异;
4. 根据实际产量和成本标准计算产品的标准成本;
5. 积累实际成本资料并认真汇总计算实际成本;
6. 通过标准成本和实际成本的比较,算出标准成本的差异,分析成本差异的原因;
7. 进行标准成本及成本差异的账务处理(纳入会计簿记体系的单位才有);
8. 向成本负责人提供成本控制报告,评价考核各责任部门、人员的业绩。

(四)标准成本的一般公式

产品的标准成本,根据完全成本法的成本构成项目,主要包括直接材料、直接人工和制造费用三个项目。无论是哪一个成本项目,在制定其标准成本时,都需要分别确定其价格标准和用量标准,两者相乘即为每一成本项目的标准成本,然后汇总各个成本项目标准成本,就可以得出单位产品的标准成本。其计算公式为:

成本项目标准成本=成本项目的价格标准×成本项目的用量标准

单位产品标准成本=∑(某种成本项目的价格标准×该成本项目的用量标准)

制定标准成本有利于了解和控制企业的日常经营活动,通过每个成本项目差异的分析,还可查明成本差异成因,以便找到控制和降低成本的途径。

四、旅游业成本控制

(一)旅行社标准成本控制

旅行社标准成本控制中要用到"每人每天成本"、"间天出租成本"和"百元营业额营业成本"等指标,现将这些指标的定义式表述如下:

$$每人每天成本 = \frac{旅行社计算期接团成本预计总额}{\sum(接待某类旅行社预计总人次 \times 平均停留人数)}$$

$$客房间天出租成本 = \frac{计算期全年客房成本费用总额}{\sum(可出租客房数量 \times 出租率 \times 365)}$$

$$百元营业额营业成本 = \frac{计算期营业成本}{计算期营业收入} \times 100\%$$

每人每天成本是指接待一个客人一天发生的成本费用额。为了有效地控制旅行社成本费用的发生,可以把"每人每天成本"细化为"人天直接成本"、"人天营业费用"和"人天管理费用",并将其作为成本控制标准。运用标准成本控制系统,及时发现旅行社成本费用管理中出现的各种问题,及时采取措施,将成本费用控制在合理范围之内。

根据成本性态分析,可以将客房间天出租成本划分为间天固定成本和间天变动成本。所以,为了将客房间天出租成本控制在合适范围内,就要从固定成本和变动成本两个方面做工作。虽然固定成本总额不会随出租率的高低而变化,但是单位间天固定成本会随着出租率的提高而减少;虽然变动成本总额会随着出租率的提高而增加,但是间天变动成本是一个常数。显而易见,为了达成本控制目标,可以从如下两个方面着手:一是提高客房出租率,降低间天固定成本;二是制定科学合理的客房消耗品费用标准,以实现对客房变动成本的控制。

百元营业额营业成本是指百元营业收入中营业成本的支出限额。该指标适用于商品、餐饮和康乐等营业部门。采用该指标作为成本控制标准的主要原因在于,商品、餐饮和康乐等部门经营的项目丰富多样,不便对每个项目制定标准成本,否则很可能不符合成本效益原则。

总的来看,要使旅行社标准成本控制系统有效运转,必须动员各个部门积极参与。同时,注意各项成本控制指标要科学合理,并具有先进性和及时性。

(二)饭店综合成本控制

饭店综合成本控制是饭店成本管理者根据成本预算、决策和计划,确定饭店成本控制目标,并通过一定的成本控制方法控制成本,使成本按预期的方向发展。饭店成本控制是一个系统工程,有几个基本要素构成:控制目标、控制主体、控制客体或控制对象、成本控制信息、控制环节和控制手段等。

1. 控制目标

饭店成本控制必须以控制目标为依据,使所有成本控制人员清楚可以做什么,不可以做什么。成本控制目标必须可衡量,并可以用一定的文字或数字表达出来。同时,注意控制目标必须表达清楚、准确。

2. 成本控制主体

饭店成本控制的主体是财务人员,还包括饭店高层管理人员、部门管理人员和广大饭店职工。具体地说,饭店成本控制主体包括:(1)对饭店各项生产经营活动有决策权的高层管理者,如饭店经理;(2)按责任管理原理和管理权限,对各部门、各环节负有责任的各部门管理者,如客房部经理、餐饮部经理、采购部经理和后勤部经理;(3)从事专门成本核算和成本控制的财务人员;(4)广大饭店职工,他们是饭店成本控制的中坚力量,成本控制的好坏与广大职工是否积极参与成本控制，努力降低成本有极其密切的关系。

影响成本的各项要素、各项动因分散在各个部门、各个生产环节。实施成本控制措施要落实到饭店经营的每一个方面和环节，任何一种单项措施与单方面的努力都难以有效控制成本。成本控制与对成本发生负有责任的各部门、各职员密切相关，同时成本控制还受企业管理者的成本意识和决策水平的影响。

3. 成本控制客体

成本控制客体是生产经营过程中的资本耗费，即生产经营过程中所发生的成本。需要控制的成本不仅包括生产成本，还应包括管理费用、销售费用等期间费用，以及诸如采购成本、资产购置成本等生产要素的购置成本。

饭店业以提供住宿和餐饮为主营业务，属于劳动密集型产业，要分别对食品、饮料和人工成本三者实行成本控制。此外，还有许多其他成本控制对象，他们分布在饭店的各个部门中，主要表现为损益表中其他相关内容。

4. 成本控制信息

一个好的成本控制系统必须能够及时收集、整理、传递、总结和反馈有关成本控制信息。

首先，管理人员根据成本预测、决策和计划制定出切实可行的成本控制目标之后，应该把成本控制目标及时传递给包括广大职工在内的所有成本控制主体，使他们做到心中有数，知道他们的工作怎样做才能符合标准，并让他们知道如何衡量自己的工作是否达到了预期目标的标准。其次，成本发生之后，必须及时收集和整理所发生的成本资料，并及时传递给管理者。管理人员可以根据所获得的信息，按照事前制定的标准考核和评价员工的工作表现，确定其是否达到成本控制目标，并衡量针对以前的缺陷所采取的改进措施是否有效。最后，管理人员应该将评估结果反馈给员工，使之清楚自己的工作表现以及上级的评价，以督促有错误的员工及时改正错误。

另外，任何阶段的任何信息都要确保其准确性，不准确的信息不仅无助实施有效的成本控制，而且还有可能得出相反或错误的结论，甚至给整个饭店管理带来负面影响。

5. 控制环节

成本控制系统由多个环节构成：成本预测、成本决策、成本计划、成本控制、成本核算、成本分析、成本考核和奖罚。

企业在成本形成之前，要进行预测、决策和规划，这可以说是成本控制的设计阶段；在成本形成过程中，要进行控制、核算，这是成本控制的执行阶段；在成本形成之后，要进行分析、考核和奖惩，这是成本控制的核查阶段。

成本控制环节非常重要且复杂，包括采购、贮存、加工制作和提供服务等多个环节。每个环节成本控制工作的重要性不仅限于该环节本身，还反映在其对整个饭店成本控制的影响上。以加工制作环节为例，加工制作食品和调配饮料、酒水的工作人员必须严格按照成本控制管理人员所制定的标准来控制成本，如果这个控制环节出现了问题，那么前面采购环节和储存环节所做的努力就全都付诸东流。

6. 成本控制的手段

成本控制手段，又称为成本控制方法或成本控制对策，它是根据所要达到的成本控制目标而采取的各种手段和方法的统称。不同的控制环节往往运用不同的成本控制手段。

(1) 在成本预测阶段，可用定性预测法和定量预测法。其中，定性预测法包括专家座谈法、德尔菲法和类推法；定量预测法又包括高低点法、本—量—利分析法、回归分析法和时间序列法等。

(2) 成本决策阶段，可用确定性成本决策法和风险性成本决策方法。其中，确定性成本决策方法包括本—量—利分析法和线性规划法等。

(3) 成本计划阶段，可用静态成本计划法、零基成本计划法、弹性成本计划法、滚动成本计划法和概率成本计划法等。

(4) 在原材料采购阶段，通过比较供应商、品牌和价格等因素确定采购的种类和数量，通过建立原材料采购的数学模型，以使采购成本最小化。

(5) 在存货的存储阶段，建立数学模型计算最优库存量，用先进先出法、定期盘存法、永续盘存法和计划成本法等对存货进行管理。

(6) 在加工制作阶段，要制定菜单和标准成本，按照要求进行加工制作，要采取科学可行的方法对加工过程实行严格的监督，最大限度避免浪费。

(7) 在服务阶段，要及时获取客人满意度的信息，用最低的成本达到客人消费需求。

酒店事后成本核算、成本考核和成本分析主要是以成本会计为主要手段和方法，对有关成本控制信息进行核算、考核和分析，从而为下一期成本控制提供借鉴。

本章小结

旅游企业在运营的过程中不可避免地会涉及成本核算和成本控制工作，它们对旅游企业的生存和发展起到重要的作用。本章主要介绍旅游企业的成本核算和成本控制原理、原则、方法和程序等内容，并列举若干案例。成本核算可以帮助企业反映和监督各项消耗定额及成本计划的执行情况，控制生产过程中的耗费。成本控制则强调对企业生产经营、环节以及阶段的所有成本的控制，其在空间上渗透到企业的各个方面，在时间上贯穿了企业生产经营的全过程，与成本预测、成本决策、成本规划和成本考核共同构成了完整的现代成本管理系统。通过学习本章的内容不仅可以大大丰富旅游专业学生和从业人员财务成本方面的知识，还能够增强其成本核算和成本控制意识，对培养高素质旅游专业人才有较多帮助。

重要名词

实际成本计价原则　　　成本核算原则
先总后分法　　　　　　先分后总法
前馈性成本控制　　　　防护性成本控制
绝对成本控制　　　　　相对成本控制
标准成本　　　　　　　理想标准成本
正常标准成本　　　　　现实标准成本

练习题

1. 什么是成本核算？如何优化旅游企业成本核算？
2. 成本控制对旅游企业提高经济效益有何重要意义？
3. 如何在餐饮企业实施标准成本控制？
4. 材料题。高星级饭店是指旅游饭店中的四星级和五星级（含白金五星级）完全服务型饭店。近年来，随着星级饭店数量的急速增长，随着国际高端饭店在我国的强势扩张，国内星级饭店行业竞争激烈，早先的超额利润逐渐消失。与此同时，人力成本、原材料价格以及能耗等费用快速攀升，高星级饭店的经济效益进一步降低，甚至陷入亏损境地。高星级饭店作为饭店行业的排头兵，拥有得天独厚的硬件资源和其他有利条件，它们如何充分利用自身的种种优势，在剧烈的市场竞争中更好、更快地生存与发展值得人们认真思考。学习完本章内容，请从成本控制角度论述如何强化高星级饭店的餐饮成本、客房成本、人力成本和工程成本的控制与管理，以提高其经济效益。

第十三章　旅游企业预算管理

【学习目的】
1. 了解预算的含义与种类。
2. 理解预算在企业经营管理中的意义。
3. 掌握预算的编制程序与方法。
4. 理解全面预算及全面预算管理的含义、作用。
5. 掌握旅游企业全面预算管理编制流程。

【引例】
锦江酒店是中国本土酒店行业采用全面预算管理较早的一家公司。在成立之初，锦江酒店还是采用传统的 Excel 手工预算方法。随着规模的不断扩大，传统的 Excel 办法已经满足不了企业发展的要求，预算管理的嬗变慢慢在锦江酒店酝酿。目前，锦江酒店已经走在国内集成化的全面预算管理实践的前列，全面预算管理成为其增强管理控制能力的重要工具。在咨询公司的帮助下，上海锦江国际酒店（集团）股份有限公司成功实施了全面预算管理系统，大幅增强了企业的管理水平。

资料来源：http://www.docin.com/p-666508645.html。

成本的核算和控制属于企业管理控制的一部分。本章将介绍旅游企业的成本核算与成本控制。企业要想控制成本，离不开计划，因为控制是以计划为评判标准，失去计划，控制将无从实行。作为计划的一种具体形式，预算应运而生，预算以其实施的简易性、清晰性和合理性得到了众多公司的应用，预算给企业带来了具体目标，提高了企业的运营效率，降低了成本，也是成本控制的重要组成部分。本章首先介绍预算的含义、种类、编制方法及作用，让大家对预算有一个初步的了解，然后重点介绍全面预算及其在旅游企业中的应用。

第一节 预算的含义与作用

一、预算的含义

最早将预算管理应用于企业管理的是美国企业,至今已经有百余年的历史。经过多年的发展与完善,预算已经成为现代经济社会中必不可少、起统筹和基础作用的一种管理工具。中国经过改革开放近 40 年的发展,社会主义市场经济初现成效。预算管理将会在中国得到更为广泛的应用,在更多方面发挥作用,对我国企业规范化、制度化建设大有裨益。

目前,预算在现代企业中应用非常广泛。美国、中国、英国和荷兰等国家规模以上企业编制预算的比率近 100%。

(一)预算的定义

简单地说,预算是国家机关、团体或事业单位等社会组织对于未来一定时期内的收入和支出的计划。由于社会组织性质和业务活动的不同,站在不同角度可给出不同预算定义。从企业角度看,预算是通过对企业内外部环境的分析,在科学预测与决策基础上,用价值和实物等多种形态反映其未来一定时期的投资、生产经营及财务成果等一系列活动的计划和规划。从政府角度看,预算是经法定程序审核批准的国家年度集中性财政收支计划。政府预算反映未来国家财政收入来源和数量、财政支出的各项用途和数量,也界定了整个国家政策、政府活动的范围和方向。尽管不同组织对预算概念界定差异较大,但是这些概念都有一些共性,比如,相对于组织目标而言,预算具有从属性,预算与组织战略必须相一致;预算是数量化的详细计划,具有数量化和可执行性。

此外,还有一些预算定义赋予预算更多的特征或功能。

例如,安达信公司"全球最佳事物数据库"赋予预算以控制职能,认为预算是"一种系统的方法,用来分配企业的财务、实物及人力资源,以实现企业既定的战略目标。企业可以通过预算来监控战略目标的实施进度,有助于控制开支,并预测企业的现金流量与利润"。

再如,有人赋予预算以控制和评价职能,认为旅游企业预算就是用来分配旅游公司的人力、物力和财力等资源,以实现旅游企业发展目标的一种系统性管理方法。旅游企业可以通过预算指标来对预算的执行情况进行控制和评价,纠正错误，明确方向，实现公司的既定目标。没有计划则无法控制，没有预算则失去了控制的标准。

站在会计管理活动论角度，预算就是一种管理工具。通过对企业内外部环境的分析，在科学的生产经营预测与决策的基础上，预算用价值和实物等多种形态反映企业未来一定时期的投资、生产经营及财务成果等一系列业务活动的计划和规划，其目的是提高企业经济效益。

（二）预算的分类

从上述预算概念内涵、预算职能、所在组织性质等方面可知，人们关于预算的理解存在较大差异，预算分类也呈现多样化。本书介绍如下三种分类：

1. 根据预算所涵盖的业务内容可分为经营预算、资本预算和财务预算

（1）经营预算

经营预算又称日常业务预算，是指与企业日常经营活动直接相关的经营业务的各种预算，具体包括销售预算、生产预算、直接材料消耗及采购预算、直接工资及其他直接支出预算、制造费用预算、产品生产成本预算、经营及管理费用预算等，这些预算前后衔接，既有实物量指标，又有价值量和时间量指标。

（2）资本预算

资本预算又称特种决策预算，最能直接体现决策的结果，它实际是对未来资本性支出方案的进一步细化（规划）。如资本投资预算是长期投资计划的反映，它是为规划投资所需资金并控制其支出而编制的预算，主要包括与投资相关的现金流入、流出等量化指标。

（3）财务预算

财务预算作为预算体系的最后环节，可以从价值方面总括地反映经营期资本预算与业务预算的结果，亦称为总预算。其他预算则相应称为辅助预算或分预算。财务预算在预算管理体系中占有举足轻重的地位，它主要包括现金预算、预计利润表、预计资产负债表等。

①现金预算。现金预算一般由现金收入、现金支出、现金余缺及资金的筹集与运用等四个部分组成。现金预算以各项经营预算和资本预算为基础，它反映了各预算期的收入款项和支出款项。其目的在于资金不足时筹措资金，资金多余时及时处理现金余额，发挥现金管理的作用。

②利润表预算。在各项营业预算、资本预算的基础上，根据企业会计准则，可以编制相应的利润表预算。利润表预算的内容、格式与实际利润表相同，不同的是其数据面向预算期。通过编制利润表预算，可以了解企业预期的盈利水平，从而可以帮助管理层及时调整经营策略。

③资产负债表预算。资产负债表预算是利用本期期初资产负债表和各项营业

预算、资本预算、利润表预算等有关数据加以调整编制的,其内容、格式与实际资产负债表相同,不同的是其数据反映期末预期财务状况。

2. 根据预算编制主体可分为部门预算和总预算

(1) 部门预算

部门预算是以企业各分支机构、部门、单位等职能部门为主体,或按不同的业务类别等编制的预算,对应总体预算中的各个组成部分。

(2) 总预算

总预算是指将各个部门预算进行汇总所形成的企业整体预算,这种预算通常由财务预算构成,具体包括预计资产负债表、预计利润表等。

3. 根据预算期间跨度可分为短期预算和长期预算

(1) 短期预算

短期预算是指预算期间在一年以内的预算,又称年度预算。年度预算编制往往从上一年度开始,公司要对计划销售的各种产品的产量、价格以及相应的成本和需要筹集的资金情况制定详细的计划,并将这些计划以预算的形式落实到各个责任中心的经营目标之中。在短期预算的编制过程中,需要管理人员对未来一年生产经营中的有关要素加以预测,并注意各要素之间的衔接。一般来说,短期预算又可以分为经营业务预算、财务预算等。

(2) 长期预算

长期预算是指预算期间超过一年的预算,是对超过一年的投资和运营所进行的预算。从长期预算在公司经营中的地位来看,它是制定公司战略性计划过程中的一个关键内容。战略性计划主要解决的问题是选择企业的总体目标以及实现这一目标的具体方式,其中既涉及进入哪个目标市场、生产何种产品的问题,也涉及应采用怎样的价格、数量组合,以及如何安排研究与开发、资本性支出及财务结构等问题。一般来说,长期预算主要包括实施公司战略应进行的研发预算、筹资预算和经营扩张所需的资本投资预算,等等。

长期预算和短期预算相比,不仅在编制时间的长短上有差异,而且在内容和精细程度上也有差异。短期预算基于数量和价格的预测,组织中的每个部门都必须接受这些预测数据,一般来说较为精细,并可作为日常营运的控制标准;而长期预算关键处理应进入哪个目标市场以及应获取何种技术的问题,它是对未来公司进行的财务整体规划,不需要特别精细。通常情况下,短期预算和长期预算的制定可以合并为一个过程,具体操作中可以滚动方式编制长期预算并将其和年度预算相结合。

（三）预算的编制方法

企业预算要服从企业管理的需要，在选择预算编制方法时需要考虑预算编制的具体目的、企业所在行业特性和业务流程等因素。常用的预算编制方法有固定预算法、弹性预算法、零基预算法、增量预算法、滚动预算法、概率预算法和作业预算法等。在实际工作中，企业可根据需要选择某种预算编制方法，或将两种以上的预算方法组合使用。例如，对于行业环境稳定、产品生产定型、处于成熟期的企业，往往会选择固定预算法；对于利润、成本或投资作业成本中心分界比较明确的，可以使用作业预算法；对于生产经营起伏比较大的企业，可以采用零基预算法，等等。从长期看，企业的外部环境和自身生产经营都处于不断变化之中，其预算内容和方法手段的选择不是一成不变的，企业应当适应内外部的这种变化，不断调整预算内容、方法和手段。只有这样，预算才可能对企业生产经营发挥建设性作用。下面着重介绍几种常用预算编制方法：

1. 固定预算法和弹性预算法

固定预算法，又称静态预算法，是以预算期内某种固定业务量（如产品产量、销售量）水平为基础，来确定相应预算指标的预算编制方法。

固定预算适用于经营业务和产品销量、服务提供量比较稳定的企业，同时需要企业能够提前预测出产品或服务的需求及成本。固定预算法的缺点是适应性差、可比性差，实际需求量与预测差距较大时，预算将非常难以发挥作用。固定预算法的优点是编制相对简单，编制成本较低。

弹性预算是对固定预算法的一种改进，又称动态预算法，是在成本性态分析的基础上，依据业务量、成本和利润之间的联动关系，按照预算期内可能的一系列业务量（比如销售量、生产量及工时等）水平编制的系列预算方法。弹性预算法具体又可以分为列表法和公式法。

弹性预算法的优点是解决了固定预算法的缺陷，缺点是费时费力。

在旅游行业中，由于旅游往往有明显的时间和地域性特征，所以旅行社和景区企业的预算每年都是比较稳定。但是，旅游企业面临的外部环境不确定性可能比较高，如经济形势、气候、政策变化都可能对其形成较大干扰，所以这些企业可以采用弹性预算法，分好、中、坏三种或多种情形进行预算编制，以增强预算的可行性。

2. 增量预算与零基预算

增量预算法又称调整预算法，是指以基期水平为基础，分析预算期业务量水平及有关影响因素的变化情况，通过调整基期预算项目及数额而编制新预算的方法。

增量预算法的前提条件是：第一，现有的业务活动是企业所必须的；第二，原有的各项业务都是合理的；第三，企业经营环境比较稳定。

增量预算的优点是简单易行，便于理解和接受。增量预算的主要不足是，预算理念过于保守，当预算期情况发生变化时，预算数额会受到不合理因素的干扰，可能导致预算不准确，不利于调动各部门达成预算目标的积极性。

零基预算是指以零为基础编制计划和预算的方法。在编制本期预算时，不受上期预算项目和收支情况的约束，一切以零为出发点，从实际需要与可能出发，逐条审议预算期各项目内容，在综合平衡的基础上编制新预算的一种方法。

零基预算适合于经营环境不稳定的企业，具有较大的灵活性，不足是比较复杂，编制成本相对较高。

经营环境稳定的旅游企业应当采用增量预算，而那些经营环境不确定性高的旅游企业应采用零基预算。总的来看，现实经济活动中增量预算的适用范围要比零基预算更广。

3. 定期预算与滚动预算

定期预算，是指在编制预算时以不变的会计期间（如日历年度）作为预算期的一种预算编制方法。定期预算的优点是能够使预算期间与会计年度相配合，便于考核和评价预算的执行结果；缺点是远期指导性、灵活性和连续性差。

滚动预算，又称连续预算或永续预算，是指在编制预算时，将预算期与会计年度脱离，随着预算的执行不断延伸补充预算，逐期向后滚动，使预算期始终保持为一个固定期间的一种预算编制方法。按预算编制和滚动的时间单位不同，滚动预算可分为逐月滚动预算、逐季滚动预算和混合滚动预算三种方式。

与定期预算方法相比，按滚动预算方法编制的预算具有透明度高、及时性强、连续性好，以及完整性和稳定性突出等优点。

对于景区或旅行社，由于节假日在各个月份或季度分布并不均匀，前期的预算执行并不能给今后的预算带来直接的借鉴作用，因此很少使用滚动预算。相反，酒店行业可以使用滚动预算，并进行实时更新与拓展。

二、预算的作用

实践证明，预算是一种有效的管理工具，其重要作用主要体现在如下五个方面。

1. 财务预算有利于明确企业经营目标

预算是在科学分析的基础上，用价值和实物等多种形态反映企业未来一定时期的投资、生产经营及财务成果等一系列的计划和规划，而不是简单的财务收支预计。预算是一种资源分配形式，是对计划投入产出内容、数量及时间安排的详细说明。预算编制过程，也是企业各层级人员进一步明确和贯彻企业经营目标的过程。在市场经济条件下，企业面临的挑战越来越多，面临的不确定性因素也越来越多，不确定性因素对企业的影响也越来越大，没有战略、计划、规划和预算等现金管理方法、手段，企业容易陷入不利境地。

2. 预算有助于客观评价企业业绩，调动积极性

没有计划，控制就无法实施；没有预算，业绩就无法衡量和评价。预算是在综合了各方面的意见，得到多方共识的情况下得出的指导性文件，预算指标的完成情况能够很好地衡量主体对他人和个人期望的满足程度。预算是企业评价整体业绩、部门业绩和个人业绩的重要指标。将预算、业绩计量、考核和激励等管理手段有机地组合和应用，能够激发员工的积极性，激发员工的主动性和创造力，促进公司经济效益的提高。

3. 预算可以实现企业内部各个部门之间的协调

公司的总预算由各项分预算汇编而成，从组织预算编制到预算执行，各相关部门必须协商沟通、相互配合。公司总预算的编制过程就是各部门通力协作的过程，只有管理层工作协商一致，才能编制出高质量的总预算。公司总预算广泛征集、综合与平衡了高层领导者、部门管理者和员工的意见，是集体智慧和意志的体现。如果精心编制的预算能在公司层面很好地加以落实，形成各部门之间"相互独立执行预算，工作相互配合"的状况，就能大大提高企业经营效率。

4. 预算能够提高公司及其产品和服务的竞争力

高质量预算的实施可以减少公司内部的矛盾与摩擦，提高工作效率，进而起到降低成本、提高产品质量的效果。执行这样的预算有利于提高公司竞争力和经济效益，也能为客户创造更多价值。

5. 预算能提高公司管理控制水平

预算以数量化的形式来刻画管理工作标准，控制是以确定的管理工作标准对行动的度量和纠正偏差，所以预算与控制密不可分。以预算指标为工作标准的预算管理是过程控制，包括事前控制、事中控制和事后控制。事前控制是编制投资项目或生产经营的规划、预算，它详细地描述为了实现计划目标而要进行的工作标准；事中控制是一种协调、限制差异（差异意味着实际偏离预算）的行动，保证预期目标的实现；事后控制是鉴别偏差，纠正不利的影响。鉴于预算与管理控制相互交织，不可分割，往往把基于预算标准的控制称为预算控制，预算的职能（作用）慢慢向控制延伸并成为一种管理控制手段。

第二节　全面预算的编制

一、全面预算的含义

全面预算反映的是企业未来某一特定期间（一般不超过一年或一个经营周期）的全部生产、经营活动的财务计划。全面预算以实现企业的目标利润为主要目的，以销售预测为起点，进而对企业生产成本及现金收支等进行预测，并编制预计利润表、预计现金流量表和预计资产负债表，以反映企业在未来期间的财务状况和经营成果。简单地说，全面预算是指"企业为了实现战略规划和经营目标，按照一定程序编制、审查、批准，以量化形式表现的企业预算期内经营活动、投资活动和财务活动的统筹规划"（张长胜，《企业全面预算管理》（第二版））。

全面预算管理曾经对现代企业成熟与发展起过重大推动作用，现今已经成为一种独立的管理系统，也可以将其看作一种主要管理控制方法。20世纪20年代，全面预算管理诞生在美国的通用电气、杜邦和通用汽车公司，之后这种管理手段很快就成为大型工业和商业企业的标准作业程序。从最初的计划、协调，发展到现在的兼具控制、激励、评价等诸多功能的一种综合贯彻企业经营战略的管理工具，如今全面预算管理在企业内部控制中日益发挥核心作用。

从存续关系角度看，全面预算是传统意义上预算的一种延伸和优化，预算期间可长可短。相对于专门预算而言，全面预算的范围更广，它几乎涵盖了企业的所有经济活动，比如经营活动、投资活动和财务活动等。

全面预算的概念可以从以下四个方面来理解：

1. 全面预算目标与企业目标一致，是企业为了实现战略规划和经营目标而编制的具体行动计划。本质上，全面预算属于计划的一种，是指导企业在一定时间和环境下的行动纲领。

2. 全面预算是一种科学的管理工具。全面预算的有效性早已经过企业管理实践检验，是受多方认可的一种有用的管理工具。全面预算的编制是复杂的系统工程，其编制过程涉及面广、严谨性高，需要企业各层级管理人员以及基层工作人员共同参与，反复磋商。

3. 全面预算是一种量化指标体系。全面预算各项指标涵盖范围广，涉及企业生产经营活动、投资活动和财务活动等方面。围绕企业发展战略，使用量化原理设计的全面预算体系，能够很好地执行公司的战略目标。

4. 全面预算有助于企业优化管理。全面预算不是单项预算的简单相加和拼凑，它是一个预算管理体系，体系内部的各个部分相互联系、相互影响，一个预算的制定可能需要另外一个预算的数据。一个预算表的制定可能涉及多个其他预算量表的数据，一个预算量表的数据也可能会被用到多个其他预算量表之中，并且这些数据保持良好的沟稽关系。同时，全面预算体系与外部环境相适应，比如与企业面临的宏观经济环境、行业动态和企业战略等应当相协调；否则，脱离现实经济环境的全面预算体系难以得到有效执行，即使执行了结果也不会好。

二、全面预算编制的程序

企业全面预算的编制是一个系统工程，涉及企业经营管理的各个部门乃至员工。全面预算的编制理念是，只有执行人参与预算的编制，才能使预算成为他们自愿努力完成的目标，而不是被动地屈从于他人的强迫。企业全面预算编制的一般程序如下：

1. 企业决策机构根据长期规划，利用本—量—利分析等工具，提出企业未来一定时期的总体目标，并下达规划指标。
2. 基层成本控制人员自行草编预算，使预算能较为可靠，更加符合实际。
3. 各部门汇总部门预算，并初步协调本部门预算，编制出销售、生产、财务等预算。
4. 预算委员会审查，平衡各预算，经过汇总编制出公司的总预算。
5. 经过总经理批准，审议机构通过或者驳回修改预算。
6. 主要预算指标报告给董事会或上级主管单位，讨论通过或者驳回修改。
7. 批准后的预算下达给各部门执行。

三、酒店企业全面预算

（一）酒店全面预算各项目勾稽关系

对于旅游企业而言，全面预算可以把公司的景区门票、交通、餐饮、住宿和娱乐等营业收入预算与公司运营成本预算、人力资源预算、资本投资预算（景区建设、配套设施安装、车队组建等）、现金流量预算、利润预算、资产负债表预算等相互联系，使之成为一个整体，共同为实现旅游公司的战略目标服务。

旅游企业中，相对于餐饮、景区旅游企业而言，酒店企业对全面预算的采纳比例最高，实施效果也比较好。以企业目标为导向，酒店企业在充分考虑外部经营环境的前提下编制的全面预算主要包括销售预算、用品预算、费用预算、直接人工预算、期末用品存货预算、销售及管理费用、现金预算、预计资产负债表、预计损益表、资本预算和所得税预算等项目,它们之间的相互关系如图 13-1(酒店全面预算各项目勾稽关系图)所示。

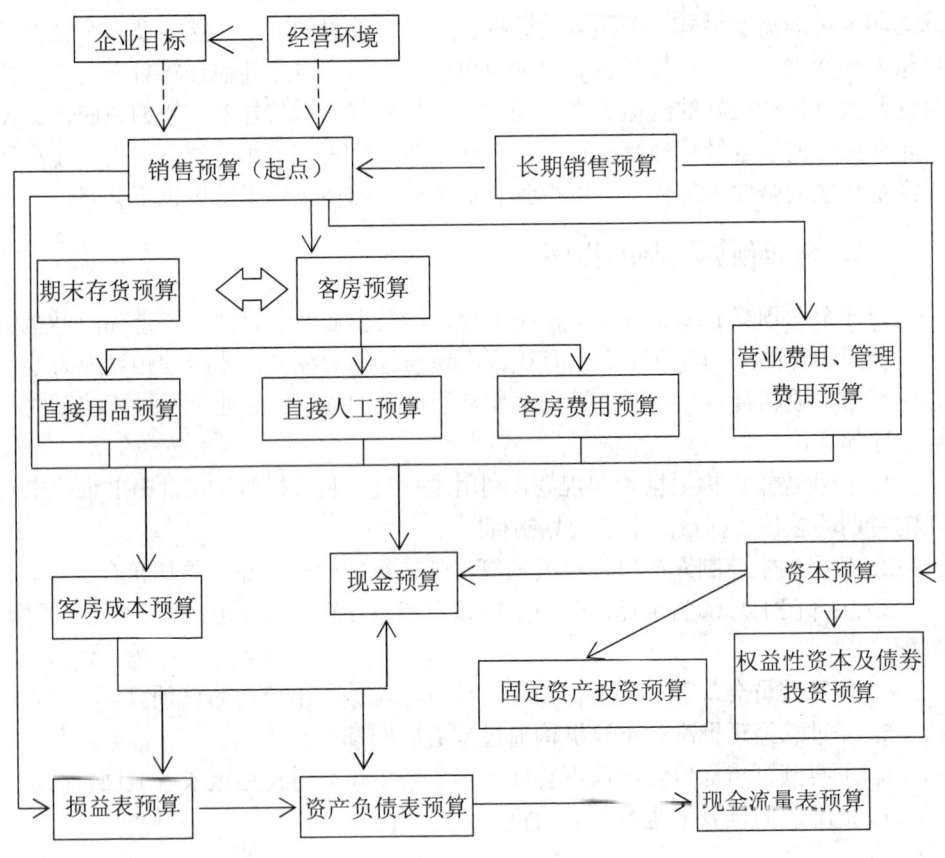

图 13-1 酒店全面预算各项目勾稽关系图

(二)未名假日酒店全面预算编制案例

未名假日酒店是我国的一家著名的星级酒店,集团的酒店遍布全国多个省、市及自治区,大部分位于我国中心城市的黄金地段,与市内旅游区及商业区毗连,深受国内外广大游客及商务人士的喜爱与好评。

目前,集团已经建成了良好的全面预算管理体系,拥有较为丰富的全面预算管理经验。

未名假日酒店的全面预算体系两大核心板块是经营预算子系统和财务预算子系统,其编制程序可用十六个字概括:系统设计、上下结合、分级编制、逐级汇总。集团董事会制定公司的战略规划和目标,经预算管理委员会的商讨议论,得出总体预算指标;将各指标分发给各地酒店及其内部各部门,逐级向下分解指标并分别编制预算;经各级财务部门由下至上依次汇总预算,交给集团预算委员会审核、修改、初步定稿;在集团内召开听证会,听取各方的反馈意见;充分吸收建设性意见后再次修改并制成定稿;经过集团高层批准下达各部门执行。未名假日酒店的全面预算编制程序如图13-2(未名假日酒店全面预算编制流程)所示。

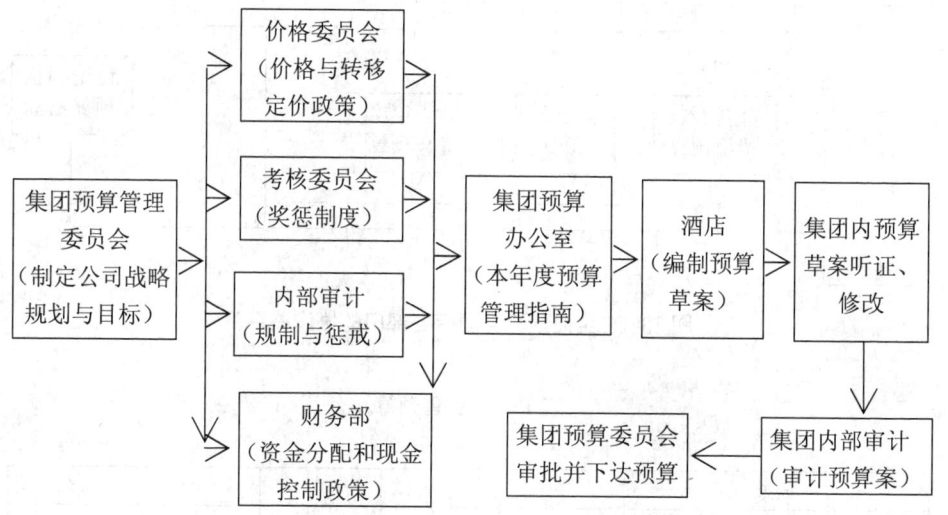

图13-2 未名假日酒店全面预算编制流程

由于全面预算的编制是一个系统工程,涉及企业的方方面面,组织协调工作十分重要。第一,组织各部门之间的良好协作是顺利完成预算编制工作的基本条件;第二,各预算编制部门的协作和公司全员参与是编制高质量全面预算的保证,协作沟通可保证信息共享,协作沟通可群策群力,激发全员的创造性和能动性;第三,良好的协作沟通也是顺利组织实施全面预算的关键。图13-3(全面预算与酒店各部门的协作关系)刻画了未名假日酒店部门之间在编制全面预算过程中的协作关系。

表13-1是未名假日酒店销售预算,表13-2是未名假日酒店单位客房成本预算,表13-3是未名假日酒店现金预算,表13-4是未名假日酒店预计利润表。

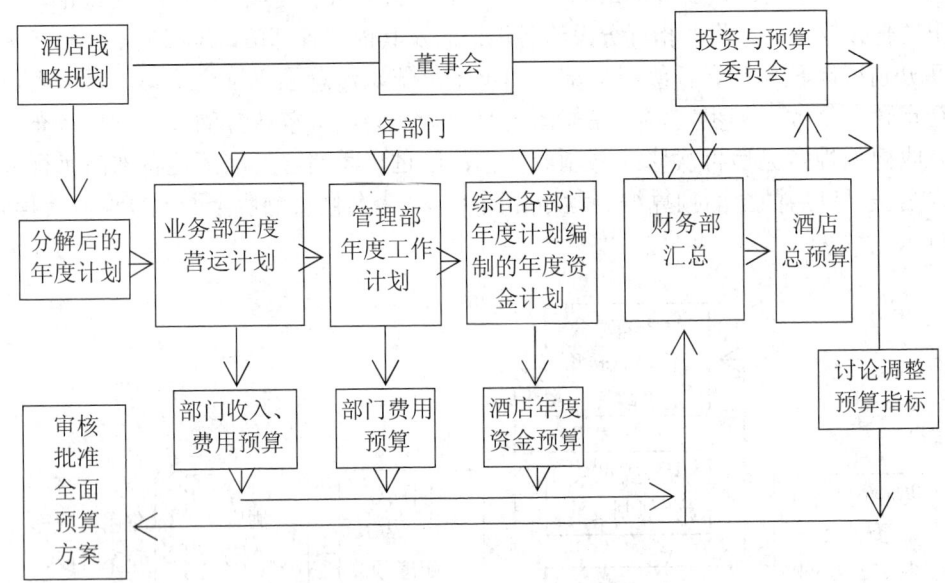

图 13-3 全面预算与酒店各部门的协作关系

表 13-1 销售预算

单位：元

季度	一	二	三	四	全年
预计销售量（客房）	10 000	10 000	12 000	8 000	31 000
预计单位售价	200	200	200	200	200
销售收入	2 000 000	2 000 000	2 400 000	1 600 000	8 000 000
预计现金收入					
上年应收款	250 000				250 000
一季度（销2000000）	1 200 000	800 000			2 000 000
二季度（销2000000）		1 200 000	800 000		2 000 000
三季度（销2400000）			1 440 000	9 600 000	2 400 000
四季度（销1600000）				960000	960 000
现金收入合计	1 450 000	2 000 000	2 240 000	1 920 000	7 610 000

注：假设本季度收回现金60%，下季度收回剩余40%现金。

表 13-2 单位客房成本预算

单位：元

成本项目	单耗	单价	单位成本
直接用品	1	10	10
直接人工	0.5 小时	20	10
租金费用	10 平方米	5	50
合计			70

表 13-3 现金预算（现金收支法）

单位：元

项目＼季度	1	2	3	4	全年
预期现金收入总额	1 040 000	1 300 000	1 800 000	1 700 000	5 840 000
营业现金收入	850 000	1 300 000	1 800 000	1 700 000	5 650 000
其他现金收入	190 000				190 000
预期现金支出总额	1 011 000	1 298 200	1 341 880	1 090 540	4 741 620
酒店用品支出	226 000	254 200	291 880	257 040	1 029 120
直接人工支出	362 500	477 500	597 500	465 000	1 902 500
营业费用支出	185 000	237 500	305 000	250 000	977 500
其他支出	237 500	329 000	147 500	118 500	832 500
现金净收入	29 000	1 800	458 120	609 460	1 098 380
加:期初现金余额	120 000	200 000	200 000	200 000	120 000
本期现金余额	149 000	201 800	658 120	809 460	809 460
减:现金最低存量	200 000	200 000	200 000	200 000	200 000
现金溢缺数	-51 000	1 800	458 120	609 460	1 018 380
向银行借款	51 000				51 000
还银行借款		1 800	458 120	609 460	1 069 380
期末现金余额	200 000	200 000	200 000	200 000	200 000

注：这里不考虑银行存贷款利息因素。

表 13-4 预计损益表

单位：元

季度项目		1	2	3	4	全年
销售收入		2000000	2000000	2400000	1600000	8000000
变动成本	客房销售成本	600000	600000	720000	480000	2400000
	销售及管理费用	100000	100000	120000	80000	400000
边际贡献		1300000	1300000	1560000	1040000	5200000
固定成本	客房费用	400000	400000	400000	400000	1600000
	销售管理费用	90000	90000	90000	90000	360000
	财务费用	10000	10000	10000	10000	40000
税前利润		800000	800000	1060000	540000	3200000
减：所得税		160000	160000	212000	108000	640000
税后利润		640000	640000	848000	432000	2560000

注：本企业适用的企业所得税率为 20%，假设应纳税所得额与利润总额相同。

四、对全面预算体系的评价

在现今企业管理中，全面预算扮演多重角色，它是企业各层级部门工作的奋斗目标，是组织内部的协调工具，是管理控制的标准，还是绩效考核的基本依据，其重要性不言而喻。鉴于全面预算具有多种属性，应当系统、全面地评价它。

首先，应当动态地看待全面预算。全面预算体系及其具体内容并不是一成不变的，它是一定条件下企业战略、经营目标的具体化。比如，未名假日酒店 2008~2012 年一直处于较快增长状态，酒店的投资预算是重心。2013 年以后，该酒店成本高居不下，如果继续遵循先前的预算框架开展经营，将会对公司的盈利能力和持续经营能力产生重大负面影响，因此公司将全面预算的重点放在成本控制方面。

其次，全面预算明确了预算期工作计划与经营导向，其质量高低不取决于其编制过程有多么精巧，而在于其在实践中的执行力。从这个意义上讲，如何管理和控制预算执行过程重于预算编制。在全面预算执行过程中，应当密切关注如下两个方面：第一，审核并发现全面预算是否得到了有效执行。公司将全面预算标准与实时业绩进行比对，判定预算执行结果。当出现偏差（特别是不利偏差）的时候，酒店要对偏差产生的原因进行分析确认，常用的方法有因素分析法。只有确定了产生偏差的原因，才能从根本上防止偏差的继续扩大，使企业经营重新回到既定目标。第二，反思全面预算的制定是否正确合理。出现偏差后，并不一定表明是执行出现了问题，也有可能是全面预算编制的问题。如果全面预算的执行并没有达到应有的效果，员工不论如何努力均不能实现预算目标，企业管理人员该反思全面预算的合理性。

从本书内容安排来看，本章"旅游企业预算管理"上承第十三章"旅游企业成本核算与成本控制"，下启第十五章"旅游企业财务分析"。这三章内容关联度较高，集中学习有助于深化对全面预算及全面预算管理的理解。

本章小结

本章第一节着重介绍预算的基本概念、分类、编制方法及其作用。

预算的编制方法分为固定预算法、弹性预算法、零基预算法、增量预算法、滚动预算法、概率预算法和作业预算法等。在学习时应重点理解其含义及其适用条件，不能生搬硬套。

本章第二节重点介绍全面预算。学习重点应当放在对全面预算的理解上，好的全面预算扮演多重角色，它是企业各层级部门工作的奋斗目标，是组织内部的协调工具，是管理控制的标准，还是绩效考核的基本依据，是一种有效性高、适用范围非常广泛的管理工具。此外，本节还着重介绍了酒店预算编制案例，有助于加深学员对全面预算管理的理解。

在乐观看待全面预算管理过程中，应当持有正确的观点，全面、系统地看待全面预算管理，不能把它当作医治企业管理中一切问题的灵丹妙药。

重要名词

销售预算	收入预算
费用预算	利润预算
现金预算	投资预算
固定预算法	弹性预算法
零基预算法	增量预算法
滚动预算法	概率预算法
作业预算法	全面预算

练习题

1. 什么是全面预算管理？其管理意义如何？
2. 有哪些预算编制方法？如何选择预算编制方法？
3. 结合所在单位具体情况，谈谈如何改进全面预算编制工作？

课后补充

随着我国市场经济的不断发展以及经济全球化的深入，我国的酒店行业已经全面地对外开放，酒店业的市场竞争越来越激烈。在这种背景下，如何全面提高酒店的经营管理水平，降低酒店的经营和财务成本，控制酒店的财务风险，关乎到酒店能否在激烈的市场竞争中赢得有利的生存和发展空间。全面预算管理是目前在企业中得到广泛应用的一种先进的管理工具，它在酒店行业中的应用能够全面提升酒店的经营管理效率。全面预算管理主要是通过预算的方式将酒店经营管理的各个环节统筹起来，并将酒店的经营管理目标具体化和量化，从而有效地提高酒店的经营管理效率和经济效益。我国的酒店行业一定要重视全面预算管理的应用，从而提高自身的市场竞争力。

1. 优化酒店内部治理机构，为全面预算管理奠定组织基础

随着我国酒店业融入经济全球化进程的不断深入，酒店业需要提高对于全面预算管理的重视，优化内部的治理机构，提高酒店的经营管理水平，为全面预算管理奠定良好的组织基础。首先，酒店需要更加重视财务管理部门，使其能够全面地参与酒店的经营管理决策，重视财务数据的分析结果，在进行每一项经营决策的时候要充分考虑财务部门的意见和建议，从而使得酒店的经营管理水平以及效率能够得到提升。另外，酒店需要设置专门的预算管理部门来执行全面预算管理，将全面预算管理充分融入酒店经营管理的各个环节。应由预算管理部门牵头，财务部门负责提供数据以及技术支持，各个部门全面地参与预算编制和执行，充分调动酒店各个部门和员工参与全面预算管理的积极性，保证全面预算管理的顺利实施。

2. 制定明确、科学的全面预算管理目标

酒店在推行全面预算管理之前，一定要制定明确、科学的全面预算管理目标，从而为后续管理提供方向和基础。酒店业一定要结合自身的情况，并对所处的市场环境进行全面的分析，从而制定合理的全面预算管理目标，促进酒店战略管理目标的实现。酒店在进行全面预算编制的时候，要合理地定位预算目标，预算目标过高容易导致酒店过度扩张，提高酒店经营管理的成本；预算目标过低不利于提高酒店经营管理者执行的积极性，无法发挥预算的激励作用。酒店应该在基于战略经营管理目标的基础上，深入市场，对经营管理环境进行全面调查，分析自身的优势以及不足，从而科学地定位全面预算管理的目标。

3. 采用先进的预算编制方法

酒店业需要针对自身的经营特点，采用先进的预算编制方法，从而真正发挥全面预算管理的效果。我国酒店行业目前大多采用的是固定的增量预算，这种预

算编制方法的科学性以及准确性较差，不适应酒店业经营波动性较大、易受外部市场环境影响的特点。酒店行业需要根据自身的经营特点，采用比较适用的滚动预算编制方法，最好采用以月份为期间的滚动预算编制模式。以月为期间的滚动预算是指预算的编制和执行以月为间隔，在预算执行的每个月之后，需要对前一个月的预算执行情况以及经营管理成果进行分析并找出产生差异的原因，从而结合本月的新情况对于预算进行及时的调整。这种连续滚动的预算编制方法非常适用于酒店这种经营波动比较大的行业，能够及时地对预算差异进行调整，提高全面预算管理执行的效果。

4. 强化全面预算管理的执行力度

酒店业需要提高全面预算管理的执行力度，要根据预算编制的计划内容开展酒店的各项经营管理活动，将预算编制的计划指标层层分解，形成全方位的财务预算执行体系。首先，酒店要将预算管理的执行与员工的个人绩效相挂钩，使得部门员工能够积极地完成自身的任务和工作，充分发挥预算管理的事中控制效果。其次，酒店需要加强日常的经营管理，规范预算管理的各项制度，为预算管理提供良好的内部环境，并加强对预算管理执行情况的监督。另外，酒店需要对预算执行的效果进行评价，结合预算指标，对酒店各部门的工作业绩进行考评，从而提高预算管理的事后控制效果。

5. 实行严格的预算执行情况分析制度

酒店需要实行严格的预算执行情况分析制度，定期对预算完成执行情况进行分析，发现预算执行中存在的问题，并及时地进行改进和完善。酒店可以建立月度预算完成情况分析制度，完善预算监督反馈机制，并将预算执行的情况纳入酒店各部门的考核指标中。酒店可以每月召开一次预算完成情况分析会议，由酒店高层以及各部门经理参加并听取财务部门对月度预算完成情况的汇报。在报告的时候要重点突出预算完成情况，各个部门要通过演示来分析本部门在预算执行中形成的差异、发生差异的原因以及相应的改进措施。在会议上不能解决的问题，可以在限定的时间内解决并跟踪解决情况。

资料来源：李燕琴，《论全面预算管理在酒店业中的应用》[J]，《中国商贸》，2013年。

第十四章　旅游企业财务分析

【学习目的】
1. 了解财务分析的概念与作用。
2. 掌握企业财务分析的基本方法。
3. 理解财务分析方法与结果的相互关系。
4. 掌握杜邦财务分析体系。
5. 掌握旅游企业财务分析报告的基本内容。

【引例】
　　银广夏公司全称为广夏（银川）实业股份有限公司。1994年6月上市的银广夏公司，曾因其骄人的业绩和诱人的前景而被称为"中国第一蓝筹股"。1999年12月30日银广夏股价忽然启动，1年后猛涨6倍，成为2000年最热股票。然而，基于所谓利润增长的股价暴涨，引起诸多媒体的质疑。早在2001年3月，媒体已开始质疑，《证券市场周刊》和《财经时报》先后登出联办分析师蒲少平的长文，对其高速增长及丰厚利润提出9点质疑。致命一击来自8月3日，《财经》杂志发表"银广夏陷阱"一文，银广夏虚构财务报表事件被曝光。随后证监会介入调查，确认了银广夏造假事宜，该事件引发诸多连锁反应……
　　从案例中，我们可以知道蒲少平对银广夏高速增长及丰厚利润提出9点质疑使银广夏虚构财务信息的事件被曝光。蒲少平是如何对银广夏进行财务分析发现这些疑点呢？相信通过本章的学习，大家会对这些问题会有一些了解。
　　　　　　　　　资料来源：银广夏案例分析与启示——MBA智库文档。

第一节 财务分析概述

一、财务分析概念

什么是财务报表分析？我们可以从如下四个方面释义：（1）财务报表分析依据企业财务报表、报表附注、财务情况说明书、可利用的公司其他相关资料，以及可收集到的与公司相关的其他外部资料；（2）财务报表分析要采用一系列专门的分析技术和方法对企业财务报告以及其他相关资料进行分析、判断；（3）财务分析对象可以是整个公司的资金运动，也可以是企业经营活动的某一方面，比如筹资活动、投资活动、经营活动、分配活动的盈利能力、营运能力、偿债能力和增长能力状况，等等；（4）财务分析的目的是为公司相关利益主体（投资者、债权人、经营者及其他关心企业的组织或个人）了解企业过去、评价企业现状、预测企业未来以做出正确决策提供准确的信息或依据。

二、财务分析程序

1. 明确分析目的与分析内容

不同的利益主体其财务分析动因不同。公司债权人关注公司的偿债能力，通过流动性分析可以了解公司清偿短期债务的能力，通过偿债能力指标分析可以了解公司的财务风险；投资人更加关注公司的发展趋势，更侧重公司盈利能力及资本结构的分析；而公司经营者对公司经营活动的各个方面都必须了解。此外，作为经营者还必须了解本行业其他竞争者的经营情况，以便今后更好地为本公司销售产品定价。

一般情况下，财务分析的内容包括分析企业的资金结构、风险程度、盈利能力、经营成果、成长性、周转能力和成本水平，等等。除了单项财务分析之外，往往还需要进行综合财务分析，如采用杜邦财务分析体系进行分析。

2. 收集企业相关信息

围绕具体财务分析目的，收集相关资料。其中，基本资料是目标企业的财务报表、附注、附表和财务情况说明书。此外，应该广泛搜集与目标企业相关的外部资料，如行业信息、宏观经济状况信息、市场信息，等等。若是公司内部财务分析，还可以利用诸如成本核算、公司战略和营销策略等信息。

3. 选择分析方法

财务分析方法只是财务分析的工具,应当根据分析目的选择适当的方法,无需苛求使用高、难、精、深等不适宜的方法。常用的分析方法有比率分析法、趋势分析法、因素分析法和杜邦财务分析体系,等等。

4. 演绎与归纳

根据分析目的考察整体,继而将整体细分,逐个加以分析,再将细分结果适当组织,"会诊"整体分析结果,使之符合分析需要。

5. 发现问题

将分析目的、分析所得解析资料进行比对和判断,发现企业运营存在的问题和不足,或者发现企业经营管理的优势和成功的诀窍,并进行科学归因。

6. 提出方案

在以上分析步骤的基础上,或者提出改进方案,或者设法保持既有优势,或者作出其他行动决策,旨在实现财务分析的目的。

三、企业财务分析方法

除了定性分析法外,旅游企业可大量使用定量分析技术,最常用的量化财务分析方法有比率分析法、趋势分析法和因素分析法。

(一)比率分析法

比率分析法是财务分析最基本的方法。它是将影响财务状况的两个相关指标联系起来,用倍数或者比例形式计算它们之间的联系,借以评价公司财务状况和经验状况的一种方法。比率分析法可细分为结构比率分析法和关系比率分析法。

1. 结构比率分析法

结构比率分析法就是计算某项指标的各个组成部分占总体的比重,或言之,部分占全部的比率。该方法的计算公式为:

$$结构比率 = \frac{某项指标值}{总体值} \times 100\%$$

常见的结构比率是财务报表比率,即计算报表的各个项目占某个相同项目的比率。比如,在旅游企业的资产负债表中各个资产项目占总资产的比率,通过比率可以判断此旅游企业的资产配置是否合理。

2. 关系比率分析法

关系比率分析法是通过计算两个性质不同但是相关指标的比率,其计算公式为:

$$关系比率 = \frac{A 指标值}{B 指标值} \times 100\%$$

关系比率事实上是会计要素之间指标值的数量关系，将两个相关数据构成一个比率，可以揭示两个数据都不能单独揭示的信息。财务分析中，比率分析大部分都是关系比率分析。例如，总资产报酬率=净利润÷总资产平均值×100%，营业利润率=营业利润÷销售收入×100%，成本利润率=利润÷成本×100%。

当然，在具体应用时仅计算这些指标值是不够的，还需要找到这些财务比率的参照标准，即要把计算出来的一个个财务比率值与本公司历史比率对比，与同类公司相同指标值对比，或与计划指标值对比，只有这样才能作出比较合理的财务分析结论。

（二）趋势分析法

趋势分析法又称比较分析法、水平分析法，它是通过对财务报表中各类相关数字资料，将两期或多期连续的相同指标或比率进行定基对比和环比对比，得出它们的增减变动方向、金额或者幅度，以揭示企业财务状况、经营成果和现金流量变动趋势的一种分析方法。与此同时，往往还要编制比较财务报表。

以旅游企业为例，趋势分析法就是将连续数期的财务报表金额并列起来，比较该企业相同指标的增减变动幅度，旨在判断旅游企业财务状况和经营成果的变化与发展方向。为增强比较效果，往往既要计算有关指标增减变动的绝对值，又要计算其增减变动的相对值。

例如，黄山旅游发展有限公司 2012 年净利润为 260 570 292.61 元，2011 年的净利润为 270 721 645 元，2010 年的净利润为 205 367 174.76 元，2009 年净利润为 170 880 502.76 元。

通过相对值分析：2010 年与 2009 年相比净利润增长率为 20.18%，2011 年与 2010 年相比净利润增长率为 31.82%，而 2012 年比 2011 年净利润下降 3.75%，说明从 2009 年到 2011 年该公司经济效益持续走高，而且 2011 年的效益增长高于 2010 年；但是，到 2012 年黄山旅游经济效益增长的势头发生了逆转，为什么会发生这种变化？只有结合其他财务指标，进行进一步分析才有可能找到问题的症结。

通过绝对值分析：2010 年与 2009 年比较，净利润增长了 34 486 672 元，2011 年与 2010 年比较，净利润增长了 35 354 470.24 元，也能说明 2011 年经济效益好于 2010 年。

（三）因素分析法

因素分析法是依据财务指标与其驱动因素之间的关系，从数量上确定各因素对指标影响程度的一种分析方法。该方法将分析指标分解为各个可以计量的因素，并根据各个因素之间依存关系，顺次用各因素的比较值（常为实际值）替代基准值（常为标准值或计划值），据以测算各因素对分析指标的影响，这种方法又被称为连环替代法。

因素分析法一般分四个基本步骤：

1. 确定分析对象，比较实际数额与标准数额，并计算两者的差额；
2. 确定该财务指标的驱动因素，建立财务指标与其各驱动因素之间的函数关系式；
3. 确定驱动因素的替代顺序，可以按照因素的重要性进行排序；
4. 依次计算各驱动因素脱离标准的差异对财务指标的影响。

通过使用因素分析法准确计算各个影响因素对目标分析指标的影响程度，有利于企业进行事前计划、事中控制和事后监督，可以提高企业目标管理水平与经济效益。

（四）其他分析方法

其他量化分析方法还包括现金流分析法、图形分析法等。

现金流分析法就是把一定时期内经营过程中所产生的现金流的方向、金额和时间等因素结合起来，以研究各个时间段的净现金流量。在旅游企业财务分析中，现金流量分析法抉择标准是选取现金流量最大的方案。

图形分析法是将旅游企业相关财务指标绘制成图形，以说明其经营财务状况变化趋势的一种分析方法。该分析方法的优势是直观性强，运用计算机软件制图也很方便，各类企业及其管理部门乐于使用。

第二节　旅游企业财务分析报告

财务分析报告是依据企业会计报表、财务分析表及经营活动等所提供的丰富信息及其内在联系，运用一定的科学分析方法，对企业的经营特征、利润实现及其分配情况，资金增减变动和周转利用情况，税金缴纳情况，存货、固定资产等主要财产物资的盘盈、盘亏、毁损等变动情况及对本期或下期财务状况将发生重大影响的事项做出客观、全面、系统的分析和评价，并进行必要的科学预测而形成的书面报告。

企业财务分析报告没有固定格式，但是其主要内容和整体架构有一定的规律可循。本书以旅游企业为对象探讨企业财务分析报告的内容和一般范式。

一、旅游企业财务分析报告要求

旅游企业财务分析报告是对企业概况、经营状况、经营绩效和资金运作等内容的综合、全面地刻画。虽然财务分析报告没有固定的格式和要求,但是业内还是有一些共识,比如,事实陈述要清楚,且客观公正;内容反映要全面,且突出重点;行文要层次分明,且结构合理。此外,在具体呈现方式上,尽量兼用文字和图表,以方便读者阅读。

二、旅游企业财务分析报告的内容

旅游企业财务分析报告主要内容包括:

1. 报告摘要

本部分概括地介绍企业的历史沿革、基本情况、经营现状及财务概况等。让财务报告的接受者对企业生产经营现状和财务状况有一个总括的认识。本部分撰写尽量言简意赅,条理清晰,尽量以最小的篇幅给读者传递最大的信息量。

2. 指标分析

分析部分是用文字和数量化方式对公司的财务指标完成情况进行深入分析研究。财务分析方法和指标的选择要得当,财务分析过程要有理有据,各项指标细化、分解与综合(比如盈利能力、偿债能力、发展能力、现金流量分析等单一指标,以及杜邦综合分析体系)要符合财务学和会计学基本原理。

指标计算与初步分析是财务分析重点,占据财务分析报告大部分篇幅,在很大程度上影响财务分析报告质量:分析哪些内容?分析重点是什么?选择什么财务指标?要紧紧围绕分析目的,要在"系统"理念的指导下进行,分析思路要特别清晰,绝不是漫无目的地玩数字、文字游戏。

例如,某酒店业集团公司下设若干个同业子公司,分析集团盈利能力应当建立如下分析路径:由总体(含子公司)指标分析,到集团指标分析,再到各子公司指标分析;在各个分析环节要由本月指标分析,到本年累积指标分析;归因分析时,要由盈利能力分析到销售情况分析,直至成本分析。总之,指标分析要突出重点,条理分明,纲举目张。

3. 综合分析与评价

综合分析与评价是指就目标公司财务分析给出结论性意见,是财务分析报告的核心,而上述两个部分内容可以看作是本部分的先期准备。这部分内容撰写要遵循以下四个原则:第一,要高屋建瓴,从公司战略、规划和预算视角审视年度经营业绩和财务状况,不能一叶障目,不见森林。第二,对于经营情况、财务状况和经营成果等要给予客观、公正的总结、评价和预测。尽量用专业化、科学化的语言描述分析、评价内容,不能含糊其辞,似是而非。第三,分析、评价要全面,问题剖析要深入、辨证。第四,尽管财务分析报告没有统一规定的格式,但是编写者还是应当考虑业内读者的需求,确保所编写的分析报告能够被同行所认同。

4. 财务建议

开展财务分析工作一般都是基于某些管理或者决策目的,所以根据分析结果提出的建议一定要与这些目的相吻合,一定要有针对性。同时,为了增强可操作性,所提意见或建议应该切实可行,最好能针对具体问题提出相应改进措施,并拟订详细方案。

三、财务分析报告撰写范例

(一)公司概况

黄山旅游(600054)发展股份有限公司前身是安徽省黄山旅游开发公司,1985年10月开始进行股份制改组,1996年10月首次发行外资股,上市时总股份19 300万股;1996年11月8 000万B股上市交易。

该公司业务范围涵盖旅游接待、服务,旅游商品开发、销售,旅游运输,饮食服务,旅游资源开发,组织举办与旅游相关的贸易活动,信息咨询,房地产开发经营及租赁。公司作为自然类的旅游景区,由于享有地区垄断性资源和优质的品牌、公司控制资源的差异性和不可复制性、极佳的地缘和交通优势、不断增大的营销力度这四大因素,因而具有持久的竞争力。

(二)指标分析

1. 资产负债表分析

表14-1 资产负债结构表(2011年)

资产	期末数	期初数	百分比	
			期末比率	期初比率
流动资产:				
货币资金	183 790 692.71	296 013 550.85	6.86%	13.87%
交易性金融资产				
应收票据				
应收账款	20 091 973.45	18 994 166.93	0.75%	0.89%
预付款项	64 664 074.00	6 627 281.23	2.41%	0.31%
应收利息	79 533.33	67 519.44	0.00%	0.00%
应收股利				
其他应收款	599 788 110.11	479 145 288.18	22.39%	22.45%

续表

资产	期末数	期初数	百分比	
			期末比率	期初比率
存货	12 541 285.78	11 953 686.38		
一年内到期的非流动资产				
其他流动资产				
流动资产合计	88 095 669.38	812 801 493.01	32.89%	38.09%
非流动资产:				
可供出售金融资产				
持有至到期投资				
长期应收款				
长期股权投资	325 519 102.16	174 382 027.59	12.15%	8.17%
投资性房地产				
固定资产	818 616 722.90	837 909 270.01	30.56%	39.26%
在建工程	516 616 669.93	172 297 180.24	19.29%	8.07%
工程物资				
固定资产清理				
生产性生物资产				
油气资产				
无形资产	80 355 934.45	82 944 239.99	3.00%	3.89%
开发支出				
商誉				
长期待摊费用	22 724 974.03	19 111 526.19	0.85%	0.90%
递延所得税资产	35 556 200.00	36 340 000.00	1.33%	1.70%
其他非流动资产	100 000.00	130 000.00	0.00%	0.01%
非流动资产合计	1 797 847 639.45	1 321 239 495.84	67.11%	61.91%
资产总计	2 678 803 308.83	2 134 040 985.85	100.00%	100.00%
负债及所有者权益				
流动负债:				
短期借款	376 000 000.00	206 000 000.00	14.04%	9.65%
交易性金融负债				
应付票据				
应付账款	30 808 301.37	33 973 408.57	1.15%	1.59%
预收款项	7 759 045.95	5 448 413.61	0.29%	0.26%
应付职工薪酬	23 273 993.36	23 734 567.93	0.87%	1.11%
应交税费	64 640 416.09	30 210 802.70	2.41%	1.42%

续表

资产	期末数	期初数	百分比	
			期末比率	期初比率
应付利息	1 228 964.22	202 915.55	0.05%	0.01%
应付股利				
其他应付款	317 922 858.90	311 120 716.46	11.87%	14.58%
一年内到期的非流动负债				
其他流动负债				
流动负债合计	821 633 579.89	610 690 824.82	30.67%	28.62%
非流动负债				
长期借款	82 624 580.00	12 624 580.00	3.08%	0.59%
应付债券				
长期应付款	6 000 000.00	26 800 000.00	0.22%	1.26%
专项应付款				
预计负债				
递延所得税负债				
其他非流动负债	2 000 000.00		0.07%	
非流动负债合计	90 624 580.00	39 424 580.00	3.38%	1.85%
负债合计	912 258 159.89	650 115 404.82	34.05%	30.46%
所有者权益				
实收资本（或股本）	471 350 000.00	471 350 000.00	17.60%	22.09%
资本公积	145 402 880.49	145 238 687.55	5.43%	6.81%
减：库存股				
专项储备				
盈余公积	210 249 550.18	182 004 012.98	7.85%	8.53%
一般风险准备				
未分配利润	939 542 718.27	685 332 883.50	35.07%	32.11%
所有者权益（或股东权益）合计	1 766 545 148.94	1 483 925 584.03	65.95%	69.54%
负债和所有者权益（或股东权益）总计	2 678 803 308.83	2 134 040 988.85	100.00%	100.00%

资料来源：《黄山旅游 2011 年度财务分析》。

（1）资产结构分析：根据表 14-1（资产负债结构表），2011 年黄山旅游的流动资产比率是 32.89%，与 2010 年相比下降了 5.2%；长期资产比率是 67.11%，与 2010 相比上升了 5.2%。

（2）资本结构分析：从表 14-1 我们可知，2011 年黄山旅游的资产负债率是 34.05%，与 2010 年相比上升了 3.59%；自有资本比率是 65.95%，与 2010 年相比下降了 3.59%。总的来看，黄山旅游的资产负债率不高，仍然处在一个比较合理的范围内，说明该公司的财务政策比较稳健。

流动负债比率是 30.67%，与 2010 年相比上升了 2.05%；长期资本比率是 69.33%，比 2010 年下降了 2.06%。

（3）流动资产比率分析：在黄山旅游总资产中，2011 年流动资产占比要比 2010 年有所下降，从 38.09%下降到 32.89%，下降幅度为 5.2%，这说明企业资产的流动性有所下降。其中，货币资金的下降幅度最大，说明企业的即期支付能力下降，会影响到企业的短期偿债能力；预付款项比例有所上升，与货币资金下降存在一定的相关性；应收账款比例略有下降，理论上可以减少企业的坏账损失，但是实际效用不大。

（4）固定资产比率分析：黄山旅游的总资产中，固定资产占比最大，2011 年固定资产的比例为 30.56%，比 2010 年的 39.26%下降了 8.7%，降幅达到近 10 个百分点。与此同时，该公司在建工程有大幅增加，从 2010 年的 8.07%上涨到 2011 年的 19.29%，上涨了 11.12%。固定资产占比下降与在建工程增加密切相关，前者与后者互为因果，因此企业加大对固定资产的投资。

（5）长期股权投资分析：2011 年长期股权投资占总资产的 12.15%，比 2010 年的 8.17%上升了 3.98%。由此可以说明该企业资本运营和理财能力有所增强，也体现了该企业的投资政策较为开放。

2. 利润表分析

表 14-2　黄山旅游利润表

单位：元

项目	本期金额	上期金额
一、营业收入	1 064 540 355.30	948 775 884.86
减：营业成本	586 664 739.90	537 023 094.23
营业税金及附加	46 101 382.79	39 703 835.40
销售费用	51509.11	
管理费用	166 022 853.90	152 500 612.63
财务费用	-8 588 406.14	1 214 032.74
资产减值损失	-268 895.53	7 270 521.37
加：公允价值变动收益（损失以"－"号填列）		
投资收益（损失以"－"号填列）	74 268 813.33	34 603 520.32
其中：对联营企业和合营企业的投资收益	-14 925.43	124 921.43
二、营业利润（亏损以"－"号填列）	348 825 984.60	245 667 308.81

续表

项目	本期金额	上期金额
加：营业外收入	967 141.77	878 941.93
减：营业外支出	3 097 549.35	8 783 726.59
其中：非流动资产处置损失	2 663 732.32	8 649 574.81
三、利润总额（亏损总额以"－"号填列）	346 695 577.02	237 762 524.15
减：所得税费用	64 240 205.05	32 395 349.39
四、净利润（净亏损以"－"号填列）	282 455 371.97	205 367 174.76
五、每股收益		
（一）基本每股收益		
（二）稀释每股收益		
六、其他综合收益		
七、综合收益总额	282 455 371.97	205 367 174.76

根据黄山旅游利润表（参见表14-2），2011年该公司实现营业收入为1 064 540 355.30元，营业利润为348 825 984.60元，其中投资收益为74 268 813.33元，利润总额为346 695 577.02元，税后利润为282 455 371.97元。2011年该公司净利润比2010年增长37.54%，主要原因是2011年收入的较快增长和成本的较大幅度降低。

进一步分析黄山旅游的利润结构发现：2011年度该公司营业利润占营业收入的比例为32.57%，而2010年该比率是25.89%，增幅为6.87%；利润总额占营业收入的比例由2010年的25.06%增长到2011年的32.57%；净利润占营业收入的比例由2010年的21.65%增长到2011年的26.53%。这些财务比率充分说明该公司获利能力有较大提高，主要原因是该公司的营业成本、管理费用和财务费用均呈下降趋势；尽管营业税金、所得税费用均有所增加，但是尚不足以抵消企业盈利能力增长效应。

3. 现金流量分析

黄山旅游现金流量如表14-3所示。

表14-3 黄山旅游现金流量表

单位：元

项目	本期金额	上期金额
一、经营活动产生的现金流量		
销售商品、提供劳务收到的现金	1 043 462 570.45	972 182 499.93

续表

项目	本期金额	上期金额
收到的税费返还		
收到的其他与经营活动有关的现金	11 558 517.55	5 797 141.18
经营活动现金流入小计	1 055 021 088.00	977 979 641.11
购买商品、接受劳务支付的现金	131 558 927.67	117 260 945.84
支付给职工以及为职工支付的现金	147 252 905.60	122 892 837.60
支付的各项税费	92 470 966.88	125 032 915.99
支付的其他与经营活动有关的现金	439 114 984.20	405 408 825.97
经营活动现金流出小计	810 397 784.35	770 595 525.40
经营活动产生的现金流量净额	244 623 303.65	207 384 115.71
二、投资活动产生的现金流量		
收回投资所收到的现金		6 068 366.75
取得投资收益所收到的现金	74 121 250.72	20 088 443.00
处置固定资产、无形资产和其他长期资产所收回的现金净额	327 439.10	63 815.00
处置子公司及其他营业单位收到的现金净额		
收到的其他与投资活动有关的现金	5 138 703.10	3 381 872.81
投资活动现金流入小计	79 587 392.92	29 602 497.56
购建固定资产、无形资产和其他长期资产所支付的现金	482 723 323.62	120 545 747.70
投资所支付的现金	150 000 000.00	
取得子公司及其他营业单位支付的现金净额		
支付的其他与投资活动有关的现金	1 238 147.12	
投资活动现金流出小计	633 961 470.74	120 545 747.70
投资活动产生的现金流量净额	-554 374 077.82	-90 943 250.14
三、筹资活动产生的现金流量		
吸收投资收到的现金		
取得借款收到的现金	456 000 000.00	206 000 000.00
发行债券收到的现金		
收到其他与筹资活动有关的现金		
筹资活动现金流入小计	456 000 000.00	15 698 500.00
偿还债务支付的现金	216 000 000.00	221 698 500.00
分配股利、利润或偿付利息所支付的现金	21 671 990.06	149 829 534.83
支付其他与筹资活动有关的现金	20 800 000.00	10 806 628.72
筹资活动现金流出小计	258 471 990.06	160 636 163.55
筹资活动产生的现金流量净额	197 528 009.94	61 062 336.45
四、汇率变动对现金及现金等价物的影响	-93.91	-58.51
五、现金及现金等价物净增加额	112 222 858.14	177 503 143.51

续表

项目	本期金额	上期金额
加：期初现金及现金等价物余额	296 013 550.85	118 510 407.34
六、期末现金及现金等价物余额	183 790 692.71	296 013 550.85

总的来看，2011 年黄山旅游公司现金净流量为-112 222 764.23 元，公司现金呈净流出状态。其中，公司经营活动净现金流量是 244 623 303.65 元，投资活动净现金流量是-554 374 077.82 元，筹资活动净现金流量是 197 528 009.94 元。购建固定资产、无形资产和其他长期资产所支付的现金为 482 723 323.62 元，占投资活动现金流出量绝大部分，也是该公司净现金流量为负数的主要原因。

2011 年度黄山旅游股份有限公司经营活动现金流量净额为 244 623 303.65 元：其中，2011 年黄山旅游营业收入是 1 064 540 355.30 元，销售商品、提供劳务收到的现金 1 043 462 570.45 元；2011 年经营活动现金流出是 810 397 784.35 元。其中，购买商品、接受劳务支付的现金流出是 131 558 927.67 元，支付给职工以及为职工支付的现金是 147 252 905.60 元，支付的各项税费是 92 470 966.88 元，支付的其他与经营活动有关的现金是 439 114 984.20 元，占经营活动现金流出的大部分。

2011 年度黄山旅游投资活动产生的现金流量净额为-554 374 077.82 元：投资活动现金流入总量为 79 587 382.92 元。其中，取得投资收益所收到的现金为 74 121 250.72 元，占了因投资活动导致的现金流入量的 93.1%，表明该公司的对外投资情况良好；投资活动现金流出总量为 633 961 470.74 元，因构建固定资产、无形资产和其他长期资产所支付的现金为 482 723 323.62 元，占因投资活动导致的现金流出量的 76.1%。

本年度黄山旅游筹资活动现金流量净额为 197 528 009.94 元：筹资活动现金流入为 456 000 000.00 元，均来自银行借款；筹资活动现金流出量为 258 471 990.06 元，其中偿还债务支付的现金为 216 000 000.00 元，分配股利、利润或偿还利息所支付的现金为 21 671 990.06 元，支付其他与筹资活动有关的现金为 20 800 000.00 元。

4. 财务比率分析

（1）流动比率

计算公式：流动比率=流动资产÷流动负债

黄山旅游 2010 年的流动比率为 1.33，2011 年流动比率为 1.07。该公司两年的流动比率均小于 2，说明其短期偿债能力较弱，而且第二年情况比第一年更加恶化。同行业西藏旅游 2011 年的流动比率为 1.43，说明黄山旅游的短期偿债能力要弱于西藏旅游。

(2) 速动比率

计算公式：速动比率=速动资产÷流动负债

速动比率是衡量企业流动资产中可以立即变现用于偿还流动负债的能力。速动资产包括货币资金、短期投资、应收票据、应收账款等可以在较短时间内变现，而流动资产中的存货和一年内到期的非流动资产及其他流动资产等则不应计入。

黄山旅游2010年的速动比率1.31，2011年的速动比率为1.06。该公司连续两年速动比率均大于1，说明公司短期偿债能力较好。该结论与以上流动比率的结论相冲突，为什么？因为旅游行业的存货占资产比重较小，剔除流动性差的资产幅度较小所致。

(3) 资产负债率

计算公式：资产负债率=负债总额÷资产总额×100%

黄山旅游2011年的资产负债率为34.05%，而2010年该指标值为30.46%，表明与上一年相比黄山旅游长期偿债能力有所下降。

(4) 权益乘数

计算公式：权益乘数=1÷（1-资产负债率）

2011年黄山旅游股份有限公司的权益乘数为1.52，2010年该值则为1.44。2011年黄山旅游的权益乘数比2010年略有提高，说明其负债水平有小幅提高。

(5) 应收账款周转率

计算公式：应收账款周转率=赊销收入净额÷应收账款平均余额

该指标用以反映公司应收账款周转速度，它说明一定期间内公司应收账款转为现金的平均次数。2011年黄山旅游应收账款周转54.47次，而2010年则为47.72次。所以，该公司本年度应收账款周转率比上年度加快，资金使用效率有所提高。

其他反映营运能力的财务指标还有存货周转率、流动资产周转率和总资产周转率。

(6) 总资产报酬率

计算公式：总资产报酬率=息税前利润÷平均总资产×100%

黄山旅游2011年度总资产报酬率为14.71%，而2010年度仅为12.27%。该指标变动表明，2011年黄山旅游股份有限公司资产营运水平和盈利水平得到提高。

(7) 净资产收益率

计算公式：净资产收益率=净利润÷平均股东权益×100%

净资产收益率又称股东权益报酬率，是衡量上市公司盈利能力的重要指标。

该指标值越高，说明投资带来的收益越高；净资产收益率越低，说明企业所有者权益的获利能力越弱。黄山旅游 2011 年净资产收益率为 17.38%，2010 年为 14.87%，2011 年比上年增长了 2.5 个百分点左右，公司资本的盈利能力在提高。

（8）利润增长率和三年利润平均增长率

计算公式：利润增长率=（当年净利润-上年净利润）÷上年净利润×100%

黄山旅游利润环比增长率 2011 年、2010 年和 2009 年分别是 45.82%、2.87% 和 0.43%。

2011 年利润增长率=（346695577.02-237762524.15）÷237762524.15×100%
=45.82%

2010 年利润增长率=（237762524.15-231131856.27）÷231131856.27×100%
=2.87%

2009 年利润增长率=（231131856.27-230143139.73）÷230143139.73×100%
=0.43%

三年利润平均增长率=$(\sqrt[3]{\frac{346695577.02}{230143139.73}}-1)\times 100\%=16.63\%$

从黄山旅游利润增长率指标计算值来看，2009 年、2010 年和 2011 年三年连续增长，平均增长率为 16.63%，表明公司盈利能力不断增强。但是，该公司的盈利增长不均衡，2009 年和 2010 年只有小幅增长，而 2011 年增长率奇高。2009 年该公司利润增长缓慢的原因是营业收入增长不明显，财务费用的过快增长导致营业成本降不下来。因为营业收入继续上涨，投资收益显著提高，2011 年利润增长率达到 45.82%。

（9）杜邦财务分析

图 14-1（2013 年黄山旅游杜邦财务分析）和图 14-2（2012 年黄山旅游杜邦财务分析）刻画的是黄山旅游股份有限公司 2013 年和 2012 年杜邦财务分析体系。杜邦财务分析法本质上是一种综合财务分析方法，其基本思想是将企业净资产收益率逐级分解为多项财务比率乘积，这样有助于深入分析比较企业经营业绩及其成因。从杜邦财务分析法层级关系来看，围绕核心财务指标净资产收益率的三个关键指标分别是总资产利润率（总资产收益率）、总资产周转率和财务杠杆（权益乘数）。

根据杜邦财务分析结果，2013 年黄山旅游的净资产收益率为 7.04%，而 2012 年该指标值为 12.43%。总的来看，这两年该公司的净资产收益率均为正值，公司处于获利状态。但是，2013 年净资产收益率降低了 5.39%，降幅达 43%，不能不对其引起足够重视。初步分析发现，导致 2013 年净资产收益率降低的原因是：第一，该公司的总资产收益率降低幅度较大，由 7.1%降低到 4.29%；第二，该公司的权益乘数减小了，换言之，该公司利用财务杠杆的力度降低了。进一步分析发现，黄山旅游总资产收益率降低的原因是资产周转率降低和主营业务利润率降低，而且前者是主要原因，表明公司在运营管理方面出现了一些新问题。至于2013年财务杠杆降低需要联系该公司的筹资政策、财务风险和收益水平等因素进行综合分析，不能试图一味地通过提高财务杠杆增加权益资本收益率。

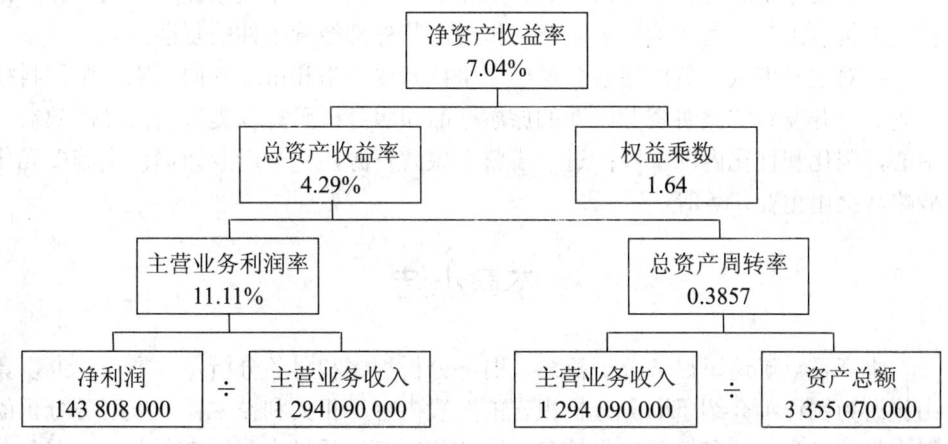

图14-1　2013年黄山旅游杜邦财务分析

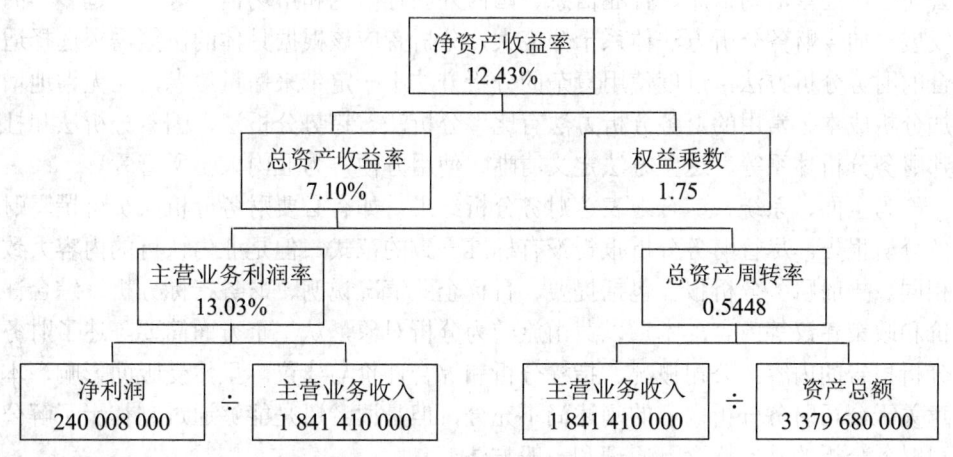

图14-2　2012年黄山旅游杜邦财务分

（三）综合评价与建议

随着我国经济发展的转型升级，旅游业已成为我国国民经济发展战略性支柱产业之一，旅游企业面临难得的发展机遇。但是，我国旅游企业挑战与机遇并存。

我国旅游消费需求也发生了巨大变化,并呈现出多层次、多样化和个性化发展趋势。社会高端休闲、度假产品与服务层出不穷,对旅游产品的研究和开发提出了更高要求。与此同时,旅游市场不断细分,竞争不断加剧,国家宏观政策措施也在不断调整,等等。这些因素可能使旅游企业原有的开发计划和产品不能按计划实施和推出,导致企业运营成本增加,进而在一定程度上影响企业经营绩效。

从黄山旅游股份有限公司来看,从2009年到2013年业绩波动性大,在一定程度上折射出其经营风险处于高位,折射出其外部经营条件的复杂性。

针对这种现状,黄山旅游公司应该坚持开放战略和市场导向原则;坚持科技为先导,开发新的旅游资源、新的旅游产品和服务;坚持以提升企业经济效益为中心,强化和优化内部手段;进一步整合旅游资源,完善产业布局;实施多元化战略,突出主业,等等。

本章小结

本章重点讲述了财务分析概念、财务分析程序和财务分析基本方法,并以黄山旅游为例详细介绍了财务分析报告的一般内容。相关利益主体开展财务分析的根本目的是为决策和管理提供信息,因此这项工作质量为分析者所关注。财务分析人员尽可能搜集一切与目标企业相关的各种资料,比如公司财务报表及其附表、公司生产经营活动信息、行业信息、国内外同行信息和市场信息等。经过多年的发展,如今财务分析方法体系十分庞大,分析者应该根据具体的决策需求选择适合的财务分析方法,过度使用复杂的分析方法不一定带来增量信息,还无谓地增加分析成本。常用的财务分析方法有比率分析法、趋势分析法、因素分析法和杜邦财务分析体系等,这些方法定义清晰、使用方便,为业内人士所喜爱。

为全面、系统、综合地表达财务分析结果,如有必要财务分析人员可撰写财务分析报告。尽管财务分析报告没有标准一致的范式,但是业内认可的内容大致相同。一般财务分析报告包括提要、目标企业情况说明、财务指标分析、综合评价和政策建议等内容。本章以黄山旅游为分析对象,从三个方面简要陈述了财务分析报告的内容:公司概况、指标分析和综合评价与建议。虽然受版面影响,本章关于公司财务分析内容的阐述尚不充分,但是读者还是能够通过它初步了解公司财务分析的基本概念、原理和一般方法。

重要名词

结构分析法　　　　　　　　　　结构比率

关系比率 趋势分析法
因素分析法 财务分析报告
杜邦财务分析法 净资产收益率
财务分析程序 流动比率

练习题

1. 什么是财务分析？
2. 财务分析与决策质量相关性如何？
3. 定量分析法一定比定性分析法重要吗？
4. 如何撰写旅游企业财务分析报告？

第十五章 旅游企业财务报告审计

【学习目的】
1. 了解会计信息的决策有用性。
2. 理解会计信息质量及会计信息质量特征的内涵。
3. 理解会计信息质量与财务报告审计的相互关系。
4. 了解财务报告审计理论基础。
5. 了解审计报告基本内容。
6. 掌握财务报告审计流程。
7. 了解旅游企业财务报告审计的实质性测试若干关注事项。

【引例】
　　卡迪罗旅游系统公司曾是美国第四大旅游机构,也是第一家在美国证券交易所挂牌上市的旅游代理商。塔奇·罗斯会计师事务所在审计卡迪罗旅游系统公司1985年度会计报表时发现,该公司所确认的从联合航空公司获取的一笔20万美元"旅游佣金收入"存在疑点。通过对联合航空公司的了解,这笔款项只是一笔预付账款,其目的仅是为了弥补更换新的预订系统所发生的安装设置成本。由于塔奇·罗斯会计师事务所的有关合伙人坚持认为这笔款项不能被确认为收入,没有做出妥协,未出具审计报告,卡迪罗旅游系统公司最终解聘了该事务所,并拒绝向其支付有关审计费用。由于陷入偿债危机,1987年5月,卡迪罗旅游系统公司的主要债权人对该公司提出了强制破产诉讼,同年美国证券交易委员会颁布了对该公司的调查报告,认定公司有关人员违反了《联邦证券法》的有关规定,包括不能保持正确的财务记录等。由于塔奇·罗斯会计师事务所在审计过程中严格遵守了审计准则和有关职业道德,最终免除了破产诉讼人的起诉和证券交易委员会的处罚。
　　从案例中,我们可以知道塔奇·罗斯会计师事务所拒绝出具审计报告的前因后果及其未遭受诉讼的免责因由,也可以知道卡迪罗旅游系统公司的一些不当财务行为及其动因。由此,我们不禁要问:公司总能自觉提供高质量的会计信息吗?如果不能,可以采用哪些措施约束公司的虚假披露行为?审计能在多大程度上约束公司的不当会计信息披露？相信通过本章的学习，读者会对这些问题会有较为深入的理解。

第一节　会计信息质量

一、会计信息

（一）会计信息的含义

会计信息是指会计主体通过财务报告等形式向投资者、债权人或其他信息使用者揭示的财务状况和经营成果的信息。

投资者希望阅读目标公司会计信息，因为他们关心投资回报。他们需要决定是继续持有投资，还是转让、出售所持股份？是增持，还是减持股份？

债权人希望阅读目标公司会计信息，因为他们关心债权的安全性与收益性。他们需要决定是继续保持既有债权，还是设法提前收回贷出的资金？

国家相关政府部门也希望阅读目标公司会计信息，因为它们需要作出判断：目标企业的财务报告是否真实有效？目标企业是否依法照章纳税并正确进行纳税申报？

企业的其他相关利益主体都希望阅读到公司会计信息。换言之，公司会计信息具有决策有用性。

然而，会计信息的复杂性给会计信息使用者带来困惑与不便。会计信息的复杂性原因主要有如下几个方面：第一，会计信息的生成不完全是一个客观的过程，这里渗透了会计师的职业判断。会计师根据会计法律、法规和规章等会计规范，充分考虑企业现实与未来的理财环境和目标企业的经营特点，运用自身专长，通过确认、计量、计算、分析和比较等方法，对不确定性会计事项和交易进行判断。会计师职业判断过程主观性痕迹非常明显，会计信息使用者很难完全放心地对其加以使用。第二，即使面对同样一条会计信息，不同使用者的反应也可能大不相同。例如，对聪明的投资者而言，他们很有可能对市场价值评估持积极态度，因为以市值评估资产有利于帮助他们预测公司前景；对其他一些投资者而言，他们可能不喜欢市值，因为他们感到市值不可靠，或者不习惯于用市场评估资产。第三，会计信息具有经济后果，它不仅会影响个人决策，还会影响市场运作。

（二）会计信息对旅游企业的作用

会计信息不仅对旅游企业外部利益相关者有用，对旅游企业本身的决策和管理工作也有用，主要表现在如下几个方面：

首先，通过完善的会计核算体系提供的会计信息有助于提高旅游企业自身的经济效益。作为一个自主经营、自负盈亏的经济实体，面对日益激烈的市场竞争，旅游企业可以通过加强会计核算，减少或控制费用和成本支出，增加经济效益。

其次，完善的会计核算体系能够有效监督旅游公司的经济活动。会计核算具有综合性，能够对旅游企业的各项经济活动进行有效的监督，以维护国家的政策、法规以及财务制度，督促旅游企业严格按照相关法律法规办事，遵守财务制度。会计核算工作可以将旅游企业财务信息及时、正确地反映给企业相关利益者，不仅有助于其准确地了解企业的财务状况和经营成果，还便于其发挥外部监督作用。

最后，科学、严密的会计核算体系能够有力地保障旅游企业财产物资的安全、完整。通过会计核算工作，旅游企业可以对各项财产物资的收、发、存的情况进行全面地核算监督，定期或不定期对财产物资组织盘点，完善各项相关手续并堵塞漏洞，可以极大地保障旅游企业财产的安全性和完整性。

二、会计信息质量

勿庸置疑，会计信息能影响相关利益主体的决策。但问题是，会计主体是会计信息的搜集、加工和提供者，它们要为之发生成本，而其他相关利益主体（如投资人、债权人和有关政府部门）只是单纯的会计信息使用者而无须为此埋单。这样就产生了一个悖论：负担费用的会计信息提供者如何使免费使用会计信息的使用者放心地使用会计信息？于是，会计信息质量和审计等问题相继被提出。这里，先讲述会计信息质量问题。

（一）会计信息质量的定义

什么是会计信息质量？从不同的角度考察，可得出不同的定义。世界著名的质量管理专家朱兰从用户使用角度的定义，会计信息质量应是其满足需求者的程度；根据质量管理专家克劳斯比从生产者角度的定义，会计信息的质量应是会计信息产品符合会计准则（制度）规定要求的程度，这里的会计准则（制度）即会计信息生产的"模板"；根据国际标准化组织1994年颁布的ISO8402-94《质量管理和质量保证——术语》中有关质量的定义，会计信息质量应是会计信息满足明确和隐含需要能力的特征总和。加拿大特许会计师协会对会计信息质量内涵进行了具体化，将其表述为四个主要方面：可理解性、相关性、可靠性和可比性。中华人民共和国财政部会计准则委员会 2005 年编著的《会计信息质量特征》[①]中对会计信息质量概念的表述是"会计信息质量是指会计信息满足信息使用者需求的特征的总和"。

总之,会计信息质量核心要义是其决策有用性及其判断尺度(会计信息质量特征)。

(二)会计信息质量特征

会计信息质量特征是会计信息所应当达到或满足的基本质量要求,是使财务报表提供的会计信息对使用者有用的那些属性,是选择或评价可供取舍的会计准则、程序和方法的标准,是对财务报告目标的具体化。会计信息的质量越高,对信息使用者进行经济决策的有用性就越强。根据 2006 年 2 月 15 日我国财政部发布的修订后的《企业会计准则——基本准则》[②]中第二章会计信息质量要求中第十二条到第十九条的规定,不难看出,我国的会计信息质量特征与国际会计准则委员会发布的会计信息质量特征框架是趋同的。

第十二条 企业应当以实际发生的交易或者事项为依据进行会计确认、计量和报告,如实反映符合确认和计量要求的各项会计要素及其他相关信息,保证会计信息真实可靠、内容完整。这一条可概括为会计信息的客观性。

第十三条 企业提供的会计信息应当与财务会计报告使用者的经济决策需要相关,有助于财务会计报告使用者对企业过去、现在或者未来的情况作出评价或者预测。这一条可概括为会计信息的相关性。

第十四条 企业提供的会计信息应当清晰明了,便于财务会计报告使用者理解和使用。这一条可概括为会计信息的明晰性。

第十五条 企业提供的会计信息应当具有可比性。

同一企业不同时期发生的相同或者相似的交易或者事项,应当采用一致的会计政策,不得随意变更。确需变更的,应当在附注中说明。这部分可概括为会计信息的一贯性。

不同企业发生的相同或者相似的交易或者事项,应当采用规定的会计政策,确保会计信息口径一致、相互可比。这部分可概括为会计信息的可比性。

第十六条 企业应当按照交易或者事项的经济实质进行会计确认、计量和报告,不应仅以交易或者事项的法律形式为依据。这一条可概括为会计信息实质重于形式。

第十七条 企业提供的会计信息应当反映与企业财务状况、经营成果和现金流

[①] 财政部会计准则委员会,《会计信息质量特征》,大连出版社,2005 年。
[②] 财政部,《企业会计准则——基本准则》,中华人民共和国财政部令第 33 号,2006 年 2 月。

量等有关的所有重要交易或者事项。这一条可概括为会计信息的重要性。

第十八条 企业对交易或者事项进行会计确认、计量和报告应当保持应有的谨慎,不应高估资产或者收益、低估负债或者费用。这一条可概括为会计信息的谨慎性。

第十九条 企业对于已经发生的交易或者事项,应当及时进行会计确认、计量和报告,不得提前或者延后。这一条可概括为会计信息的及时性。

第二节 财务报告审计

明确地提出会计信息质量概念内涵及其判定尺度十分必要,它可对会计信息提供者形成约束,使之不至偏离会计规范太远。但是,这还不够,若要使企业外部信息使用者更加放心地使用会计信息,离不开独立的第三方鉴证(审计)。本节着重讲述财务报告审计概念内涵与旅游企业财务报告审计之实质性测试若干注意事项。

一、财务报告审计

(一)财务报告审计的定义

随着审计理论和实践的不断发展,人们给审计定义不是越来越容易而是越来越难。因为审计的外延日益扩大,诸如审计本质、审计目标、审计环境、审计职能等都可能成为定义审计的着眼点和重点。本书摘取如下几则重要审计概念。

美国会计学会(AAA)审计基本概念委员会在 1973 年发表的《审计基本概念说明》(A Statement of Basic Auditing Concepts)一文中对审计的定义则更侧重审计的过程:审计是一个系统化的过程,即通过客观地获取和评价有关经济活动与经济事项认定的证据,以证实这些认定与既定标准的符合程度,并将其结果传达给有关使用者。

国际会计师联合会(IFAC)下设的国际审计与鉴证准则理事会(IAASB)将注册会计师审计定义为:"财务报告审计的目标是,使审计师(有时也指其所在的会计师事务所)能够对财务报表是否在所有重大方面按照确定的财务报告框架编制发表意见。"

《中国注册会计师审计准则第 1101 号——财务报表审计的目标和一般原则》

将审计定义为:"财务报表审计的目标是注册会计师通过执行审计工作,对财务报表的下列方面发表审计意见:(一)财务报表是否按照适用的会计准则和相关会计制度的规定编制;(二)财务报表是否在所有重大方面公允反映被审计单位的财务状况、经营成果和现金流量。"

北京大学王立彦教授(2007)认为,独立审计是企业聘请的独立于企业的外部注册会计师通过执行一定的审计程序而完成的对企业财务状况和经营成果的真实性、合法性的审核。

此外,目前国内学者比较认同的政府审计概念是:审计是由国家授权或接受委托的专职机构和人员,按照国家法规、审计准则和会计理论,运用专门的方法,对被审计单位的财政、财务收支、经营管理活动及其相关资料的真实性、正确性、合规性、合法性、效益性进行审查和监督,评价经济责任,鉴证经济业务,用以维护财经法纪、改善经营管理、提高经济效益的一项独立性的经济监督活动。

(二)财务报告审计的特征

从财务报告审计的定义看,财务报告审计具有两个基本特征:独立性和权威性。

1. 独立性

财务报表审计的独立性是指注册会计师不受那些削弱注册会计师做出无偏审计意见的压力及其他因素的影响。在某种程度上可以说,审计存在的理由是其充当委托人与代理人的中介(委托代理理论是审计理论基础之一),它必须保持公证无偏。说得更加严重一些,审计担负着维护市场经济秩序的部分职责,它直接关乎市场经济的公平性。所以,把独立性看作审计的灵魂也不为过。在财务报表审计的委托代理关系中,理论上是公司的财产所有者委托审计师审计,但实际上公司的经理人很容易控制审计师的选择,影响注册会计师独立客观的发表意见。为此,各国审计规范都要求注册会计师在执行过程中必须保持形式上和实质上的独立性。

(1)形式上的独立性,是指注册会计师与被审查企业或个人没有任何特殊的利益关系,如不得拥有被审计企业股权,不得在被审计单位任职,不能是被审计单位的主要贷款人、资产受托人,也不能与管理当局有亲属关系,等等。

(2)实质上的独立性,也称精神上或事实上的独立,是指注册会计师在执行审计或其他鉴证业务时,应当不受个人或外界因素的约束、影响和干扰,保持客观且无私的精神态度。

总之,注册会计师在执行财务报告审计过程中保持实质上和形式上的独立性,有助于其签发独立、客观、公正的审计意见,确保尽可能提供高质量的审计服务。在实际操作层面,业已有很多标准可用于衡量注册会计师是否保持独立执业。比如，在审计实施阶段可从如下几个方面衡量注册会计师是否保持独立性：

①在审计过程中审计师是否能得到被审计单位相应管理人员的积极协调与配合；②审计人员是否能够直接、不受限制地接触被审单位所有的账簿、凭证、记录以及其他涉及被审单位经营活动和财产状况的信息；③审计人员是否因个人原因被迫放弃或被限制从事某种必要的审计测试或环节；④审计范围是否受被审单位管理当局限制。

2. 权威性

审计的权威性是保证有效行使审计权的必要条件。可以从如下三个方面理解注册会计师审计的权威性：第一、注册会计师审计的权威性总是与独立性相关，它离不开审计组织的独立地位与审计人员的独立执业。第二、我国民间审计组织，也是经过有关部门批准、登记注册的法人组织，它们依照审计法规独立承办审计鉴证和咨询服务业务，其出具的审计报告对外具有法律效力，这也充分体现它们同样具有法定地位和权威性。第三、审计的权威性还体现在其他相关法律规范之中，比如：各国为了保障审计的权威性，分别通过《公司法》、《证券交易法》、《商法》、《破产法》等，从法律上赋予审计超脱的地位及监督、评价、鉴证职能。此外，一些国际性组织为了提高审计的权威性，也通过协调各国的审计制度、准则以及制定统一的标准，使审计成为一项世界性的权威的专业服务。

（三）财务报告审计的基本流程

财务报告审计一般包括接受业务委托、计划审计工作、实施风险评估程序、实施控制测试和实质性测试、完成审计工作和编制审计报告几个基本流程。

1. 接受业务委托与签订审计业务约定书

会计事务所应当按照执业准则的规定，谨慎决定是否承接审计业务或继续保持客户关系。承接审计业务时，应由会计师事务所接受委托，与被审计单位签订审计业务约定书。这项活动是由会计师事务所与委托人共同签订，据以确认审计业务的受托与委托关系，明确委托的目的、审计范围及双方责任与义务等事项，明确可能对审计业务产生重大影响的事项、交易、条件和惯例等其他事项。审计业务约定书一旦签订便具有法定的约束力，因此签约活动必须按下列程序和要求进行。签约过程可具体分成两个步骤：签约前业务洽谈和签订审计业务约定书。

2. 编制审计计划

审计计划是指注册会计师为了完成年度会计报表审计业务，达到预期的审计目的，在具体执行审计程序之前编制的工作计划，审计计划包括总体审计计划和具体审计计划。审计计划对审计工作作科学、合理、周密的安排，能使审计业务得以有效执行。审计计划书的编制往往不能一蹴而就，一般需要经过三个步骤才能完成：计划编制前的准备工作、审计计划书内容的斟酌与编制、审计计划的审核。

3. 实施风险评估程序

实施风险评估程序目的是了解被审计单位及其环境，评估重大错报风险。风险评估程序为注册会计师确定重要性水平，识别需要特别考虑的领域，设计和实施进一步审计程序等工作提供重要基础。风险评估程序主要包括：了解被审计单位及其环境（包括内部控制情况）；识别和评估财务报表层次以及各类交易、账户余额和列报认定层次的重大错报风险，包括确定特别风险和仅通过实施实质性程序无法应对的重大错报风险，等等。

4. 实施控制测试和实质性测试

控制测试指的是测试被审计单位内部控制制度设计和运行的有效性。实施该审计程序的目的是为了获取关于控制防止或发现并纠正认定层次重大错报的有效性。如发现内部控制制度的重大缺陷，应当向被审计单位报告，还可出具管理建议书。在此过程中，注册会计师主要对会计控制制度进行测试，对控制环境、会计制度和控制程序等方面进行测试，然后据以确定内部控制可依赖的程度。为提高测试效果的可信度，注册会计师还应当进行审计抽样和并评价抽样结果。

实质性测试是用于发现认定层次重大错报的审计程序，包括对各类交易、账户余额和披露的细节测试以及实质性分析程序。无论评估的重大错报风险如何，注册会计师均应当针对所有重大的交易、账户余额和列报实施实质性程序，以获取充分、适当的审计证据。

在财务报告审计业务中，注册会计师只有通过实施风险评估程序、控制测试和实质性程序，才能获取充分、适当的审计证据，得出合理的审计结论，才可能发表恰当的审计意见。

5. 编制审计工作底稿

审计工作底稿是注册会计师对制定的审计计划、实施的审计程序、获取的相关审计证据，以及得出的审计结论作出的记录。它是审计证据的载体，也是注册会计师在审计过程中形成的审计工作记录和获取的资料。它贯穿整个审计过程。

（1）编制审计工作底稿的目的

编制审计工作底稿的两个主要目的是①提供审计记录，作为出具审计报告的基础；②提供审计证据，证明注册会计师已经按照审计准则和相关法律规定计划和执行了审计工作。

编制审计工作底稿其他目的有①便于审计工作顺利开展；②为负责督导的项目组成员履行指导、监督与复核审计工作的职责；③便于项目组说明其执行审计工作的情况；④保留对未来审计工作持续产生重大影响的事项的记录；⑤为实施审计质量控制复核与检查提供便利；⑥便于监管机构和行业协会对会计师事务所实施执业质量检查。

（2）审计工作底稿的编制要求

注册会计师编制的审计工作底稿，应当使得未曾接触该项审计工作的有经验的专业人士清楚地了解：①按照审计准则和相关法律法规的规定实施的审计程序的性质、时间和范围；②实施审计程序的结果和获取的审计证据；③就重大事项得出的结论及重大职业判断。

（3）审计工作底稿的要素

审计工作底稿要素有八项：标题、审计过程记录、审计结论、审计标识及其说明、索引号及编号、编者姓名及编制日期、复核者姓名及复核日期、其他应说明事项。

（4）审计工作底稿的内容

审计工作底稿通常包括总体审计策略、具体审计计划、分析表、问题备忘录、重大事项概要、询证函回函和声明、核对表、有关重大事项的往来函件（含电子邮件），以及被审计单位文件记录的摘要或复印件。此外，审计工作底稿还包括审计业务约定书、管理建议书、项目组内部或项目组与被审计单位举行的会议记录、与其他人士的沟通文件及错报汇总表。

6. 完成审计工作和编制审计报告

审计完成阶段是审计的最后一个阶段。注册会计师按业务循环完成各财务报表项目的审计测试和一些特殊项目的审计工作之后，汇总获得的各项审计证据，运用专业判断，形成适当的审计意见，并出具审计报告。审计报告应说明审计范围、会计责任与审计责任、审计依据和已实施的主要审计程序等事项。本阶段主要工作有：评价审计中的重大发现，汇总审计差异，考虑被审计单位持续经营假设的合理性，关注或有事项和期后事项对财务报表的影响，与客户沟通，获取管理层声明，确定应出具审计报告的意见类型和措辞，进而编制并报送审计报告，等等。

值得注意的是，审计程序的划分不是唯一的。比如，有人将审计程序划分为七个步骤：签订审计业务约定书、编制审计计划、内部控制制度测评、运用审计方法获得审计证据、编制审计工作底稿、完成审计外勤工作和出具审计报告。

（四）审计报告类型

审计报告是审计工作的最终成果。注册会计师在实施必要的审计程序后，基于审计证据，形成审计意见，并出具审计报告。审计报告应说明审计范围、会计责任与审计责任、审计依据和已实施的主要审计程序等事项；应当说明被审计单位会计报表的编制是否符合国家有关财务会计法规的规定，在所有重大方面是否公允地反映了其财务状况、经营成果和资金变动情况；应当说明所采用的会计处理方法是否遵循了一贯性原则。按照审计报告的性质，分为标准审计报告和非标准审计报告。

标准审计报告是指标准措辞的引言段、管理层对财务报表的责任段、注册会计师的责任段、审计意见段的无保留意见的审计报告，不附加说明段、强调事项段或任何修饰性用语。

非标准审计报告，是指标准审计报告以外的其他审计报告，包括带强调事项段的无保留意见的审计报告和非无保留意见的审计报告。非无保留意见的审计报告包括保留意见的审计报告、否定意见的审计报告和无法表示意见的审计报告。

（五）标准审计报告范例

表15-1 标准审计报告范例

审计报告

中国国旅股份有限公司全体股东：

我们审计了后附的中国国旅股份有限公司（以下简称中国国旅公司）财务报表，包括2012年12月31日的合并及母公司资产负债表，2012年度的合并及母公司利润表、合并及母公司现金流量表、合并及母公司股东权益变动表以及财务报表附注。

一、管理层对财务报表的责任

编制和公允列报财务报表是管理层的责任，这种责任包括：（1）按照企业会计准则的规定编制财务报表，并使其实现公允反映；（2）设计、执行和维护必要的内部控制，以使财务报表不存在由于舞弊或错误导致的重大错报。

二、注册会计师的责任

我们的责任是在执行审计工作的基础上对财务报表发表审计意见。我们按照中国注册会计师审计准则的规定执行了审计工作。中国注册会计师审计准则要求我们遵守中国注册会计师职业道德守则，计划和执行审计工作以对财务报表是否不存在重大错报获取合理保证。

审计工作涉及实施审计程序，以获取有关财务报表金额和披露的审计证据。选择的审计程序取决于注册会计师的判断，包括对由于舞弊或错误导致的财务报表重大错报风险的评估。在进行风险评估时，注册会计师考虑与财务报表编制和公允列报相关的内部控制，以设计恰当的审计程序。审计工作还包括评价管理层选用会计政策的恰当性和作出会计估计的合理性，以及评价财务报表的总体列报。

我们相信，我们获取的审计证据是充分的、适当的，为发表审计意见提供了基础。

三、审计意见

我们认为，中国国旅公司的财务报表在所有重大方面按照企业会计准则的规定编制，公允反映了中国国旅公司2012年12月31日的合并及母公司财务状况以及2012年度的合并及母公司经营成果和现金流量。

二、旅游企业实质性测试若干关注事项

旅游企业的财务报告审计是审计人员根据国家规定的相关审计、会计法律法规的要求，通过实施审计流程获取充分恰当的审计证据，对旅游企业的财务报告发表审计意见的过程。

根据《旅游、饮食服务企业会计制度》规定，旅游、饮食服务企业包括旅行社、饭店（宾馆及酒店）、渡假村、游乐场、歌舞厅、餐馆、酒楼、旅店、理发、照相、洗染、修理、咨询等各类服务企业。上述各类企业目前除了部分高星级酒店（如新锦江大酒店）和大型旅行社（如国旅）为上市公司或上市公司控股子公司以及外商投资企业采用《企业会计制度》以外，一般内资企业均采用《旅游、饮食服务企业会计制度》。因此，了解旅游、饮食服务企业会计核算内容和会计核算特点，对于审计人员进行旅游、饮食服务企业财务报告审计工作具有重要意义。注册会计师在进行旅游企业财务报告审计中应关注以下方面主要内容。

（一）资产类会计科目的审计

1. 应收账款科目。旅行社应收账款一般数额较大、账龄时间较长。旅游服务行业的一大特点是旅行社之间互相拖欠业务款项，尤其是境内外旅行社之间应收账款挂账时间一般都较长，也较难以收回。因此需要格外关注旅行社应收账款函证审计程序，尤其是应收账款的金额和挂账的比例。对酒店应收账款审计应主要关注其二级会计科目。酒店应收账款科目下设应收旅客账款二级科目（即所谓的内账），其功能是核算入住酒店客人每日已发生但客人尚未离店结帐的应收费用。该科目应在客人离店时与客人所付的挂在预收账款的押金同时结清。该科目金额有两个主要特点：一是金额不大，二是变动性较强。若在审计中发现异常，比如：应收旅客数额较大且长时间没有变动，审计人员就应当对其足够重视。

2. 其他应收款科目。旅行社其他应收款中备用金二级科目既可核算日常备用金支付，也可核算营业网点的代理航空公司机票而领用大额备用金。审计该科目时，主要看其领用备用金手续是否齐全，备用金有无异常变动，特别关注领用时间过长的代理机票备用金用款及其发生坏账的可能（函证时容易忽略此类备用金）。审计中曾经发现，某旅行社工作人员利用代理机票款挪用公款150多万元，给公司带来巨大损失。此外，还应该关注酒店备用金科目中用于外币兑换的人民币周转金，重点审计其审批手续是否齐全。

3. 存货科目。酒店的存货主要是原材料和物料低值易耗品两大类，它们的共同特点是金额较小、品种规格多。原材料包括食品原料和日常维修用材料。食品原料主要包括鲜活材料、冷冻材料、酒类、饮料和南北货调味品等，其中酒类包括洋酒、白酒、红酒和黄酒。物料低值易耗品科目用于核算客房物料、餐厅物料，

其中：客房物料可划分为床上用品和卫生间用品，餐厅物料分为前台餐厅碗、筷用品和后台厨房餐具用品。审计抽查盘点时，应当事先了解和掌握酒店存货的特点，然后有重点地选取一些单价较高的存货进行盘点。此外，还可以利用客户的盘点资料进行抽盘、复盘。通过上述审计程序，审计人员应当可以取得被审计单位真实存货价值信息。

4. 固定资产科目。酒店固定资产主要有两个特点：一是金额较大、占总资产比重高（有的酒店超过了80%）；二是酒店固定资产的品种多样，包括房屋建筑物、车辆、家具用具和成套电脑设备（包括电脑软件）。确认固定资产的分类、原值及折旧计提，对酒店的损益有着较大影响。因此，在对酒店企业审计时除了要注意酒店固定资产分类、使用年限、折旧年限和净残值等一般性问题，还必须注意酒店固定资产中那些分类模糊固定资产的计价是否合理，比如：酒店的部分家具用具单位价值在2000元以下（电视机、客房地毯等），仅以单件物品论，不能作为固定资产计价。但是，酒店的这些物品通常都是成套购入，应按固定资产计价。另外，应重点关注酒店装修和维修费用的资产分类，有的酒店将这些费用作为资本性支出计入固定资产，有的酒店则将其计入当期经营费用。在审计时应以装修费用、维修费用是否对其酒店的未来营业收入有无实质性影响作为判定计入资本性支出或收益性支出的依据:如果未来能带来预期收益，将其计入资本性支出；如果不能，则将其作为当期费用。这里，资本化与费用化的差异在于，前者涉及到固定资产使用年限的会计估计问题。在此类会计估计过程中应注意两点：一是尽量保持会计估计期与装修期一致；二是不能利用这种会计估计来调节利润。

5. 在建工程科目。"在建工程"是酒店企业使用较多的一个科目，这与酒店企业的经营特点有关。酒店企业为保证酒店完新程度，每隔一段时间就需对其客房、餐厅和其他设施进行改造更新。在改造过程中，一般将所改造费用计入在建工程，待完工后计入固定资产账户。审计时应注意，酒店企业经常将已完工投入经营的改造项目不转入固定资产，继续将其挂在在建工程科目内。同时，应当注意审核工程立项报告、工程施工合同造价及工程结算报告，据以确定可转入固定资产的在建工程真实正确的金额。另外，还要防止一些属日常事务性修理的费用进入在建工程账户。

（二）负债类会计科目的审计

1. "其他应付款"科目。其他应付款（Other payables）是指企业在商品交易业务以外发生的应付和暂收款项。指企业除应付票据、应付款、应付职工薪酬、应付股利等以外的应付、暂收其他单位或个人的款项。在酒店企业中其他应付款科目核算内容也是一个较为容易被企业调节利润的一个科目。比如，一些酒店在中秋节或其他节假日利用酒店资源生产月饼、蛋糕等食品并进行销售，它们可能将这些收入暂记在其他应付款上，待其需要利润时再计入营业收入。对酒店此类会计审计时，审计人员应格外注意。

2. 应交税费科目。一般酒店的营业部门较多，如餐饮部门、客房部门、娱乐部门、车队等。这些营业部门经营的内容不同，应缴纳的税金往往也不同，如餐饮、客房部门应缴纳的营业税与娱乐部门中部分项目（如卡拉 OK、舞厅）营业税税率不同，与车队出租应缴纳营业税税率也不同。审计过程中不仅要划分清楚不同部门不同税率的营业收入，而且要对营业部门混合经营的营业收入分别归类计税。

（三）损益类会计科目的审计

1. "主营业务收入"科目。主营业务收入是指企业经常性的、主要业务所产生的基本收入，如旅游服务业的门票收入、客户收入、餐饮收入等。正常情况下，酒店收入与销售费用应当分别核算，但是有些酒店在支付销售佣金时会将佣金冲抵营业收入。对此，审计人员在审计中应将销售佣金冲回，改作销售费用处理，否则会造成营业收入虚减，进而造成税金虚减。

2. "财务费用"科目。酒店的财务费用中一部分是用于支付银行信用卡费用。此信用卡费用根据与各银行间所签协议不同，其银行手续费有高、有低。一般外卡（外国银行卡，如运通、大来、VISIR 等）较高，在 3%左右。内卡（国内银行卡，如长城、牡丹、龙卡等）较低，在 1.5%左右。在审计时应注意协议费率与实际费率的一致性。

本章小结

会计作为向相关利益主体提供会计信息、参与经营管理、旨在提高经济效益的一种经济管理活动，其信息质量越高就会越为使用者所青睐。注册会计师对旅游企业的财务报告审计并签发审计意见主要目的是对会计信息质量进行鉴证。通过本章的学习，大家已经对会计信息、会计信息质量、财务报告审计的概念内涵、程序和特征等知识有一个比较全面的认识，并对会计信息质量、财务报告审计与会计信息决策有用性之间的相互关系有了较为深入的理解。财务报告审计具有独立性和权威性的特征，一般包括接受业务委托、计划审计工作、实施风险评估程序、实施控制测试和实质性测试、编制审计工作底稿、完成审计工作和编制审计报告几个基本流程。在实施审计工作时，应当关注若干实质性测试。

重要名词

会计信息　　　　　　　　会计信息质量
审计　　　　　　　　　　独立性
权威性　　　　　　　　　标准审计报告
非标准审计报告　　　　　旅游企业的财务报告审计

练习题

1. 如何看待会计信息质量与财务报告审计之间的关系？
2. 审计独立性与权威性是什么关系？
3. 如何看待控制测试与实质性测试之间的相互关系？

附录：旅游企业财务报告审计案例

黄山旅游发展股份有限公司创立于1996年11月18日，由黄山旅游集团有限公司（原黄山旅游发展总公司）以其所属十家企业的经营性资产作为出资独家发起，向境内外投资者募集股份而设立，先后发行8000万B股和4000万A股，公司业务范围涵盖景区开发管理、酒店、旅行社和索道等旅游业务，被誉为"中国第一只完整意义的旅游概念股"。

2004年，普华永道与黄山旅游解除了审计聘约，安徽华普会计师事务所接任，立即对其进行了重大会计差错的调整。

2005年7月28日，财政部会计信息质量检测公告（第十一号）称：财政部及相关专员依法对8户上市公司、8家会计师事务所和23名注册会计师做出了处理处罚，责令其整改，其中一家事务所就是普华永道中天，黄山旅游就是涉事性质最为严重的上市公司。

根据《财政部关于对黄山旅游发展股份有限公司会计信息质量调查结果及处理决定的通知》（财监[2005]13号），黄山旅游发展股份有限公司2002年度至2004年度的会计信息存在以下会计差错：

（1）2002年，该公司为避免计提无形资产减值准备对利润的影响，委托黄山旅游集团有限公司从银行贷款3700万元并汇入黄山市万厦房地产开发有限公司和黄山市远卓投资管理公司账户，由两公司购买该公司拥有的黄山市体育馆及股份大道广告经营权，该公司又将收到的转让款归还黄山旅游集团有限公司，从而构成不当资产交易。

（2）2002年该公司投入4400万元用于证券投资，截至2004年3月全部股票处置后，实际亏损 18 522 716.76 元。该公司 2002 年、2003 年未如实核算和反映该证券投资及损益情况。

（3）根据《关于黄山风景区索道价格的批复》（黄价字［2000］第 114 号）及其相关说明，该公司下属索道票价从 2000 年起涨价，2002 年度至 2004 年度黄山旅游集团有限公司与该公司对此索道涨价收益归属权的理解存在歧义，故该公司一直将该涨价收入暂列为"其他应付款"。现经与黄山旅游集团有限公司商议，明确此涨价收益权应归属于该公司。

（4）会计差错内容及其更正金额如下表（会计差错更正一览表）所示。

会计差错更正一览表

序号	会计差错内容	会计差错的更正金额
1	2002 年未计广告权损失	-37 000 000
2	2002 年多计生活服务费	5 400 000
3	2002 年多计天海吊桥庵道路摊销	4 000 000
4	2002 年未计股票投资损失	+20 726 073
5	2002 年少计索道票收入	19 765 473
6	2002 年少计所得税费用	-6 533 142
	2002 年度影响净利润的合计数	-35 093 742

综上所述，2003 年度影响净利润的合计数 19 740 110 元。该公司 2004 年度对上述会计差错进行了更正，并作为重大会计差错，追溯调整了 2002 年度及 2003 年度的会计报表。公司在编制比较会计报表时，追溯调整情况如下：调增 2002 年末资产 9 955 805 元，调增 2002 年末负债 45 049 547 元，调减 2002 年末的留存收益 35 093 742 元（其中未分配利润 27 951 530 元，盈余公积 7 142 212 元）；调增 2003 年末资产 5 804 034 元，调增 2003 年末负债 21 157 666 元，调减 2003 年末的留存收益 15 353 632 元（其中：未分配利润 8 211 420 元，盈余公积 7 142 212 元）。黄山旅游 2004 年报显示，2002 年净利润调整前是 5 649 万元，调整后是 2 793 万元；2003 年净利润调整前是-6 121 万元，调整后是-4 147 万元。很明显，该公司 2002 年有故意隐瞒亏损之嫌，包括故意少计广告权损失 3 700 万元和少计股票投资损失 2 073 万元，这个差错不管是从金额或性质都是非常严重的，属于财务欺诈行为。

参考文献

[1] 丁瑞玲，吴溪．审计学．经济科学出版社，2011

[2] 文森特·M．奥赖利等著，刘霄仑等译．蒙哥马利审计学．中信出版社，2007

[3] 中国注册会计师协会编．审计．经济科学出版社，2012

[4] 范碧辉．简析我国旅游企业会计核算的现状及改进措施．中国总会计师，2010（6）：124~125

[5] 陈君艳，姬敏．旅游企业的审计风险及其防范．中国乡镇企业会计，2010（2）：159~160

[6] 司徒碧华．旅游企业内部审计建设问题浅析．现代商业，2013（11）：253~254

[7] 赵雨洁．现代旅游企业审计面临的风险与防范措施．前沿，2012,119

[8] 徐雪．新会计准则下我国旅游企业会计核算的现状与改革．财会研究，2009（19）：31~33

[9] 徐璟．新形势下我国旅游企业会计核算的问题分析及其改革措施．现代商业，2012（7）：213

[10] 李若山，宋惠明．卡迪罗旅游系统公司审计案例．注册会计师通讯，1997（6）：40~43

[11] 马桂顺．旅游企业会计[M]．大连：东北财经大学出版社，2010

[12] 潘群，陶黎娟．旅游企业会计学[M]．天津：南开大学出版社，2011

[13] 赵锦爱，徐涛．现代旅游企业财务会计学习指导[M]．上海：上海人民出版社，2004

[14] 马桂顺．旅游企业会计学[M]．北京：清华大学出版社，2005

[15] 陈婉萍．预算及预算方法探讨[J]．当代经理人，2006（08）

[16] 王斌．企业预算管理及其模式[J]．会计研究，1999（11）

[17] 刘芳．全面预算管理与企业内部控制[J]．公用事业财会，2012（04）

[18] 顾绵清．全面预算管理在酒店经营管理中的应用[J]．饭店现代化，2009（01）

[19] 赵丽芬. 管理理论与实务[M]. 清华大学出版社，2004

[20] 方法林. 姚儒国，李钊. 饭店全面预算管理实务[M]. 旅游教育出版社，2007

[21] 张长胜. 企业全面预算管理（第二版）[M]. 北京大学出版社，2013

[22] 黄文波，孙超. 餐饮成本控制[M]. 南开大学出版社，2003：53~135

[23] 林小岗，吴传钰. 餐饮业成本核算[M]. 旅游教育出版社，2007：20~42

[24] 张晓明，冯宗苏. 旅游业资金成本管理[M]. 中国旅游出版社，1992：225~232

[25] 王启静. 现代酒店成本控制[M]. 广东旅游出报社，2009：57-87

[26] 王立彦. 会计学原理. 北京大学出版社，2007：64

[27] 威廉姆·R. 司可脱. 财务会计理论. 机械工业出版社，2001：234~261